Colecção Estudos
Instituto do Conhecimento AB

Colecção Estudos
Instituto do Conhecimento AB
N.º 1

2013

Miguel Teixeira de Abreu /Mariana Gouveia de Oliveira
Paulo de Tarso Domingues
Ana Gouveia Martins
Patrícia Perestrelo/Simão de Sant'Ana/Madalena Caldeira
Sara Soares
Isabel Sousa Castro
Bernardo Teixeira de Abreu

ALMEDINA

ABREU ADVOGADOS
Instituto do Conhecimento AB

COLECÇÃO ESTUDOS N.º 1
INSTITUTO DO CONHECIMENTO AB

AUTORES
Miguel Teixeira de Abreu/Mariana Gouveia de Oliveira, Paulo de Tarso Domingues, Ana Gouveia Martins, Patrícia Perestrelo/Simão de Sant'Ana/Madalena Caldeira, Sara Soares, Isabel Sousa Castro, Bernardo Teixeira de Abreu

EDITOR
EDIÇÕES ALMEDINA, S.A.
Rua Fernandes Tomás, n.ºs 76 a 80
3000-167 Coimbra
Tel.: 239 851 904 · Fax: 239 851 901
www.almedina.net · editora@almedina.net

DESIGN DE CAPA
FBA.

PRÉ-IMPRESSÃO
EDIÇÕES ALMEDINA, S.A.

IMPRESSÃO E ACABAMENTO
DPS - DIGITAL PRINTING SERVICES, LDA

Maio, 2013

DEPÓSITO LEGAL
360310/13

Apesar do cuidado e rigor colocados na elaboração da presente obra, devem os diplomas legais dela constantes ser sempre objecto de confirmação com as publicações oficiais.
Toda a reprodução desta obra, por fotocópia ou outro qualquer processo, sem prévia autorização escrita do Editor, é ilícita e passível de procedimento judicial contra o infractor.

As Colecções IAB respeitam a liberdade de escolha dos Autores quanto à ortografia usada nos textos publicados.

ALMEDINA | GRUPOALMEDINA

APRESENTAÇÃO

A vertente editorial do Instituto do Conhecimento AB tem na Colecção Estudos um dos seus pilares, tendente à divulgação do esforço doutrinal dos Colaboradores da Abreu Advogados e de todos aqueles que emprestam a sua colaboração às nossas actividades de formação. Nela terão lugar trabalhos de algum fôlego e desenvolvimento, que não encontram o seu espaço natural na Revista AB INSTANTIA, *e teses de Mestrado ou de Pós-Graduação, que alcançam neste espaço o reconhecimento de uma edição pública.*

É uma Colecção sem periodicidade mas que assume o compromisso de dar à luz com regularidade um conjunto de reflexões e propostas para o teórico e para o prático do Direito.

Este primeiro livro percorre o direito fiscal, o direito societário e da insolvência, o direito administrativo, o direito do trabalho, o direito processual civil e os direitos reais e, por fim, o direito empresarial. É, portanto, um bom exemplo de uma Colecção que se pretende transversal e que se reflecte no tratamento das várias áreas jurídicas em que se traduz o labor dos Colaboradores AB. É, por isso, uma imagem da filosofia da actuação AB que se oferece ao leitor.

Boas leituras!

Porto, Abril de 2013

Ricardo Costa
Coordenador Científico e Editorial do Instituto do Conhecimento

ÍNDICE

O princípio da territorialidade nas operações financeiras
com não residentes, em sede de Imposto do Selo — 9
Miguel Teixeira de Abreu/Mariana Gouveia de Oliveira

O CIRE e a recuperação das sociedades comerciais em crise — 31
Paulo de Tarso Domingues

Responsabilidade da administração com fundamento
na declaração de nulidade ou revogação de actos inválidos — 55
Ana Gouveia Martins

Alterações ao Código do Trabalho: breves notas — 85
Patrícia Perestrelo/Simão de Sant'Ana/Madalena Caldeira

A dicotomia estrutural do contencioso tributário: impugnação judicial
vs acção administrativa especial — 119
Sara Soares

Embargos de terceiro: posse e direito incompatível — 159
Isabel Sousa Castro

O financiamento bancário para aquisição de empresas — 217
Bernardo Teixeira de Abreu

O Princípio da Territorialidade nas Operações Financeiras com Não Residentes, em Sede de Imposto do Selo

MIGUEL TEIXEIRA DE ABREU
LLM no London School of Economics and Political Sciences, *Docente na Católica Global School of Laws*
Sócio AB

MARIANA GOUVEIA DE OLIVEIRA
Pós-Graduada em Fiscalidade, Faculdade de Direito da Universidade de Lisboa e ISG; Assistente Convidada da Escola de Direito de Lisboa da Universidade Católica Portuguesa; Membro do Católica Tax
Advogada AB

Introdução

O presente trabalho visa abordar a questão da incidência do imposto do selo sobre as operações financeiras realizadas entre entidades residentes em Portugal e entidades residentes fora de Portugal.

Em concreto, interessa-nos analisar a aplicação do princípio da territorialidade, contido no n.º 1 do artigo 4.º do Código do Imposto do Selo (CIS), a uma operação financeira (*eg.* um empréstimo) realizada por uma entidade mutuante, residente em Portugal (*eg.* uma instituição de crédito ou um accionista), a favor de uma entidade mutuária residente fora de Portugal[1].

---

[1] Note-se que a situação contrária (entidade mutuante residente fora de Portugal e entidade mutuária residente em Portugal) não suscita dúvidas do ponto de vista da incidência

Do Princípio da Territorialidade

Dispondo o n.º 1 do artigo 4.º do CIS que, *"[S]em prejuízo das disposições do presente Código e da Tabela Geral em sentido diferente, o imposto do selo incide sobre todos os factos referidos no artigo 1º ocorridos em território nacional"*, importa apurar o que se entende por factos ocorridos em território nacional.

Os factos referidos no artigo 1º são os *"actos, contratos, documentos, títulos, papéis e outros factos ou situações jurídicas previstos na Tabela Geral (...)"*.

Da Utilização de Crédito

Sendo as operações de crédito o objecto desta nossa análise, quatro poderiam ser os critérios determinantes da localização da operação em território nacional:

a) o domicílio do mutuante;
b) o domicílio do mutuário;
c) o local da celebração do contrato; ou
d) o local da utilização do crédito.

Estabelece a Verba 17.1 da Tabela Geral de Imposto do Selo (TGIS) que, no caso das operações financeiras (onde se incluem as operações de crédito), o imposto é devido *"[P]ela utilização de crédito, sob a forma de fundos, mercadorias e outros valores, em virtude da concessão de crédito a qualquer título excepto nos casos referidos na verba 17.2, incluindo a cessão de créditos, o factoring e as operações de tesouraria quando envolvam qualquer tipo de financiamento ao cessionário, aderente ou devedor, considerando-se, sempre, como nova concessão de crédito a prorrogação do prazo do contrato (...)"*.

A relevância da utilização de crédito, enquanto facto tributário, decorre da reforma do imposto do selo, operada por efeito da Lei n.º 150/99, de 11 de Setembro, a qual veio corrigir o paradigma de tributação, que assentava na

territorial do imposto do selo por força da norma de extensão contida na alínea b) do n.º 2 do artigo 4.º do CIS.

existência de actos e contratos, para passar a dar relevância apenas a operações que revelassem manifestações de capacidade contributiva[2].

Ou seja, com a reforma de 2000, resultou claro que, para que ocorra tributação em sede de imposto do selo nas operações financeiras, é necessário que exista efectiva disponibilização de fundos – cfr. Carlos Lobo[3], onde o autor esclarece que, sem disponibilização de liquidez, não pode ocorrer um facto tributário que desencadeie tributação.

Ora, o princípio constitucional da igualdade em sede tributária impõe a interpretação segundo a qual o imposto do selo só é devido quando se verifique tal aumento de liquidez, elemento essencial de legitimação do tipo fiscal[4], porquanto apenas nesse momento se verifica uma manifestação de capacidade contributiva susceptível de tributação (artigos 13.º, 103.º e 104.º da CRP).

---

[2] Devendo o conceito de capacidade contributiva ser aqui visto com alguma cautela. Com efeito, como recorda Carlos Baptista Lobo, *"As Operações Financeiras no Imposto do Selo: Enquadramento Constitucional e Fiscal"*, in Revista de Finanças Públicas e Direito Fiscal, Ano 1, n.º 1, 2008 pág. 86: "(...) *a tributação da utilização do crédito parece decorrer da pressuposição por parte do legislador de uma «capacidade contributiva virtual ou aparente» decorrente da disponibilização de liquidez para investimento ou despesa"*. Dada a obrigação de devolução dos fundos utilizados, não existe, com efeito, manifestação de capacidade contributiva, pois o mutuário apenas ganha uma disponibilidade monetária temporária. É por isso, mesmo no caso de aumento de liquidez, muito discutível se a tributação das operações financeiras em sede de imposto do selo é conforme ao princípio constitucional de tributação segundo a capacidade contributiva.

[3] Ob. cit., pág 86: "*[A] utilização do crédito (...) tem um fundamento de legitimação bastante mais dúbio. De facto, (...) a tributação da utilização de crédito parece decorrer da pressuposição por parte do legislador de uma "capacidade contributiva virtual ou aparente" decorrente da disponibilização de liquidez para investimento ou despesa. Neste caso, e ao contrário dos juros e das comissões, o sujeito beneficiário da operação de crédito beneficia de um* **aumento de liquidez financeira num momento actual**, *sendo que a situação passiva colateral – o encargo ou dívida – se encontra disseminada num médio ou longo prazo (variando a taxa de tributação precisamente nessa função* pro rata temporis), *considerando o legislador suficiente para efeitos de tributação esse "súbito enriquecimento aparente" resultante de uma disponibilidade* monetária instantânea" (negritos nossos).

[4] Ainda Carlos Lobo, ob. cit., pág. 86: "*(...) Ora, nestas condições os fundamentos de legitimação deste tipo tributário estão no limite da constitucionalidade. De facto, para existir tributação é necessária a existência de uma realidade económica de base que a sustente sob pena de violação do princípio da igualdade (...). Ora, a tributação da utilização do crédito encontra-se no limiar desta fundamentação – «enriquecimento temporário virtual ou aparente» – pelo que o legislador terá de ser bastante cuidadoso, máxime ao nível da proporcionalidade, de forma que a tributação não se torne ineficiente e geradora de perdas absolutas de bem-estar, contrárias ao princípio constitucional da eficiência (artigos 9.º e 81.º da CRP)*".

A disponibilização efectiva de liquidez é pois essencial para desencadear a tributação do crédito em sede de imposto do selo. Sem essa disponibilização não existe facto tributário... tributável. E, consequentemente, a tributação não se pode desencadear[5].

No mesmo sentido vão outros Autores, como Silvério Mateus e Curvelo de Freitas[6] ou José Maria Fernandes Pires[7], posição que parece ser igualmente partilhada pela Autoridade Tributária[8].

Ou seja, o facto a que o artigo 1.º do CIS se refere como sendo relevante para determinar a tributação, em sede de imposto do selo, das operações financeiras é a "utilização de crédito", ou seja, o acto tributário considera-se ocorrido/verificado no momento em que o mutuário levanta (utiliza) os fundos colocados à sua disposição através do contrato de mútuo – momento

---

[5] *"(...) a partir de Março de 2000 (...) a única realidade a tributar (...) é o crédito realmente utilizado e nunca o crédito prometido ou a mera disponibilidade para utilização de uma conta-corrente (...)"*: Carlos Baptista Lobo, *"Da Tributação dos Montantes Disponibilizados em Sede de Abertura de Crédito em Data Anterior a 1 de Janeiro de 2003. O Regime Fiscal em Imposto do Selo do Crédito Utilizado Pendente"*, in Revista Fisco 105/106, Novembro de 2002, pág. 76.

[6] *Os Impostos sobre o Património Imobiliário – O Imposto do Selo. Anotados e Comentados*, Engifisco, Lisboa, 2005, pág. 733, anotação ao ponto 17 da Tabela Geral: *"A concessão de crédito está sujeita a imposto do selo, qualquer que seja a natureza e forma, relevando, contudo, para o efeito a efectiva utilização do crédito concedido e não o contrato que lhe é subjacente. Pode, assim, ser celebrado um contrato de concessão de crédito sem que tal traduza facto tributário deste imposto, o que ocorrerá sempre que a utilização do crédito não seja imediata ou se não houver utilização efectiva desse contrato (...)"*:

[7] *Lições de Impostos sobre o Património e do Selo"*, Almedina, Coimbra, 2010, págs. 381, 382: *"(...) ou seja, já não se tributa a celebração do contrato de crédito, mas a realização dos seus efeitos. (...)a Lei não tributa propriamente os contractos de concessão de crédito, mas sim a utilização efectiva do crédito independentemente do tipo ou da forma da relação contratual que lhe está subjacente"*.

[8] Circular 15/2000, ponto 14. Em resposta à questão *"O que deve entender-se por "realização" da operação de crédito"* esclarece a AT que: *"[O] momento da "realização" da operação de crédito, previsto na alínea g) do art.º 13.º do Código é aquele em que o crédito é utilizado. É que a citada alínea g) refere-se não só às aberturas de crédito, como também aos mútuos, aos empréstimos bancários propriamente ditos e a outras formas de concessão de crédito. Utilizou-se um termo com sentido amplo, de molde a abranger não só os contratos reais, em que a entrega do crédito é elemento essencial do contrato, mas também todas as situações, em que a utilização do crédito é diferida para momento ou momentos posteriores à celebração do contrato. Em termos conclusivos, pode afirmar-se que a operação de crédito se realiza quando o crédito é utilizado"*.

Reforçando este entendimento diversas vezes ao longo da circular, refere-se no ponto 23 que, *"[N]o referido ponto 17.1 da Tabela Geral, tributa-se a utilização de crédito, em virtude da sua concessão a qualquer título."*

exacto em que se devem verificar os demais requisitos de que depende a incidência tributária.

Um dos demais requisitos é o que decorre do facto de nem todas as utilizações de crédito serem relevantes, antes apenas as que, nos termos do que dispõe o n.º 1 do artigo 4.º do CIS, ocorram em "território nacional".

É pois fundamental determinar o local de utilização de crédito.

Do Local de Utilização do Crédito

A utilização de fundos ocorre no local onde o seu utilizador recebe o capital mutuado, i.e., no local em que a obrigação do mutuante de entregar o capital ao mutuário é cumprida.

Ora, ocorre relembrar que, nos termos do artigo 774.º do Código Civil, aplicável por força do n.º 1 do artigo 11.º da Lei Geral Tributária (LGT), e na falta de disposição em contrário, as obrigações pecuniárias devem ser cumpridas no domicílio do credor. Estando em causa operações de crédito, várias são as obrigações pecuniárias que poderão estar em causa:

- num primeiro momento, estará em causa a obrigação pecuniária de entrega do capital mutuado, de que é credor o mutuário e devedor o mutuante (i.e., aquele que tem o dever de entregar o capital mutuado);
- subsequentemente, surgirá a obrigação de reembolsar o capital mutuado, sendo credor de tal obrigação pecuniária o mutuante e devedor o mutuário;
- poderão ainda existir, ou não[9], obrigações pecuniárias de pagamento de juros, das quais será credor o mutuante e devedor o mutuário.

Como tal, quando a lei define o facto tributário da Verba 17.1 como sendo a "utilização de crédito" estamos a falar da primeira daquelas obrigações pecuniárias: a obrigação do mutuante de entregar ao mutuário – geralmente na sequência de um pedido de utilização – uma determinada quantia em dinheiro, pelo que o credor dessa prestação é o mutuário e o devedor dela é o mutuante.

---

[9] Como pode ser o caso de suprimentos de sócios.

Assim, excepto quando as partes convencionem em sentido contrário, o crédito é utilizado no domicílio do mutuário, pois é ele que é credor do direito a receber os fundos mutuados – e é ele quem beneficia do acréscimo de liquidez relevante que permite "sustentar" o ímpeto tributário do Estado em sede de imposto do selo. Pelo que é o domicílio do mutuário, não do mutuante, que é o critério relevante para efeitos de localização territorial do acto tributário (i.e., a utilização de crédito).

Ora, actualmente, com o desenvolvimento das novas tecnologias, as regras de experiência em que se baseia o Código Civil têm de ser adaptadas, na medida em que, tratando-se de operações desmaterializadas, realizadas através do sistema bancário, só se pode considerar cumprida a obrigação do mutuante quando o capital mutuado é recebido na conta bancária do mutuário. Até esse momento, o capital encontra-se na livre disposição do mutuante e a obrigação de entrega do capital mutuado não foi cumprida. Acresce que, se o capital, por alguma razão, se extraviar e não chegar à conta de destino, a obrigação de entrega do capital mutuado não se considera cumprida e, consequentemente, o crédito não foi utilizado.

É, pois, necessário que a *utilização de fundos* se verifique em território nacional, isto é, que a *recepção do capital* se realize numa conta bancária, ou noutro local convencionado pelas partes, em território português, para que se possa considerar que o facto tributário ocorreu em território nacional.

Na generalidade dos casos, tal utilização de fundos verificar-se-á em território nacional quando o mutuário aqui seja residente, porquanto os recebe em território nacional.

Como tal, da conjugação da Verba 17.1 da TGIS com a norma de incidência territorial constante do n.º 1 do artigo 4.º do CIS, resulta, então, um critério de conexão estritamente formal, segundo o qual há incidência de imposto do selo quando o facto tributário – utilização dos fundos – ocorra em território nacional, sendo o crédito utilizado no local em que o capital é recebido pelo mutuário.

Da extensão do Princípio da Territorialidade

Contudo, sendo este critério muito formal e rígido, tornar-se-ia fácil contorná-lo, bastando, para obstar à tributação efectiva, assegurar que a utilização de fundos ocorresse sempre fora do território nacional. Por esta razão, o legislador veio estender o âmbito de incidência do imposto do selo em função do domicílio do mutuário, pretendendo, assim, prevenir as situações em que, sendo os fundos disponibilizados no estrangeiro a entidades residentes em Portugal, se evitasse o pagamento do imposto pela facilidade de manipular a regra de incidência.

Daí que as regras de incidência do CIS sejam completadas por regras de extensão da territorialidade, que constam das várias alíneas do n.º 2 do artigo 4.º. É justamente o caso da alínea b) do n.º 2 do artigo 4.º que dispõe que são ainda sujeitos a imposto: *"As operações de crédito realizadas e as garantias prestadas por instituições de crédito, por sociedades financeiras ou por quaisquer outras entidades, independentemente da sua natureza, sediadas no estrangeiro, por filiais ou sucursais no estrangeiro de instituições de crédito, de sociedades financeiras, ou quaisquer outras entidades, sediadas em território nacional, a quaisquer entidades, independentemente da sua natureza, domiciliadas neste território, considerando-se domicílio a sede, filial, sucursal ou estabelecimento estável"*.

Em síntese, a referida norma vem determinar a incidência do imposto do selo sobre todas as operações de crédito em que o mutuário – e não o mutuante – é entidade domiciliada em território nacional, independentemente do local da utilização dos fundos, referindo-se a lei expressamente *"a quaisquer entidades (...) domiciliadas neste território"*.

Ou seja, o preceito em questão veio garantir a incidência do imposto do selo sobre todas as operações de crédito em que, em termos normais, o mutuário utilizaria o crédito em território nacional por ter aqui a sua actividade – i.e., existindo uma conexão com o território nacional por parte da entidade sobre a qual recai o encargo fiscal[10], justificar-se-ia o poder tributário exercido, ainda quando o crédito fosse utilizado fora do território português. Só isto pode justificar o sentido da alteração da alínea b) do n.º 2 do artigo 4.º do CIS, efectuada pela Lei n.º 109-B/2001, de 27 de Dezembro (que aprovou o Orçamento de Estado para 2002).

Por outras palavras, alterando-se o elemento de conexão da territorialidade para o domicílio do mutuário, ficam abrangidas pelo CIS as operações de crédito realizadas no estrangeiro por mutuários portugueses, quer sejam

---

[10] I.e., o mutuário – cfr. artigo 3.º, número 1, alínea f) do CIS.

mutuantes bancos portugueses ou bancos estrangeiros. Assim, a extensão da alínea b) do nº 2 do artigo 4º pretende tão somente assegurar que, em qualquer circunstância, sempre que as operações de crédito revelem um mutuário domiciliado em Portugal, o facto tributário considera-se localizado em Portugal, independentemente do local onde o crédito é efectivamente utilizado, i.e., independentemente do local onde os fundos são recebidos pelo mutuário.

Da não incidência nas Utilizações de Crédito por Não-Residentes (em geral)

Já na situação em que o mutuário é residente fora de Portugal e o mutuante é residente em Portugal, o critério da territorialidade impõe a determinação prévia do local onde o crédito concedido é utilizado. Em condições normais, o crédito será utilizado no domicílio do credor[11], i.e., fora do território português.

Nestes casos, não há sequer incidência do imposto do selo. O que aliás faz todo o sentido, pois não haveria razão para sujeitar a tributação em Portugal um crédito utilizado por uma entidade que não manifesta em Portugal qualquer capacidade contributiva[12].

Para além do elemento literal[13], existem dois outros argumentos em favor desta conclusão.

Das Isenções das alíneas g) e h) do n.º 1 do artigo 7.º e do n.º 2 do mesmo artigo 7.º do CIS

O primeiro argumento é o que resulta da conjugação das isenções constantes das alíneas g) e h) do nº 1 do artigo 7.º do CIS com o disposto no n.º 2 do mesmo artigo. A alínea g) introduz uma isenção de imposto do selo em certas operações financeiras efectuadas por SGPS ou SCR a favor de sociedades por

---

[11] Recorde-se que o credor da prestação é o utilizador do crédito pois é ele que tem o direito a exigir do mutuante a realização dessa prestação (disponibilização de fundos).
[12] Manifesta-a o mutuante, mas não é sobre ele que recai o encargo do imposto.
[13] A utilização de crédito que ocorra fora do território nacional só pode ser tributada em Portugal em função da norma de extensão da alínea b) do nº 2 do artigo 4.º e essa só se aplica quando o mutuário é entidade domiciliada em Portugal.

elas dominadas ou controladas, ou por estas em benefício daquelas. Já a isenção da alínea h) abrange certas operações financeiras realizadas por detentores de capital em benefício de entidades em cujo capital detenham directamente uma participação igual ou superior a 10%, por um período mínimo determinado. O n.º 2 do artigo 7.º vem estabelecer que "*[O] disposto nas alíneas g) e h) do nº 1 não se aplica quando qualquer dos intervenientes não tenha sede ou direcção efectiva no território nacional, com excepção das situações em que o credor tenha sede ou direcção efectiva noutro Estado membro da União Europeia ou num Estado em relação ao qual vigore uma convenção para evitar a dupla tributação sobre o rendimento e o capital acordada com Portugal, caso em que subsiste o direito à isenção (...)*".

À primeira vista poderiam interpretar-se as referidas isenções, e a exclusão a essas isenções contida no n.º 2 do citado artigo 7.º, como determinando que a norma de incidência territorial do artigo 4.º se aplicaria sempre e quando, numa operação financeira, mutuante ou mutuário, tivessem, qualquer deles, domicílio em Portugal. Ou seja, que uma operação de crédito realizada entre um mutuante residente em Portugal e um mutuário residente no exterior seria sempre sujeita a imposto do selo, ao contrário do que afirmámos anteriormente.

Pensamos que, passada a primeira vista, a interpretação da norma deve ser outra, tendo desde logo em atenção que, por um lado, o n.º 2 do artigo 7.º veio procurar impedir que, pela sua aplicação, se violasse o direito europeu e, pelo outro, nessa atenção, excepcionou apenas as operações "*em que o credor tenha sede ou direcção efectiva noutro Estado membro da União Europeia*"[14].

Ou seja, se estivesse correcta a interpretação segundo a qual o n.º 1 do artigo 4.º do CIS abrange todas as operações de crédito em que o mutuante é residente em Portugal, ainda que o mutuário seja residente fora de Portugal, então o nº 2 do artigo 7.º do CIS, no seu propósito de impedir a violação do direito europeu, teria tido de excepcionar as operações em que o credor *ou o devedor* tivessem sede ou direcção efectiva noutro Estado membro da União Europeia.

---

[14] Uma nota importante para referir que, quando se fala em utilização de crédito, é devedor da obrigação o mutuante e é credor da prestação o mutuário (que tem direito a levantar os fundos mutuados). Quando se fala em operação de crédito, é credor o mutuante e devedor o mutuário. Na Verba 17.1 da TGIS o termo usado é "utilização de crédito", mas nas isenções constantes das alíneas g) e h) do nº 1 do artigo 7.º do CIS, o termo usado é "operação de crédito". Assim, quando se analisa o n.º 2 do artigo 7.º deve ter-se em atenção que o termo credor se refere aí ao mutuante e não ao mutuário.

Com efeito, não faria qualquer sentido que a lei fosse alterada de modo a suprir o tratamento discriminatório e continuasse a tratar discriminatoriamente todos os créditos concedidos por mutuantes residentes em Portugal a mutuários (devedores) residentes noutros Estados Membros da União Europeia. Da mesma forma que, visto de outro ângulo, não faria qualquer sentido sujeitar a imposto do selo em Portugal operações de crédito realizadas entre um mutuante português e um mutuário estrangeiro, quando é um facto que o respectivo encargo fiscal teria de ser suportado pelo mutuário estrangeiro, que não manifesta em Portugal qualquer capacidade contributiva.

Em nossa opinião, ao retirar da previsão do n.º 2 do artigo 7.º membro do CIS as situações em que o credor (e apenas este) é residente num Estado da União Europeia, o legislador já sabia que não fazia qualquer sentido alargar aos devedores da União Europeia idêntica salvaguarda porque, nessas situações, não haveria incidência de imposto do selo – por ser o crédito utilizado fora do território português.

E só assim se compreende, afinal, a afirmação do Senhor Secretário de Estado dos Assuntos Fiscais na instrução administrativa que emitiu – em data posterior à da Circular 15/2000, sob o título "Orçamento do Estado para 2002 – Normas Fiscais" –, e na qual refere que, *"[E]fectivamente, se determinadas operações internacionais de crédito passam a ser tributadas, nos mesmos moldes das operações internas comparáveis, então é justo que as primeiras possam beneficiar das isenções consagradas para as segundas. Na verdade, mesmo com a anterior redacção do artigo 4.º, n.º 2, alínea b), a limitação prevista no artigo 6.º, n.º 3, podia ser considerada contrária ao direito comunitário e internacional fiscal por não reconhecer um tratamento similar, para sociedades da União Europeia e de países com CDT, ao estabelecido para sociedades nacionais que efectuem o mesmo tipo de operações"*.

Da lógica inerente ao Princípio da Territorialidade. Exemplos

O segundo argumento é o que resulta da lógica inerente ao princípio da territorialidade – o qual impõe uma forte ligação entre a entidade que suporta o imposto[15] e o território nacional.

---

[15] Ainda que a entidade que suporta o imposto não seja o sujeito passivo de imposto. Com efeito, em sede de imposto do selo, o sujeito passivo pode ser determinado em função de

Por que razão haveria o legislador português de procurar colocar os credores portugueses (*eg.* instituições de crédito) numa posição competitiva desfavorável e discriminatória, perante credores de outros Países, sempre que ambos concorressem para a concessão de crédito a mutuários residentes fora de Portugal?

Imagine-se: perante uma proposta de financiamento de um banco português, a cujos custos acresce imposto do selo a pagar em Portugal, e outra proposta de financiamento de um banco espanhol, a cujos custos não acresce esse imposto, a qual delas responderá afirmativamente um mutuário residente em Espanha? Sendo que, se Espanha tivesse um imposto similar e um regime similar ao que a AT defende para Portugal, esse mutuário teria de suportar dois encargos em sede de imposto do selo, se contratasse o seu empréstimo junto do banco português[16].

Imagine-se ainda o seguinte exemplo: Empresa A, residente em Portugal, empresta fundos a uma empresa directamente controlada B, residente em Espanha. Os fundos são utilizados em Espanha, local onde é depositado o montante correspondente ao empréstimo, e servem para que a empresa espanhola assegure investimentos em território espanhol. B não manifesta pois qualquer capacidade contributiva em Portugal.

Em alternativa, Empresa C, residente em Espanha, empresta fundos a uma empresa directamente controlada C, residente em Portugal. Os fundos são utilizados em Portugal, local onde é depositado o montante correspondente ao empréstimo, e servem para que a empresa portuguesa assegure investimentos em território português. D manifesta pois capacidade contributiva em Portugal.

Se considerássemos que o n.º 1 do artigo 4.º do CIS abrange todas as operações de crédito em que é mutuante uma entidade residente e mutuário uma entidade não residente, ambas as operações estariam sujeitas a imposto do selo em Portugal, a primeira por aplicação da regra geral do nº 1 do artigo 4.º e a segunda por aplicação da alínea b) do n.º 2 do mesmo artigo 4.º.

---

considerações práticas (facilidade de retenção e entrega do imposto, a que acresce a facilidade de fazer recair o valor do imposto pago sobre o utilizador do crédito).

[16] Tudo numa situação em que o utilizador do crédito, a quem cabe suportar o imposto, nenhuma capacidade contributiva demonstra possuir em território português.

Todavia, a isenção da alínea h) do nº 1 do artigo 7.º do CIS não se aplicaria a nenhuma destas duas situações pois, como refere o nº 2 do artigo 7.º, um dos intervenientes (mutuário no primeiro exemplo, mutuante no segundo exemplo) não tem sede nem direcção efectiva no território nacional. Certo? Errado, pois a segunda parte do n.º 2 do artigo 7.º excepciona da excepção as situações em que o credor (mutuante) tem sede ou direcção efectiva noutro Estado Membro da União Europeia – ou seja, vem repor a isenção no segundo exemplo, em que o credor (Empresa C, residente em Espanha) tem sede noutro Estado Membro da União Europeia.

Mas não repõe a isenção quanto ao primeiro exemplo, que continuaria assim a ser sujeito a imposto do selo, pois, nessa situação, quem reside noutro Estado Membro da União Europeia é o devedor e não o credor – sendo que a excepção da segunda parte do nº 2 do artigo 7.º só se refere a credores e não a devedores, conforme referimos anteriormente.

Seria então atingido um resultado inaceitável. Onde existisse manifestação de capacidade contributiva numa operação financeira entre duas empresas de Estados Membros da União Europeia, haveria isenção. Onde não existisse essa manifestação haveria tributação.

A este respeito, relembrem-se as palavras do Prof. Saldanha Sanches[17], ao referir que "(...) *como última instância dos princípios de interpretação das leis fiscais – e como fundamento legal supletivo para a interpretação teleológica no ordenamento jurídico-tributário português – temos a interpretação constitucionalmente conforme. Trata-se do método que, entre os vários resultados possíveis de interpretação de um texto legislativo, escolhe aquele que se possa considerar compatível com os princípios constitucionalmente consagrados*".

Cabe assim, interpretar as normas do CIS conforme a Constituição, procurando a cada momento, a capacidade contributiva que legitima a tributação. Ora, uma interpretação da norma de incidência do imposto do selo que levasse a esta conclusão seria uma interpretação totalmente inaceitável à luz dos princípios de direito fiscal[18], da mesma forma que representaria uma restrição inaceitável à liberdade de circulação e, por conseguinte, uma violação do Direito Europeu.

---

[17] *Manual de Direito Fiscal*, Coimbra Editora, Coimbra, 2007, pág. 147.
[18] Princípio da igualdade traduzido no princípio da capacidade contributiva.

Da violação do Direito Europeu pelo n.º 2 do artigo 7.º do CIS, numa interpretação que passe por considerar que existe incidência sempre que o mutuante seja residente em território nacional

A este respeito, refira-se que o artigo 63.º do Tratado sobre o Funcionamento da União Europeia (antigo artigo 56.º do TCE, anterior artigo 73.º-B) estabelece que "*[N]o âmbito das disposições do presente capítulo, são proibidas todas as restrições aos movimentos de capitais entre Estados-Membros (...)*".

Conforme expressamente definido pela Directiva 88/361/CEE do Conselho, de 24 de Junho de 1988 para execução do artigo 67g. do Tratado, os empréstimos, designadamente os de curto prazo, são considerados movimentos de capitais.

Ademais, o Tribunal de Justiça da União Europeia (TJUE) considerou, no acórdão Sandoz, que "*(...) a proibição constante do artigo 73.°-B, n.° 1, do Tratado abrange quaisquer restrições aos movimentos de capitais entre os Estados-Membros e entre os Estados-Membros e países terceiros. 19. (...) uma legislação como a que está em causa no processo principal priva os residentes num Estado-Membro da possibilidade de beneficiarem de uma eventual não tributação dos mútuos contraídos fora do território nacional. Por isso, tal medida é de molde a dissuadi-los de contraírem mútuos com pessoas estabelecidas noutros Estados-Membros (v. acórdão de 14 de Novembro de 1995, Svensson e Gustavsson, C-484/93, Colect., p. I-3955, n.° 10). 20. Tal legislação constitui por isso uma restrição aos movimentos de capitais no sentido do artigo 73.°--B, n.° 1, do Tratado*".

Existindo uma restrição à livre circulação de capitais, é necessário então verificar se tal restrição pode ser justificada face às disposições do Tratado.

Conforme ressalva, aliás, o artigo 65.º, n.º 1, alínea a) do TFUE (anterior artigo 58.º, n.º 1, alínea a) do TCE), "*[O] disposto no artigo 63.º não prejudica o direito de os Estados-Membros (...) aplicarem as disposições pertinentes do seu direito fiscal que estabeleçam uma distinção entre contribuintes que não se encontrem em idêntica situação no que se refere ao seu lugar de residência (...)*", esclarecendo, no entanto, o n.º 3 que "*[A]s medidas e procedimentos a que se referem os n.ᵒˢ 1 e 2 não devem constituir um meio de discriminação arbitrária, nem uma restrição dissimulada à livre circulação de capitais e pagamentos, tal como definida no artigo 63.º*".

Assim, é necessário aferir se a desigualdade de tratamento, no exemplo acima transcrito, respeita a situações não comparáveis (sendo assim uma desigualdade justificada) ou se se justifica por razões imperiosas de interesse geral, conforme tem sido defendido pela Jurisprudência do TJUE.

No exemplo referido, estaríamos perante um imposto de obrigação única, cobrado sobre o valor de um acto, pelo que se teria de concluir, necessariamente, pela comparabilidade das situações entre residentes e não residentes.

Ora, conforme tem sido, de modo constante, decidido pelo TJUE, *"(...) perante uma vantagem fiscal cujo benefício seja recusado aos não residentes, uma diferença de tratamento entre estas duas categorias de contribuintes pode ser qualificada de discriminação, na acepção do Tratado, quando não exista qualquer diferença objectiva de situação susceptível de justificar diferenças de tratamento, quanto a este aspecto, entre as duas categorias de contribuintes (acórdãos Schumacker, já referido, n.ºs 36 a 38, e Asscher, já referido, n.º 42)"*.

É, então, forçoso concluir que o n.º 2 do artigo 7.º do CIS, *numa interpretação que passe por considerar que existe incidência sempre que o mutuante seja residente em território nacional*, constitui uma restrição da liberdade de circulação de capitais e uma discriminação arbitrária entre residentes e não residentes[19], sendo que, não se encontrando qualquer razão de interesse público que possa justificar tal tratamento discriminatório, ter-se-á de concluir que constitui uma restrição injustificada à liberdade de circulação de capitais e um tratamento discriminatório dos não residentes.

Além do mais, a nosso ver, uma tal interpretação resultaria absurda: com efeito, que sentido faria que o legislador, que procurou com a introdução da salvaguarda contida no nº 2 do artigo 7.º do CIS impedir a violação do direito europeu[20], viesse depois validar uma interpretação da norma de incidência que implicaria necessariamente essa violação?

---

[19] Na medida em que exclui a aplicação da isenção a entidades *devedoras* residentes na União Europeia.

[20] Relembrem-se as palavras do Senhor Secretário de Estado dos Assuntos Fiscais, quando – na instrução administrativa que emitiu sob o título "Orçamento do Estado para 2002 – Normas Fiscais" – refere que: *"[E]fectivamente, se determinadas operações internacionais de crédito passam a ser tributadas, nos mesmos moldes das operações internas comparáveis, então é justo que as primeiras possam beneficiar das isenções consagradas para as segundas"*.

A nossa opinião a respeito do Selo nas Operações Financeiras

Chegados a este ponto, resumamos numa tabela o que consideramos ser uma correcta interpretação do CIS e da TGIS no que diz respeito a utilizações de crédito[21]:

Utilização de Crédito (Verba 17.1 TGIS); Operações de crédito (isenção artigo 7º, nº 1, al h) e i)			
Nota: Quando se fala em **utilização de crédito**, é devedor da obrigação o mutuante e é credor da prestação o mutuário (que tem direito a levantar os fundos mutuados). Quando se fala em **operação de crédito**, é credor o mutuante e devedor o mutuário. Na Verba 17.1 da TGIS o termo usado é "utilização de crédito"; na isenção do artigo 7.º, nº 1, al. h) e i), o termo usado é "operação" de crédito.			
Domicílio do Credor na operação de crédito	Incidência	Domicílio do Devedor na Operação de Crédito	Observações
Portugal	Princípio da territorialidade (art 4.º(1) CIS)	Portugal	Aplica-se a isenção das alíneas h) e i) do nº 1 artigo 7º do CIS
UE	Extensão do princípio da territorialidade (art 4(2)(b) CIS)	Portugal	Aplica-se a isenção das alíneas h) e i) do nº 1 do artigo 7º do CIS, dado que o credor da "operação de crédito" é residente na UE
Portugal	Não Incidência pois o facto tributário (utilização de crédito) ocorre fora de Portugal, na UE, pois aí tem domicílio o credor da prestação.	UE	Não há que falar das isenções das alíneas h) e i) do nº 1 do artigo 7º do CIS. Assim, faz todo o sentido o nº 2 do artigo 7º do CIS falar apenas das situações em que o residente da UE é credor da **operação** (ainda que devedor quando se trata da utilização do crédito).

---

[21] Na elaboração da tabela, pressupõe-se que os fundos são entregues ao mutuário na jurisdição do seu domicílio.

23

Da posição da Autoridade Tributária. Crítica

Uma nota final para referirmos que estamos cientes que a Autoridade Tributária tem vindo a adoptar uma tese distinta da que defendemos acima, considerando que existe incidência de imposto do selo nas operações financeiras, sempre que o mutuante seja residente em território nacional.

Esta posição da Autoridade Tributária funda-se essencialmente na posição adoptada por António Campos Laires e por Jorge Belchior Laires numa anotação ao CIS publicada em 2000, logo após a reforma do imposto do selo aprovada pela Lei 150/99 de 11 de Setembro[22].

Referiam então estes autores o seguinte:

"A questão gira à volta de saber se o facto a que alude o n.º 1 do artigo 4.º que, por sua vez, remete para os «factos referidos no artigo 1.º», é, no caso em apreciação, a concessão do crédito ou a sua utilização.

Começaremos por dizer que os factos referidos no artigo 1.º são, entre outros, os actos e contratos.

Ora, derivando a operação de crédito em causa de um contrato – o contrato de concessão de crédito –, logo se vê que aquela operação está ali referida e, portanto, constitui um facto tributário.

E é assim – todas as vezes que as suas disposições têm de identificar o facto tributário – que o Código sempre se refere às operações de crédito ou às concessões de crédito, como pode ver-se, entre outros, dos seus artigos 3.º, n.º 3, alínea f), 4.º, n.º 2, alínea b), 6.º, n.º 1, alíneas g), h) e m), e 13.º, alínea g).

Repare-se que é esta última disposição – alínea g) do artigo 13.º – que marca o nascimento da obrigação tributária, estabelecendo que o mesmo se verifica, «nas operações de crédito, no momento em que forem realizadas», surgindo, nesse mesmo momento, o facto tributário.

Deste modo, sendo a operação de crédito em causa realizada por uma entidade domiciliada em território português, o facto tributário ocorreu no mesmo território, pelo que a situação está contemplada no n.º 1 do artigo 4.º, e, por isso, seria contraditório identificá-la no n.º 2.

Se o facto tributário referido naquele n.º 1 fosse a utilização do crédito – mas que não é, como vimos – então não teria o legislador necessidade de incluir no n.º 2 e sua alínea

---

[22] *Código do Imposto do Selo Anotado e Comentado*, Alda Editores, Queluz, 2000, págs. 38-39.

b) as operações de crédito concedidas por entidades domiciliadas no estrangeiro a entidades domiciliadas em território português, uma vez que, neste caso, a utilização ocorre neste território e, então, a situação estaria (naquela lógica) já contemplada no n.º 1.

O argumento extraído da citada verba n.º 17.1 não colhe, dado que é o Código que define as regras de incidência, incluindo as isenções, e o nascimento da obrigação tributária e do consequente facto tributário, como se vê das disposições que citamos.

Da referida verba n.º 17.1 apenas se pode, e deve, extrair a regra de que o imposto só é devido no momento e na medida da utilização do crédito concedido.

Podemos, para finalizar, dizer que a sujeição ao imposto do selo se verifica no momento em que foi realizada a concessão de crédito, embora sob a condição suspensiva da sua efectiva utilização, ou seja, quando e na medida em que for utilizado o crédito concedido.

Conclui-se, portanto, que, ocorrendo a concessão de crédito em território nacional – facto tributário –, a situação prefigurada esta abrangida pelo citado n.º 1 do artigo 4.º e, consequentemente, sujeita a imposto do selo."

Salvo o devido e enorme respeito, consideramos que esta posição não é a que resulta das regras de incidência do CIS, desde logo, por dois motivos.

O primeiro, porque os referidos Autores sustentam a sua tese numa distinção entre o facto tributário (o contrato de concessão de crédito), e o momento em que é devido o imposto (aquando da efectiva utilização e na medida dessa utilização) – a nosso ver, e na linha da generalidade da doutrina, e em conformidade com a própria posição da Autoridade Tributária na Circular 15/2000, esta tese não tem suporte legal após a reforma do CIS operada em 2000.

O segundo, porque a disposição de extensão do princípio da territorialidade, contida na alínea b) do n.º 2 do artigo 4.º do CIS – que estes Autores utilizam para *a contrario* defenderem a sua tese de que o facto tributário não pode ser a utilização de crédito[23] – não visa abordar uma situação não abrangida pelo n.º 1, mas tão-somente impedir as partes, nos empréstimos realizados

---

[23] *"Se o facto tributário referido naquele n.º 1 fosse a utilização do crédito – mas que não é, como vimos – então não teria o legislador necessidade de incluir no nº 2 e sua alínea b) as operações de crédito concedidas por entidades domiciliadas no estrangeiro a entidades domiciliadas em território português, uma vez que, neste caso, a utilização ocorre neste território e, então, a situação estaria (naquela lógica) já contemplada no n.º 1 (...)".*

por não residentes a favor de residentes, de manipularem a regra de incidência através da liberdade que têm de determinar o local de utilização do crédito[24].

Sendo patente do CIS que a disponibilidade de liquidez é essencial à verificação do direito de tributar, António Campos Laires e Jorge Belchior Laires procuram ajustar esta realidade à sua tese dizendo que *"(...) a sujeição ao imposto do selo se verifica no momento em que foi realizada a concessão de crédito, embora sob a condição suspensiva da sua efectiva utilização, ou seja, quando e na medida em que for utilizado o crédito concedido"*.

Em primeiro lugar, há que dizer que esta posição é contrariada por diversos outros autores, incluindo os que citámos atrás[25].

Em segundo lugar, há que realçar que o conceito de concessão de crédito não é um conceito técnico, mas antes um conceito de mercado, que não se reveste de autonomia económica ou tributária.

Na verdade, a concessão de crédito é em si mesma, em regra irrelevante, porquanto se traduz na celebração, directa ou indirecta, de um mútuo, i.e., na celebração de um *"contrato pelo qual uma das partes empresta à outra dinheiro ou outra coisa fungível, ficando a segunda obrigada a restituir outro tanto do mesmo género e qualidade"* – artigo 1142.º do Código Civil.

Com efeito, o contrato de concessão de crédito só ganha relevância no campo da fiscalidade, designadamente em sede de imposto do selo, quando se traduz numa (imediata) entrega de fundos, e não quando reflecte apenas uma assunção de um compromisso de entrega de fundos num momento futuro a determinar, caso em que consubstancia, quanto muito, uma mera promessa de mútuo ou uma abertura de crédito.

---

[24] A utilização de crédito por residentes (em empréstimos concedidos por não residentes) ocorre geralmente em Portugal, conforme bem atestam António Campos Laires e Jorge Belchior Laires, e resulta do disposto no artigo 774.º do Código Civil. Nesse sentido, o n.º 1 do artigo 4.º do CIS abrange já essas situações, pelo que a extensão da alínea b) do n.º 2 dessa disposição pareceria redundante. Todavia, as Partes podem, pela liberdade contratual de que dispõem, manipular a regra de incidência deslocalizando para o estrangeiro o local de utilização do crédito. Nesses casos, ser-lhes-ia possível afastar a incidência do n.º 1 do artigo 4.º do CIS. É, a nosso ver, para evitar este tipo de manipulações, que a alínea b) do n.º 2 dessa disposição vem mencionar que, sempre que o mutuário é residente, é sempre devido imposto do selo.

[25] Nomeadamente, Silvério Mateus e Curvelo de Freitas, José Maria Fernandes Pires e Carlos Baptista Lobo.

Referem ainda os citados autores, em defesa da sua tese, o disposto nos artigos 3.º, n.º 3, alínea f), 4.º, n.º 2, alínea b), 6.º, n.º 1, alínea g), h) e m), e 13.º, alínea g)[26], sendo o seu argumento o de que essas disposições, ao procurarem identificar o facto tributário, se referem sempre a *operações de crédito* ou a *concessões de crédito* e não a utilizações de crédito.

Não compreendemos o argumento utilizado.

Em primeiro lugar, porque a utilização de crédito, enquanto facto tributário, não deixa de consubstanciar uma *operação de crédito,* operação essa que tem na sua génese a concessão de crédito.

Em segundo lugar, o acto de concessão de crédito é sempre um acto essencial à utilização de crédito, seja ou não previamente contratualizado. Mas ele nada vale, do ponto de vista do CIS, nem em si integra qualquer acto tributário, se a utilização não ocorrer efectivamente. Dito de outra forma, a assinatura de um contrato de concessão de crédito, em que a utilização não chega a ocorrer, não faz nascer um acto tributário; já em contrapartida, a utilização de crédito sem a assinatura prévia de um contrato de concessão de crédito gera sempre um acto tributário.

Na verdade, é a própria lei que determina (alínea g) do artigo 5.º (à altura 13.º) do CIS) que o nascimento da obrigação tributária se verifica, *"nas operações de crédito, no momento em que forem realizadas".* Ou seja, é a utilização do crédito, e não a sua contratualização, que relevam enquanto facto tributário no CIS, pois é nessa utilização, e não na contratualização da operação que a possibilita, que se encontra uma possível manifestação de capacidade contributiva.

Em nossa opinião, a adopção de uma tese, segundo a qual há que distinguir um facto tributário, que não revela ele próprio qualquer tipo de capacidade contributiva, de uma condição suspensiva da tributação (a utilização do crédito), ela sim, susceptível de demonstrar alguma capacidade contributiva, ainda que virtual ou aparente, levantaria enormes questões de interpretação, decorrentes do facto de, nos termos do artigo 36.º da Lei Geral Tributária (LGT), com a verificação do facto tributário, se constituir uma relação jurídica tributária.

Entre essas questões, estariam seguramente as seguintes.

---

[26] No texto actual do CIS, as citadas disposições correspondem aos artigos 3.º, n.º 3, alínea f), 4.º, n.º 2, alínea b), 7.º, n.º 1, alíneas g) e h) (a alínea m) foi revogada) e artigo 5.º, alínea g).

Ao considerar que o facto tributário nasce com o contrato de concessão de crédito, estaríamos então perante uma situação atípica em que se constituiria a relação jurídico tributária sem que o contribuinte ficasse incumbido de qualquer dever declarativo ou de pagamento?

E quanto aos prazos de caducidade e de prescrição? As regras sobre contagem de prazos de caducidade e de prescrição nada dispõem sobre condições suspensivas de factos tributários, pelo que resultaria da tese de António Campos Laires e Jorge Belchior Laires que o momento relevante seria o da verificação do facto tributário, que é o termo inicial da contagem dos prazos estabelecido nos artigos 45.º e 48.º da LGT, e não o da data de liquidação do imposto, i.e. a sua efectiva utilização.

Pretender-se-ia defender que, se a utilização dos fundos ocorresse 5 anos após a concessão do crédito, i.e., 5 anos após a verificação do facto tributário, já não seria possível liquidar o imposto do selo devido (nos termos do artigo 45.º da LGT)?

E o que dizer acerca da aplicação da lei no tempo? Deveria aplicar-se a taxa de imposto em vigor no momento da concessão do crédito ou da sua utilização? De acordo com os princípios constitucionais e as regras estabelecidas no artigo 12.º da LGT, a lei aplicável é a que vigora no momento da verificação do facto tributário...

Então, se as partes celebrarem um contrato de concessão de crédito no ano N, e no ano N+1, altura em que os fundos são utilizados, a taxa de imposto subir, a taxa a aplicar seria a do ano N, i.e., a taxa em vigor no momento da verificação do facto tributário? Não constituiria esta interpretação uma violação do princípio da igualdade (na medida em que dois sujeitos passivos que manifestem igual capacidade contributiva num mesmo momento poderão estar sujeitos a tributação a taxas diferentes)[27]?

Dito isto, teremos de notar que a obra referida, cujo valor se não contesta, foi apresentada no ano 2000, na sequência quase imediata da entrada em vigor da reforma do CIS, pelo que deveria hoje – 13 anos volvidos – ser interpretada em perspectiva. No entanto, atendendo ao facto de a Autoridade Tributária a citar constantemente como forma de justificar a sua posição, não pudemos

---

[27] Recorde-se que, sobre este ponto, a Autoridade Tributária vem expressamente dar relevância ao momento da utilização do crédito na sua Circular 15/2000, de 5 de Julho.

deixar de fazer reflectir neste trabalho o nosso pensamento a respeito da tese que estes autores então defenderam.

Brevíssima Conclusão

Face ao *supra* exposto, resta concluir que a lei não estabelece, nem poderia estabelecer sem regulamentação adicional, qualquer distinção entre o acto tributário e a sua produção de efeitos, nem tão-pouco pretendeu impor uma tributação universal (i.e., independente do local onde os fundos são utilizados) e discriminatória da utilização do crédito, mas antes e só a tributação da utilização de crédito que se encontre mais fortemente conexionada com o território português, seja em virtude da residência do alegado titular da capacidade contributiva, seja em virtude de uma especial conexão com o território nacional, que implique a disponibilização efectiva dos fundos neste território.

O CIRE e a recuperação das sociedades comerciais em crise

PAULO DE TARSO DOMINGUES
Doutor em Direito, Professor da Faculdade de Direito da Universidade do Porto
Sócio AB

Sumário:
1 – O CIRE e a recuperação da empresa: primazia da recuperação sobre a liquidação? O regime resultante da Lei 16/2012, de 20 de abril. 2 – O plano de insolvência/recuperação: finalidades e modalidades. 3 – Legitimidade e oportunidade. 4 – Aprovação do plano: quóruns constitutivo e deliberativo. 5 – A (ampla) liberdade de fixação do conteúdo do plano. 6 – A homologação pelo juiz. Efeitos. 7 – A recusa de homologação. 7.1 – A recusa de homologação oficiosa. 7.1.1 – A proibição de operações de fusão e cisão no âmbito da insolvência. 7.1.2 – O princípio *par conditio creditorum*. 7.1.3 – A redução e o aumento do capital social (remissão). 7.2 – A recusa de homologação a pedido dos interessados: o *best interest of creditors/shareholders test*. 8 – As medidas de recuperação específicas das sociedades comerciais. 8.1 – A redução de capital. O "zeramento" do capital e a operação harmónio. 8.2 – O aumento de capital social. 8.2.1 – A eliminação do direito de preferência. 8.2.2 – A conversão de créditos. 8.3 – A atribuição de competência aos credores para deliberar sobre a variação do capital social: violação do direito comunitário, no que respeita às SA. 8.4 – A alteração dos estatutos ou dos membros dos órgãos sociais e a transformação da sociedade. 9. O instrumento de "revitalização" pré-insolvencial.

1 – *O CIRE e a recuperação da empresa: prevalência da recuperação sobre a liquidação? O regime resultante da Lei 16/2012, de 20 de abril.* No presente artigo iremos abordar sumariamente o regime previsto no CIRE, resultante nomeadamente da recente reforma que foi efetuada a este diploma pela Lei n.º 16/2012, de 20 de abril, para a recuperação das sociedades comerciais em crise, em especial as medidas que, para esse efeito, poderão ser adotadas nas sociedades de capitais[1]. A primeira nota que importa referir é a de que, com a reforma de 2012 do CIRE, o legislador pretendeu modificar a filosofia subjacente ao diploma, claramente orientada para a liquidação do património em detrimento da recuperação da empresa[2], regressando assim ao "espírito" do CPEREF[3]. Com efeito, na sequência do acordo celebrado entre Portugal e a designada *Troika* (Banco Central Europeu, Comissão Europeia e Fundo Monetário Internacional), foi aprovada a Lei n.º 16/2012 – que introduziu significativas alterações ao CIRE – e na qual se evidencia claramente pretender-se privilegiar a recuperação da empresa como remédio para a insolvência. É isso que resulta, desde logo, da nova redação dada ao artigo 1.º, n.º 1 do CIRE, onde expressamente se afirma que apenas se deverá optar pela liquidação do património quando "não se afigure possível" a recuperação da empresa do devedor.

A verdade, no entanto, é que, para além do princípio programático afirmado no artigo 1.º, n.º 1 (que é, na verdade, um *wishful thinking*) e da alteração da designação do plano de insolvência – que se passa a designar plano de recuperação, quando vise a recuperação do devedor (cfr. o novo n.º 3 do artigo 192.º CIRE) –, o regime legal manteve-se, para o devedor que se encontre numa situação de insolvência, basicamente inalterado. Tenha-se, a este propósito, presente que o novo instrumento jurídico introduzido pela reforma de 2012 – o processo especial de revitalização, consagrado nos artigos 17.º-A a 17.º-I – apenas está pensado e se aplica aos devedores que se encontrem em

---

[1] A nossa análise restringir-se-á a este tipo de sociedades, nas quais incluímos as SA e as SQ.
[2] Vide L. MENEZES LEITÃO, *Direito da Insolvência*, Coimbra, Almedina, 2009, pp. 74 ss., e LUÍS A. CARVALHO FERNANDES/JOÃO LABAREDA, *Código da Insolvência e Recuperação de Empresas Anotado*, vol. I, Lisboa, Quid Juris, p. 58.
[3] Cfr. artigo 1.º, n.º 2 CPEREF, onde expressamente se afirmava uma clara preferência pela recuperação da empresa em detrimento da falência/insolvência. Vide J. M. COUTINHO DE ABREU, *Curso de direito comercial*, vol. I, Coimbra, Almedina, 8.ª ed., 2011, p. 335.

situação económica difícil ou em situação de insolvência iminente (cfr. artigo 1.º, n.º 2 CIRE).

Por isso, a estrutura inicial do CIRE, claramente orientada para a liquidação do património do devedor[4], mantém-se no essencial, pelo que não se poderá afirmar que o CIRE tenha, com a Lei 16/2012, passado a consagrar para o devedor insolvente, um princípio de primazia da recuperação sobre a liquidação do seu património[5].

Seja como for, é aos credores que cabe decidir sobre a recuperação da empresa societária e sobre o respetivo regime aplicável, que deve constar do plano, agora dito de recuperação[6]. É a matéria que nos propomos analisar de seguida.

2 – *O plano de insolvência/recuperação: finalidades e modalidades.* O plano de insolvência[7], previsto no Título IX do CIRE (artigos 192.º a 222.º), pode visar uma de duas finalidades: ou a liquidação do património do insolvente ou a recuperação do devedor, designando-se agora – após a Lei 16/2012 –, nesta hipótese, como plano de recuperação (cfr. artigo 192.º, n.º 3 CIRE).

Por outro lado, o artigo 195.º, n.º 2, al. a) CIRE refere que o plano pode revestir três modalidades distintas: poderá ser um plano de liquidação da massa insolvente, um plano de recuperação do devedor – o qual apenas poderá ter lugar quando da massa faça parte uma empresa[8] –, ou, a lei expressamente o autonomiza, um plano de saneamento por transmissão da empresa para uma ou mais sociedades (cfr. artigo 199.º CIRE). Para além destas três modalida-

---

[4] Vide, p. ex., o disposto no artigo 192.º, n.º 1 CIRE.
[5] Isso resulta, de resto, à sociedade do simples facto de um único credor poder impedir a aprovação de uma medida de recuperação da empresa societária, desde que demonstre que a sua posição creditícia ficará mais gravosa com a aplicação da mesma. Vide, sobre esta matéria, *infra* ponto 4.3.
[6] Vide COUTINHO DE ABREU, *Curso de direito comercial*, vol. I, 2011, p. 335.
[7] O nosso plano de insolvência teve por fonte próxima o *Insolvenzplan* dos §§ 217 a 279 da *Insolvenzordnung* alemã, que, por sua vez, se inspirou no *Reorganization Plan* do Chapter 11 do *Bankruptcy Code* norte-americano. Cfr. CATARINA SERRA, *O novo regime português da insolvência – Uma introdução*, 4.ª ed., Coimbra, Almedina, 2010, pp. 126 ss..
[8] Cfr. artigo 1.º, 161.º, n.º 2, *in fine*, e 195.º, n.º 2, al. b) CIRE. Para o devedor não empresário, poderá haver lugar a um plano de pagamentos, nos termos previstos nos artigos 251.º ss. CIRE. Vide COUTINHO DE ABREU, *Curso de direito comercial*, vol. I, 2011, pp. 333 ss..

des referidas na norma indicada, poderá ainda pensar-se num plano "misto", que combine algumas das três hipóteses referidas[9].

3 – *Legitimidade e oportunidade*. A legitimidade para a apresentação de um plano de insolvência está regulada no artigo 193.º CIRE que a atribui, entre outros, ao administrador de insolvência, ao próprio devedor ou a credores que representem, pelo menos, 20% da totalidade dos créditos não subordinados[10].

O CIRE não estabelece, por outro lado, um momento preciso e único para a apresentação do plano, pelo que esta, em princípio, poderá ocorrer até ao encerramento do processo.

Há, contudo, a este propósito que tomar em consideração algumas restrições que resultam da lei quanto ao momento em que o plano pode ser apresentado. Assim, a assembleia para aprovação do plano[11] (a chamada, por antonomásia, assembleia do plano) só poderá ter lugar depois da assembleia para a apreciação do relatório (assembleia do relatório[12]), do trânsito em julgado da sentença de declaração de insolvência e de esgotado o prazo para a impugnação dos credores reconhecidos – cfr. artigo 209.º CIRE.

Por outro lado, importa ter presente que, no caso de o proponente ser o próprio devedor, e caso este pretenda manter-se na administração do seu património, deverá apresentar o plano com a petição inicial ou obrigar-se a fazê-lo em prazo não superior a 30 dias, após a sentença de declaração da

---

[9] Cfr. CATARINA SERRA, *O novo regime...*, pp. 126 ss..

[10] Têm ainda legitimidade para apresentar um plano de insolvência os responsáveis legais (e já não convencionais) pelas dívidas da insolvência. Vide, sobre esta noção, artigo 6.º, n.º 2 CIRE. Será, p. ex., o caso dos sócios de uma sociedade em nome coletivo, mas neste grupo de legitimação, já não se incluem, no entanto, a título pessoal, os gerentes ou administradores das sociedades.

[11] Os credores terão sempre que ser chamados a reunir em assembleia para a aprovação do plano.

[12] Assembleia a que alude o artigo 36.º, al. n) e 156º CIRE e que se deve realizar entre o 45.º e o 60.º dia (este prazo foi encurtado pela Lei 16/2012) após a sentença declaratória da insolvência. Note-se que, podendo não haver lugar a assembleia do relatório (cfr., hoje, artigo 36.º, n.º 1, al. n), *in fine* do CIRE), pode questionar-se se, neste caso, é ainda possível a apresentação de um plano, dado que este apenas pode ser aprovado numa assembleia que, de acordo com a norma referida em texto, só pode ter lugar depois de ocorrer a assembleia do relatório. Parece-nos, contudo, considerando o proclamado princípio da primazia da recuperação da empresa, que deverá, ainda assim, na hipótese em análise, ser possível a apresentação de um plano de recuperação.

insolvência (cfr. artigos 24.º, n.º 3, 224.º, n.º 1, al. b) e 228.º, n.º 1, al. e), todos do CIRE); nada impedirá, no entanto, que o devedor apresente uma proposta de plano em momento processual posterior, se não desejar continuar com a administração dos seus bens.

Relativamente ao administrador de insolvência, o artigo 193.º CIRE estabelece que a assembleia de credores o pode encarregar da elaboração do plano, devendo, nessa hipótese, apresentá-lo no prazo que esta lhe fixar ou, na ausência de tal estipulação, em "prazo razoável", o qual se deve considerar que corresponde ao prazo de sessenta dias previsto no artigo 156.º, n.º 4, al. a) CIRE; o administrador de insolvência poderá, no entanto, por sua iniciativa e noutro momento processual, apresentar uma proposta de plano de insolvência.

Já quanto aos demais legitimados, o CIRE nada estabelece quanto ao momento para a apresentação do plano, pelo que o poderão apresentar "a todo o tempo no decurso do processo"[13].

4 – *Aprovação do plano: quóruns constitutivo e deliberativo.* Cabe ao juiz admitir a proposta do plano, devendo, no entanto, rejeitá-la quando se verifique alguma das hipóteses estabelecidas no artigo 207.º CIRE, nomeadamente quando o conteúdo do mesmo apresente "vícios insupríveis"[14], como será o caso a que iremos fazer referência a propósito das modificações do capital social[15].

Admitido o plano pelo juiz, cabe aos credores aprová-lo[16], consagrando a lei, para este efeito, um quórum constitutivo e um quórum deliberativo (cfr. artigo 212.º CIRE). Assim, para que o plano possa considerar-se aprovado será necessário que na assembleia estejam presentes credores titulares, pelo menos, de um terço do total dos créditos com direito de voto (quórum constitutivo)

---

[13] Assim, CARVALHO FERNANDES/JOÃO LABAREDA, *Código da Insolvência...*, vol. II, pp. 41 ss..
[14] O juiz, nesta hipótese, deverá conceder um prazo razoável ao proponente para sanar os vícios (cfr. artigo 207.º, n.º 1, al. a) CIRE).
[15] Vide *infra* ponto 8.3.
[16] Note-se que o plano não tem de ser aprovado conforme a proposta apresentada. Esta pode ser alterada, podendo sê-lo inclusivamente na própria assembleia pelo proponente (cfr. artigo 210.º CIRE). Nada impedirá, contudo, que, na própria assembleia, outros façam sugestões de alteração ao plano, que o proponente poderá incorporar na sua proposta, sobretudo quando preveja que disso dependerá a aprovação do plano.

e que o mesmo seja votado favoravelmente por mais de dois terços dos votos emitidos (quórum deliberativo), não se considerando como tal as abstenções[17].

Há aqui que tomar em consideração que a cada euro ou fração corresponde um voto (artigo 73.º, n.º 1 CIRE), sendo que, para este efeito – de aprovação do plano – é atribuído excecionalmente aos credores subordinados direito de voto (cfr. artigo 73.º, n.º 3 CIRE). Havendo votos emitidos relativos a créditos subordinados[18], o plano só se considerará aprovado se, para além do quórum deliberativo de dois terços acima referido, tiver ainda sido votado por mais de metade dos votos emitidos correspondentes a créditos não subordinados (cfr. artigo 212.º, n.º 1 CIRE). Releve-se, por fim, que – ao invés do que se estabelecia no CPEREF – não serão admitidos a votar os titulares de créditos que não sejam afetados pela parte dispositiva do plano, bem como os titulares de créditos subordinados, quando o plano decretar o perdão integral de todos os créditos de grau hierárquico inferior e "não atribuir qualquer valor económico ao devedor ou aos respectivos sócios" (cfr. artigo 212.º, n.º 2 CIRE).

5 – A (ampla) liberdade de fixação do conteúdo do plano. Diferentemente do que acontecia no CPEREF, onde se fixava um conjunto taxativo de medidas de recuperação (ainda assim com um âmbito bastante generoso), o CIRE consagra o princípio da liberdade de fixação do conteúdo do plano[19], estabelecendo um regime extremamente flexível nesta matéria, permitindo ao credores não apenas aprovar alguma das medidas previstas no Código, mas também adotar quaisquer outras medidas, ainda que as mesmas se afastem do regime que supletivamente o CIRE prevê[20].

Esta ampla liberdade, que é conferida aos credores na delimitação do conteúdo do plano, não é, porém, ilimitada ou absoluta. Há, na verdade, como

---

[17] Trata-se de um regime semelhante ao previsto, para as SA, nos artigos 383.º, n.º 2 e 386.º, n.º 3 CSC.
[18] Sobre a noção de créditos subordinados, vide artigo 48.º CIRE.
[19] Cfr. ROSÁRIO EPIFÂNIO, *Manual de direito da insolvência*, Coimbra, Almedina, 2010, pp. 271 ss..
[20] Há de necessariamente ser este o sentido a atribuir à parte final do n.º 1 do artigo 192.º CIRE, pelo que a utilização da expressão "derrogação das normas" do CIRE, através das medidas aprovadas no plano, não é obviamente adequada. Assim também, CARVALHO FERNANDES/ /JOÃO LABAREDA, *Código da Insolvência...*, vol. II, pp. 39 ss.. E, portanto, daqui decorre que o conteúdo do plano não poderá, *ça va de soi*, violar normas legais imperativas.

veremos de seguida, certas regras e limites que não podem deixar de ser observados sob pena de o plano não poder ser homologado pelo juiz.

6 – *A homologação pelo juiz. Efeitos.* Aprovado o plano pelos credores pelas maiorias legalmente exigidas, ele deverá ser publicitado e depois homologado pelo juiz (cfr. artigos 213.º e 214.º CIRE). Nos termos do artigo 214.º CIRE, esta homologação só poderá ter lugar decorridos que sejam 10 dias após a assembleia que o aprovou ou a partir da publicação da deliberação, quando o plano tenha sido objeto de alterações na própria assembleia. Visa-se com esta solução, primacialmente, permitir aos interessados (sócios, credores, etc.) solicitar a recusa de homologação, quando haja fundamento para tanto (cfr. artigo 216.º CIRE).

Importa não olvidar que a apresentação do plano não suspende automaticamente a liquidação do património do insolvente; é preciso que tal seja requerido e que o juiz atenda a tal pretensão (cfr. artigo 206.º CIRE). Aos credores é também atribuída a faculdade de, na assembleia do relatório, determinar a suspensão da liquidação e partilha da massa insolvente, quando o administrador seja incumbido de elaborar um plano de insolvência (cfr. artigo 156.º, n.º 3 CIRE).

A homologação, com trânsito em julgado, do plano de insolvência determina o encerramento do processo, a menos que no próprio plano se determine coisa diversa (cfr. artigo 230.º, n.º 1, al. b) CIRE). E com o encerramento do processo, por princípio cessam as atribuições da comissão de credores e do administrador de insolvência (artigo 233.º, n.º 1, al. b) CIRE), recuperando o devedor os poderes de disposição dos seus bens (artigo 233.º, n.º 1, al. a) CIRE), permitindo-se aos credores exercer os seus direitos contra o devedor, com as restrições e limitações constantes do plano (artigo 233.º, n.º 1, al. c) CIRE). Note-se que, se o encerramento se fundar na aprovação do plano, o devedor ficará, por regra, exonerado das dívidas remanescentes, cujo pagamento não esteja previsto no dito plano (artigo 197.º, al. c) CIRE).

7 – *A recusa de homologação.* Ainda que o juiz tenha admitido a apresentação do plano e este tenha sido aprovado pelos credores nos termos legalmente previstos, há situações em que o plano não deverá ser homologado.

Esta recusa de homologação por parte do juiz poderá ser oficiosa ou a solicitação dos interessados.

7.1 – *A recusa de homologação oficiosa*. O juiz deverá oficiosamente não homologar o plano nos casos previstos no artigo 215.º CIRE. Esta não homologação *ex officio* deverá assentar apenas num juízo de legalidade, podendo fundar-se em vícios de procedimento, quando a violação em causa não seja " negligenciável"[21] ou em vícios de conteúdo, e, neste caso, "qualquer que seja a natureza" da norma violada[22].

Note-se, por outro lado, que se no plano aprovado tiverem sido estabelecidas condições suspensivas, ele só poderá ser judicialmente homologado depois de tais condições estarem verificadas (cfr. artigo 201.º, n.º 1 CIRE). Se tais condições não forem cumpridas – no prazo que o juiz razoavelmente entenda fixar para o efeito – deverá ser também recusada a homologação.

A propósito das sociedades comerciais importa ainda, nesta matéria, fazer especial referência a três fundamentos específicos, que de seguida analisaremos, que podem determinar a recusa de homologação do plano por parte do juiz.

7.1.1 – A *proibição de operações de fusão e cisão no âmbito da insolvência*. Assim, desde logo, não se pode olvidar que o CSC estabelece expressamente que, a partir da instauração do processo de insolvência, a sociedade não poderá ser objeto de um processo de fusão (artigo 97.º, n.º 3 CSC) ou de cisão (*ex vi* artigo 120.º CSC). Donde, no plano não se poderá prever qualquer uma destas formas de reestruturação como medida para a recuperação da empresa

---

[21] Ter-se-á pretendido com esta redação evitar que vícios de procedimento "menores" (cfr. CARVALHO FERNANDES/JOÃO LABAREDA, *Código da Insolvência...*, vol. II, p. 118) possam determinar a não homologação do plano. Resta, no entanto, agora ao intérprete determinar e densificar o que se deve entender por "violação não negligenciável" de regras procedimentais. Parece-nos que aqui devem abranger-se aqueles vícios de procedimento que têm influência no resultado alcançado: pense-se, p. ex., no errado apuramento dos quóruns necessários para que o plano se considerasse aprovado.

[22] Há autores que consideram que, também quanto aos vícios de conteúdo, só a violação não negligenciável deve justificar a recusa de homologação; i. é, a existência de vícios "menores", no que respeita ao conteúdo do plano, não deve ser motivo de recusa de homologação. Cfr. CARVALHO FERNANDES/JOÃO LABAREDA, *Código da Insolvência...*, vol. II, p. 118.

societária do devedor, sob pena de tal ser causa de recusa de homologação por parte do juiz.

7.1.2 – *O princípio "par conditio creditorum"*. O plano deverá ainda respeitar o princípio da igualdade de tratamento dos credores (cfr. artigo 194.º CIRE). Este não é, porém, um princípio absoluto. Ele pode ser afastado mediante consentimento do(s) credor(es) afetado(s) – o qual se considera tacitamente prestado, caso o credor prejudicado tenha votado favoravelmente o plano (cfr. artigo 194.º, n.º 2, *in fine* CIRE) – ou quando tal afastamento seja justificado por "razões objetivas" (cfr. artigo 194.º, n.º 1, *in fine* CIRE).

Se a desigualdade de tratamento não se fundar em nenhuma das duas hipóteses referidas, o juiz deve recusar a homologação do plano e, se não o fizer, poderá/deverá o credor afetado recorrer da decisão de homologação. Caso não o faça, e transitada em julgado aquela homologação, as medidas constantes do plano impor-se-ão também aos credores prejudicados[23].

7.1.3 – *A redução e o aumento do capital social (remissão)*. O CIRE permite que, no âmbito de um processo de insolvência, os credores possam deliberar sobre a variação (aumento e redução) do capital social da sociedade devedora. Trata-se de matéria delicada que, em certas circunstâncias, justificará – como veremos *infra* no n.º 8.3, para onde remetemos – a recusa oficiosa de homologação por parte do juiz da medida aprovada pelos credores.

7.2 – *A recusa de homologação a pedido dos interessados: o "best interest of creditors//shareholders test"*. Para além das causas referidas, o juiz deverá ainda recusar a homologação do plano – agora apenas quando tal lhe seja solicitado pelo interessado –, quando se verifique o circunstancialismo que se costuma designar pelo *best interest of creditors/shareholders test*[24]. Trata-se agora, aqui, de um exame, de um teste que é feito relativamente à situação patrimonial em que ficará um credor ou um sócio, caso o plano venha a ser aprovado[25]. Assim,

---

[23] Assim, CARVALHO FERNANDES/JOÃO LABAREDA, *Código da Insolvência...*, vol. II, p. 46.
[24] Cfr. CATARINA SERRA, *O novo regime...*, pp. 130 ss..
[25] Este balanceamento e regime são igualmente aplicáveis aos interesses económicos do próprio devedor (estaremos nesta hipótese perante aquilo que se poderá designar pelo *best interest of debtor test*).

um credor ou sócio poderá solicitar ao juiz que recuse a homologação do plano – desde que se tenha manifestado previamente contra a sua aprovação[26] –, conquanto demonstre razoavelmente ("em termos plausíveis") que a sua situação ficará pior do que aquela que para ele resultaria da não aprovação do plano[27] (cfr. artigo 216.º, n.º 1 al. a) CIRE[28]). Ou seja, um único credor ou sócio poderá impedir a homologação do plano, desde que demonstre que a sua posição creditícia se tornará mais gravosa com as medidas aprovadas no dito plano, o que demonstra à evidência que a recuperação e a conservação da empresa não prevalecem sobre os interesses particulares de cada credor[29].

Em todo o caso, a lei prevê que, se cumulativamente se adotarem as medidas previstas no artigo 216.º, n.º 3 CIRE, o interessado – ainda que prove inequivocamente que ficará numa situação mais desvantajosa com o plano aprovado – não poderá obstar à sua homologação[30].

8 – *As medidas de recuperação específicas das sociedades comerciais.* O CIRE consagra expressamente, no seu artigo 198.º, algumas medidas específicas de recuperação para as sociedades comerciais, que aqui importa abordar[31]. Antes dessa análise, importa, porém, fazer duas observações prévias:

A primeira para referir que se deve considerar aplicável analogicamente – na medida em que o seja possível – o regime deste artigo 198.º a outras pessoas coletivas que não apenas às sociedades comerciais[32].

---

[26] Tal já não será necessário, no entanto, se o plano tiver sido alterado na assembleia e o credor não tiver estado presente na mesma (cfr. artigo 216.º, n.º 2 CIRE).

[27] "Designadamente face à situação resultante de acordo já celebrado em procedimento extrajudicial de regularização de dívidas", foi acrescentado à parte final da alínea a) do n.º 1 do artigo 216.º CIRE, pelo DL 282/2007, de 7 de agosto.

[28] O artigo 216.º, n.º 1 al. b) CIRE estabelece ainda, como causa justificativa para a não homologação do plano, a demonstração de que com a aprovação deste se proporciona a um credor um valor económico superior ao valor nominal do seu crédito.

[29] Assim, também Catarina Serra, *O novo regime...*, p. 131.

[30] Este regime não se aplica, porém, aos credores garantidos ou privilegiados, conforme resulta do *caput* do n.º 3 do artigo 216.º CIRE.

[31] Vamos aqui analisar apenas as providências previstas para as sociedades de capitais. O artigo 198.º, n.º 2, als. f) e g) e n.º 6 CIRE prevê ainda medidas pensadas exclusivamente para as sociedades em nome coletivo e em comandita que aqui, no entanto, nos dispensaremos de abordar.

[32] Apesar de, como se refere na epígrafe do artigo, o mesmo estar pensado apenas para este tipo de sociedades. No mesmo sentido, vide Carvalho Fernandes/João Labareda, *Código da Insolvência...*, vol. II, pp. 60 ss..

A segunda prende-se com o facto de o n.º 1 prescrever que o plano pode ficar condicionado à aprovação, pelos órgãos competentes da sociedade, de medidas que não se traduzam em meros atos de disposição[33]: poderá, p. ex., tratar-se da necessidade de aprovação de uma deliberação por parte da coletividade dos sócios. Desta norma não resulta, porém, importa sublinhá-lo, que no plano não possam consagrar-se medidas que passem pela alienação do património societário. Pelo contrário, o que se pretende é atribuir aos credores o poder para adotar medidas que não se reduzam à simples disposição de bens da sociedade[34].

8.1 – *A redução de capital. O "zeramento" do capital e a operação harmónio.* A primeira medida específica prevista para as sociedades comerciais no CIRE é a possibilidade da redução do capital social para cobertura de prejuízos[35], o qual poderá inclusivamente passar pela sua redução a zero. Esta operação de zeramento – ou, ainda, sempre que a redução seja efetuada para um valor inferior ao capital social mínimo legalmente exigido – implicará necessariamente a realização da designada operação harmónio: i.é, à redução deverá seguir-se um aumento de capital[36], de forma a que a cifra deste alcance a exigência legal para o tipo societário em causa[37].

Importa sublinhar que no CIRE – ao contrário do que ocorria no CPEREF[38] – se teve o cuidado de prescrever que o zeramento do capital só será possível "se for de presumir" que na liquidação da sociedade não haveria qualquer *residual value* a atribuir aos sócios (cfr. artigo 198.º, n.º 3 CIRE), i.é, quando as participações sociais daquela sociedade não têm qualquer valor.

---

[33] Vide, a este propósito, no entanto, o estatuído no artigo 201.º CIRE.
[34] Assim, CARVALHO FERNANDES/JOÃO LABAREDA, *Código da Insolvência...*, vol. II, p. 60.
[35] Sobre a redução do capital social, pode ver-se PAULO DE TARSO DOMINGUES, *Variações sobre o capital social*, Coimbra, Almedina, 2009, pp. 514 ss..
[36] Não se deve aqui considerar aplicável o prazo de 60 dias previsto, para a operação análoga, no artigo 95.º, n.º 2 CSC: o aumento de capital terá apenas obrigatoriamente que ocorrer antes da homologação do plano (cfr. artigo 201.º, n.º 2 CIRE).
[37] É uma questão que atualmente apenas se colocará para as sociedades anónimas e em comandita por ações, uma vez que a lei não prevê capital social mínimo para as sociedades em nome coletivo e o capital exigido para as sociedades por quotas é, hoje, absolutamente irrisório (cfr. a redação atual do artigo 201.º CSC).
[38] Sobre o regime vigente no CPEREF, vide COUTINHO DE ABREU, *Curso de direito comercial*, vol. I, Coimbra, Almedina, 4.ª ed., 2003, pp. 326 ss..

Doutro modo, de facto, aquela solução seria inconstitucional por permitir a "expropriação" de um bem sem a justa compensação (em violação, portanto, do artigo 62.º da Constituição). Deve, por isso, entender-se que o zeramento só será possível quando o valor das participações seja efetivamente nulo[39]. Por outro lado, a norma refere que a redução deve, nesta hipótese, ser "acompanhada" do aumento de capital. Não nos parece, contudo, que daqui resulte que o aumento tenha que ser contemporâneo da redução, até porque tal poderia dificultar muito a realização da operação. No entanto, e para que não ocorra um vazio na estrutura societária, deve considerar-se, aqui, aplicável o regime previsto no artigo 95.º, n.º 2 CSC: a redução deve ficar condicionada à realização do aumento de capital[40].

8.2 – *O aumento de capital social.* **8.2.1** – *A eliminação do direito de preferência.* O CIRE consagra ainda como uma das providências específicas destinadas às sociedades comerciais, a possibilidade de os credores, no âmbito do plano de insolvência, deliberarem a realização de um aumento de capital (cfr. artigo 198.º, n.º 2, al. b) CIRE). Trata-se de um regime que não é, neste aspeto, inovador relativamente ao direito pregresso, uma vez que já o CPEREF estabelecia tal possibilidade como uma das medidas possíveis para a reestruturação financeira da empresa (cfr. artigo 88.º, n.º 2, al. a) CPEREF).

Verdadeiramente inovadora – e absolutamente surpreendente! – é a possibilidade ora conferida aos credores para, em qualquer aumento de capital[41], afastar o direito de preferência dos sócios na subscrição do mesmo. É uma solução para a qual não vislumbramos qualquer fundamento plausível. Com efeito, importa lembrá-lo, com este regime não se está a permitir afastar os sócios da gestão societária – o que seria compreensível e admissível[42] –, mas sim a afastá-los, em favor de terceiros, da possibilidade de injetarem capital

---

[39] De resto, se assim não suceder, o sócio poderá, em princípio, obstar à homologação do plano através do *best interest of shareholders test* (cfr. artigo 216.º, n.º 1, al. a) CIRE).

[40] Note-se que para qualquer uma destas medidas – aumento e/ou redução – será título bastante a sentença homologatória (cfr. artigo 217.º, n.º 3, al. b) CIRE).

[41] Incluindo, portanto, o aumento realizado por novas entradas em dinheiro, relativamente ao qual o CSC expressamente atribui um direito legal de preferência aos sócios na respetiva subscrição (cfr. artigos 266.º CSC para as SQ e 458.º para as SA).

[42] Vide, no entanto, o regime previsto para esta situação no artigo 198.º, n.º 2, al. e) e n.º 5 CIRE.

(*e.g.*, dinheiro) na própria sociedade, com vista à recuperação desta[43]. Estamos, efetivamente, perante uma opção legislativa injustificada e injustificável, ainda que se tenha presente que o direito de preferência dos sócios na subscrição do aumento de capital apenas poderá ser excecionalmente afastado nas duas hipóteses previstas no artigo 198.º, n.º 4 CIRE. Com efeito, o CIRE, nesta norma, apenas autoriza que a eliminação do direito de preferência tenha lugar quando o capital tenha sido zerado (o que só é possível, como vimos, quando as participações sociais não tenham qualquer valor) ou quando esta medida "não acarrete desvalorização das participações sociais que os sócios conservem" (cfr. artigo 198.º, n.º 4, al. b) CIRE). Esta é, no entanto, uma situação que não vislumbramos quando possa ocorrer. Na verdade, é dos livros, que a não subscrição do aumento por parte do sócio implica sempre uma diluição e desvalorização da sua participação social[44].

Note-se, por outro lado, que no CSC apenas é atribuído aos quotistas e acionistas o direito de subscrição preferente nos casos de aumento de capital por novas entradas em dinheiro, pelo que neste diploma não se coloca o problema do afastamento da preferência nos aumentos de capital por novas entradas em espécie. No âmbito da insolvência, contudo, para além do mais porque o CIRE não distingue entre estas duas modalidades de aumento (cfr. artigo 198.º, n.º 4 CIRE), deve entender-se que os sócios só poderão ser afastados de concorrer a qualquer aumento de capital (por entradas em dinheiro ou em espécie), quando se verificar o disposto no n.º 4 do artigo 198.º CIRE. Assim, p. ex., fora do quadro legal da norma referida, um aumento de capital por conversão de créditos por parte dos credores só poderá ter lugar quando os sócios não pretendam subscrever um correspondente aumento, através da realização de novas entradas em dinheiro[45].

8.2.2 – *A conversão de créditos*. O CIRE expressamente prevê a possibilidade de conversão de créditos em capital (cfr. artigo 198.º, n.º 2, al. b) CIRE). Trata-se de matéria que é objeto de um regime complexo e difícil em direito

---

[43] ¿Terá o legislador considerado que o dinheiro dos credores tem uma cor ou um valor diferente do dos sócios?

[44] Em sentido idêntico, veja-se COUTINHO DE ABREU, *Curso de direito comercial*, vol. I, 2011, p. 347.

[45] No mesmo sentido, CARVALHO FERNANDES/JOÃO LABAREDA, *Código da Insolvência...*, vol. II, pp. 63 ss..

societário[46]. No âmbito insolvencial, não nos parece claro se é possível levar automaticamente um crédito a capital, pelo seu valor nominal (sem necessidade de uma avaliação do mesmo por parte de um ROC, como é imposto no regime do CSC). Na verdade, o artigo 198.º, n.º 2, al. b) CIRE refere-se a "conversão de créditos em participações sociais", induzindo uma resposta afirmativa[47]. No entanto, é também desta norma que se retira a conclusão de que o crédito se traduz numa entrada em espécie[48], estabelecendo-se depois no artigo 201.º, n.º 2 *in fine* do CIRE que o valor das entradas em espécie deve ser objeto de verificação pelo ROC nomeado no plano. E, a ser assim, a conversão de créditos em capital, sem observância do regime prescrito para esse efeito no CSC, justificará a recusa de homologação por parte do juiz da medida aprovada.

Em qualquer caso, a conversão dos créditos em capital dependerá da anuência – que deverá, em princípio, ser prestada por escrito[49] –, dos respetivos titulares (cfr. artigo 202.º, n.º 2, *in fine* do CIRE)[50].

8.3 – *A atribuição de competência aos credores para deliberar sobre a variação do capital social: violação do direito comunitário, no que respeita às SA*. O direito insolvencial atribui, pois, aos credores de uma sociedade insolvente o poder e a competência para deliberar uma operação de modificação do capital social, afastando assim a regra de direito societário da competência deliberativa dos sócios sobre a matéria.

---

[46] Vide TARSO DOMINGUES, *Variações...*, pp. 223 ss..
[47] Vide também, a propósito, o disposto no artigo 216.º, n.º 3, al. a) CIRE. Tenha-se, contudo, presente que esta norma refere a conversão dos créditos em capital na "proporção" dos respetivos valores nominais e não na medida desses valores. O que significa que o valor das participações atribuídas aos credores – desde que se respeite a proporcionalidade entre eles – poderá ser inferior ao valor nominal dos respetivos créditos, em resultado nomeadamente da avaliação que dos mesmos seja feita pelo ROC, nos termos estabelecidos no CSC.
[48] A norma refere-se apenas a entradas em dinheiro e em espécie e por exclusão de partes, um crédito inclui-se nesta última categoria (uma vez que, *il va sans dire*, o crédito não é dinheiro).
[49] Efetivamente, a anuência poderá não resultar de forma expressa por escrito, já que, por força da remissão da parte final do artigo 202.º, n.º 2 CIRE, o consentimento considera-se tacitamente prestado com o voto favorável por parte do(s) credor(es) em causa.
[50] Note-se que, tratando-se de créditos comuns ou subordinados, poderá ser dispensado o consentimento, nos termos previstos no artigo 203.º CIRE.

Tratando-se embora de uma solução discutível, nada impede que a norma de direito insolvencial possa, em princípio, afastar o regime do CSC sobre esta matéria, uma vez que, como é sabido, perante duas normas de grau hierárquico idêntico – como é o caso das normas que constam do CSC e do CIRE, ambos Decretos-Lei emanados do Governo – prevalece a mais recente[51], que, *in casu*, é a do CIRE[52].

A questão assume, no entanto, contornos diferentes no que respeita às SA[53], uma vez que o regime destas tem que estar de acordo e em conformidade com o disposto na Diretiva do Capital[54], a qual, no seu artigo 29.º[55], regula expressamente esta matéria. Aí se estabelece, de forma imperativa, que a competência para aumentar o capital social apenas pode ser atribuída à assembleia geral e, quando autorizada, a outro órgão da sociedade[56]. Na verdade, o n.º 1 da norma referida estatui expressamente que *"qualquer aumento* do capital deve ser deliberado pela assembleia geral", permitindo o n.º 2 que os sócios, no ato constitutivo ou por mera deliberação, possam atribuir, sob certas condições, essa competência a outro "órgão da sociedade" (a sinalização enfática é nossa). A situação de que agora cuidamos, prevista no CIRE – a atribuição de competência aos credores sociais para deliberar um aumento de capital[57] –,

---

[51] Vale o brocardo: *lex posterior derogat legi priori*. Cfr. J. BAPTISTA MACHADO, *Introdução ao direito e ao discurso legitimador*, Coimbra, Almedina, 1987, pp. 166 ss.

[52] A idêntica conclusão se chegará, tomando em consideração que a norma do CIRE se traduz em lei especial relativamente ao regime regra do CSC. E como é igualmente sabido, *lex specialis derogat legi generali*. Cfr. BAPTISTA MACHADO, *Introdução ao direito...*, p. 170.

[53] As únicas a que, no ordenamento jurídico português, se dirige a Diretiva do Capital.

[54] A Diretiva do Capital correspondia originariamente à chamada Segunda Diretiva sobre sociedades: Diretiva do Conselho n.º 77/91/CEE de 13 de dezembro de 1976, publicada no JO n.º L 26/1, de 31 de janeiro de 1977. Esta Diretiva foi recentemente revogada e substituída pela Diretiva n.º 2012/30/UE do Parlamento Europeu e do Conselho, de 25 de outubro de 2012, publicada no JO n.º L 315/74, de 14 de novembro de 2012, que, contudo, no essencial, manteve o regime que já constava da Segunda Diretiva.

[55] Norma que corresponde ao artigo 25.º da precedente Segunda Diretiva.

[56] Que, no caso português, se estatuiu que fosse o órgão de administração (cfr. artigo 456.º CSC).

[57] É uma solução que, de resto, não se encontra consagrada nas leis estrangeiras nas quais a nossa se inspirou (a *Insolvenzordnung* alemã, de 1994, e a *Ley Concursal* espanhola, de 2003). Cfr. COUTINHO DE *Curso de direito comercial*, vol. I, 2011, p. 348, nt. 353.

manifestamente não se enquadra na previsão da referida norma do artigo 29.º da Diretiva do Capital, pelo que ela consubstancia, assim nos parece[58], uma violação clara e manifesta do direito comunitário que regulamenta esta matéria, visando a sua harmonização nos ordenamentos jurídicos dos diferentes Estados-membros[59].

De resto, o TJUE teve já oportunidade de se debruçar especificamente sobre esta temática, nomeadamente nos Acs. Karella e Karellas[60] e Syndesmos Melon[61], tendo sido extremamente cristalino a este respeito. De facto, reconhecendo o efeito direto do artigo 29.º, n.º 1 da Diretiva do Capital e constatando que o direito comunitário não prevê – ao contrário do que sucede com outras normas daquela Diretiva[62] – a possibilidade da sua derrogação[63], firmou jurisprudência no sentido de que esta norma impede um Estado--membro de manter em vigor legislação[64] que permita – mesmo em situações consideradas especiais ou excecionais[65] – que um aumento de capital

---

[58] Neste sentido, vide também, Mª. ÂNGELA COELHO, "Aumento do capital", in *Problemas do direito das sociedades*, IDET, Coimbra, Almedina, 2002, pp. 243 ss., que se pronunciava sobre o regime vigente no CPEREF; e COUTINHO DE ABREU, *Curso de direito comercial*, vol. I, 2011, p. 349, A. que, debruçando-se sobre o CIRE, sublinha a necessidade da alteração do artigo 198.º CIRE (propondo que a alteração não se restrinja às SA – cfr. p. 349, nt. 355).

[59] Note-se, porém, que esta questão já foi apreciada pelos nossos tribunais que, ignorando totalmente o regime comunitário aplicável sobre a matéria, consideraram perfeitamente lícita a atribuição desta competência aos credores sociais, para deliberar o aumento de capital. Cfr. Ac. RC, de 21 de abril de 1998, *CJ*, 1998, II, pp. 48 ss.; e Ac. STJ, de 29 de junho de 2000, que se pode ver em www.dgsi.pt, com o n.º convencional JSTJ00040756.

[60] Ac. Marina Karella e Nikolaos Karellas contra OAE, de 30 de maio de 1991, Proc. C-19/90 e C-20/90, *CJ-TJCE*, 1991, I, pp. 2691 ss.

[61] Ac. Syndesmos Melon tis Eleftheras Evangelikis Ekklisias contra o Estado helénico, de 24 de março de 1992, Proc. C-381/89, *CJ-TJCE*, 1992, I, pp. 2111 ss.

[62] Cfr. artigos 21.º, n.ºs 2 e 3, 44.º, n.º 2, 45.º, n.º 2 e 47.º, n.º 2 da Diretiva do Capital (Diretiva 2012/30/UE).

[63] Salvo no caso excecional previsto no artigo 45.º, n.º 1 Diretiva do Capital (correspondente ao anterior artigo 41.º, n.º 1 da Segunda Diretiva), na medida em que essa derrogação seja necessária para favorecer a participação de trabalhadores ou outra categoria de pessoas no capital da empresa.

[64] Como era o caso da legislação grega.

[65] Em ambos os casos sujeitos à apreciação do Tribunal, tratava-se de um aumento de capital que havia sido decidido por um órgão administrativo, no âmbito de um processo que visava a recuperação económico-financeira da empresa. Note-se que o TJUE considerou esta solução contrária ao direito comunitário, ainda que a mesma tenha por "objectivo assegurar a sobrevivência e a continuação da actividade de empresas que têm uma particular importância do

possa ser decidido independentemente de uma deliberação da assembleia geral dos acionistas[66].

Acresce que, mais tarde, o Estado grego – tendo já presente a jurisprudência do Tribunal acima referida e em defesa da sua legislação que permitia a um órgão administrativo, num processo de recuperação de empresa, deliberar um aumento de capital – veio invocar que, em tal situação, a oposição de um sócio a esse aumento consubstanciaria um abuso de direito, uma vez que ele saiu beneficiado com a operação e que, caso o desejasse, sempre poderia manter o seu *status socii* inalterado, exercendo o direito de preferência na subscrição do aumento. Contrariando esta argumentação, o TJUE decidiu, de forma categórica, que a conduta do sócio, que impugna um aumento de capital não deliberado pela assembleia geral – com fundamento na violação do disposto no artigo 29.º da Diretiva do Capital –, não poderá, por esse simples facto, ser considerada abusiva[67].

Por isso, se no caso de uma SA, for apresentada uma proposta de plano que passe por um aumento de capital social deliberado pelos credores, o juiz não deverá admitir tal plano ou, tendo-o admitido, deverá recusar a sua homologação, por tal consubstanciar uma violação do disposto na Diretiva do Capital[68]. Se, nestas condições, o plano vier a ser homologado poderão os sócios recorrer, nomeadamente para o TJUE, ao abrigo da figura do reenvio prejudicial[69].

O problema coloca-se, de resto, em termos idênticos para a eliminação do direito de preferência. Com efeito, tratando-se de uma SA, também a eliminação, por parte dos credores, do direito de preferência dos sócios no aumento de capital se traduz numa solução contrária ao regime comunitário previsto

---

ponto de vista económico e social para a colectividade" e ainda que se garanta o direito de preferência dos sócios na subscrição do aumento. Cfr. parte decisória do Ac. Karella e Karellas, pp. 2721 e do Ac. Syndesmos Melon, p. 2148.

[66] Vide Ac. Karella e Karellas, pp. 2717-2728, e Ac. Syndesmos Melon, pp. 2145-2146.

[67] Cfr. Ac. Dionysios Diamantis e Estado helénico, de 23 de Março de 2000, Proc. C-373/97, *CJ-TJCE*, 2000, I, pp. 1705 ss.; e Ac. Alexandros Kefalas e Estado helénico, de 12 de Maio de 1998, Proc. C-367/96, *CJ-TJCE*, 1998, I, pp. 2843 ss., que podem ler-se em http://curia.europa.eu/jurisp/cgi-bin/form.pl?lang=pt.

[68] Assim, também COUTINHO DE ABREU, *Curso de direito comercial*, vol. I, 2011, p. 349.

[69] Os acórdãos do TJUE referidos em texto foram precisamente tirados ao abrigo da figura do reenvio prejudicial.

na Diretiva do Capital[70], que apenas admite que tal competência possa ser atribuída aos sócios ou ao órgão da sociedade autorizado a decidir o aumento de capital[71] e que, entre nós, é o órgão de administração.

Já assume, porém, contornos ligeiramente distintos a possibilidade, conferida pelo CIRE, de atribuir aos credores a competência para, no âmbito do plano de insolvência, deliberar sobre a realização de uma operação de redução – incluindo a redução a zero – do capital (cfr. artigo 198.º, n.º 2, al. a) CIRE).

Também esta solução, no que respeita às SA, é de muito duvidosa conformidade com o regime comunitário[72]. Apesar de tudo, no entanto, a questão apresenta diferenças relativamente à operação de aumento de capital decidida pelos credores. Com efeito, a deliberação do aumento de capital é uma competência exclusiva e absoluta dos sócios (cfr. artigo 29.º da Diretiva do Capital). Diferentemente, o artigo 34.º da Diretiva do Capital[73], atribuindo, como regra, à assembleia geral a competência para deliberar a redução, ressalva contudo a hipótese de a operação ser "ordenada por decisão judicial". Ora, no caso em apreço, apesar de a decisão ser aprovada pelos credores, ela deverá ser homologada judicialmente[74], pelo que se poderá entender que tal medida fica a coberto da exceção prevista no referido artigo.

8.4 – *A alteração dos estatutos ou dos membros dos órgãos sociais e a transformação da sociedade.* O artigo 198.º CIRE prevê ainda outras medidas – das quais se dará aqui apenas notícia – especificamente aplicáveis às sociedades de capitais: trata-se da alteração dos estatutos ou dos membros dos órgãos sociais e a transformação da sociedade (cfr. artigo 198.º, n.º 2, als. c) a e) do CIRE).

---

[70] O artigo 33.º, n.º 1 da Diretiva do Capital (correspondente ao anterior n.º 1 do artigo 29.º da precedente Segunda Diretiva) expressamente estabelece que "em todos os aumentos de capital subscrito por entradas em dinheiro, as acções devem ser oferecidas com preferência aos accionistas (...)". O artigo 33.º, n.º 2 ressalva algumas situações em que o direito de preferência poderá ser afastado, mas nelas não se inclui a hipótese de insolvência da sociedade, ora em apreço.

[71] Cfr. artigo 33.º, n.ºs 4 e 5 da Diretiva do Capital.

[72] No sentido de que este regime viola o direito comunitário, vide COUTINHO DE ABREU, *Curso de direito comercial*, vol. I, 2011, p. 349.

[73] Norma correspondente ao anterior artigo 30.º da precedente Segunda Diretiva.

[74] Cfr. artigo 214.º CIRE.

Qualquer uma destas medidas só poderá ser aprovada pelos credores em duas situações:

a) quando o capital tenha sido reduzido a zero (o que só é possível quando o valor das participações sociais é nulo) – cfr. corpo do artigo 198.º, n.º 5 CIRE; ou
b) quando se verifiquem cumulativamente duas condições:
    i) o plano inclua um aumento de capital destinado a não sócios; e
    ii) com o aumento de capital os credores e terceiros passem a ser titulares da maioria do capital exigida para a aprovação daquelas operações.

9 – *O instrumento de "revitalização" pré-insolvencial.* Para terminar, uma brevíssima referência ao processo especial de revitalização (PER) criado pela Lei 16/2012, de 18 de março.

Trata-se de um processo de recuperação do devedor, que opera antes da declaração de insolvência. E esta talvez seja uma das grandes vantagens deste novo instrumento jurídico, uma vez que permitirá evitar a insolvência da sociedade e, com isso, afastar o anátema – que ainda existe – associado à insolvência de um qualquer agente económico.

A referida Lei 16/2012 veio efetivamente – aditando os artigos 17.º-A e seguintes ao CIRE – criar o legalmente designado processo especial de revitalização.

Nos termos do artigo 17.º-A, poderão socorrer-se deste mecanismo os devedores que se encontrem em uma de duas situações:

a) numa "situação de insolvência meramente iminente"[75], que se trata de um conceito já utilizado anteriormente no CIRE e que permitia, como permite, ao devedor – e só a este – requerer, nesta circunstância a sua declaração de insolvência (cfr. artigo 3.º, n.º 4 CIRE); ou

---

[75] A situação de insolvência iminente verificar-se-á quando seja expectável que o devedor não vá conseguir cumprir as suas obrigações no momento de vencimento. Vide, neste sentido, § 18, 2 InsO.

b) numa "situação económica difícil"; este é, agora, um conceito novo introduzido pela reforma legislativa em análise e que se traduz em o devedor se encontrar em sérias dificuldades para cumprir pontualmente as suas obrigações, nomeadamente por falta de liquidez ou por não conseguir obter crédito (cfr. artigo 17.º-B CIRE).

Verificando-se qualquer um destes dois circunstancialismos referidos[76], poderá o devedor recorrer ao dito processo especial de revitalização, que assume, por sua vez, duas vertentes distintas[77]. Com efeito, nos artigos 17.º-A a 17.º-H CIRE prevê-se um procedimento que se traduz num processo negocial entre o devedor e respetivos credores que decorre sob a alçada judicial. Diferentemente, o artigo 17.º-I CIRE estabelece a possibilidade de ser apresentado ao juiz, para homologação, um acordo extrajudicial de recuperação, já fechado – e em que, portanto, as negociações decorreram antes desta fase judicial –, entre o devedor e credores que representem pelo menos o quórum previsto no artigo 212.º, n.º 1 CIRE.

Prescindindo aqui duma análise adjetiva detalhada, sublinharemos apenas alguns dos aspetos mais importantes e inovadores do regime.

Desde logo, o início do processo deve ser requerido pelo devedor, necessitando para esse efeito de contar com a colaboração de, pelo menos, um credor[78]. Com efeito, a lei impõe que o devedor e pelo menos um credor manifestem, por escrito, a vontade de "encetarem negociações conducentes à revitalização" (cfr. artigo 17.º-C, n.º 1 CIRE)[79].

Recebido o requerimento, o juiz deve proferir, "de imediato", despacho nomeando um administrador judicial provisório (cfr. artigos 17.º-C, n.º 3,

---

[76] Note-se que cabe ao próprio devedor atestar que se encontra numa das duas situações referidas de seguida em texto (cfr. artigo 17.º-A, n.º 2 CIRE).
[77] Vide ALEXANDRE SOVERAL MARTINS, *Alterações recentes ao CIRE*, texto inédito que teve por base a conferência proferida por este A. em Coimbra, a 5 de julho de 2012, ponto 2., ss..
[78] No caso do procedimento previsto no artigo 17.º-I CIRE, exige-se a intervenção de um maior número de credores, que deverão ter já dado o seu acordo ao plano extrajudicial de recuperação.
[79] O prazo para as negociações é relativamente curto: é de dois meses, prorrogável por mais um mês, após a fixação da lista definitiva dos créditos (cfr. artigo 17.º-D, n.º 5 CIRE).

al. a) e 17.º-I, n.º 2 CIRE). Aquele despacho e esta nomeação têm importantes consequências (vide artigo 17.º-E CIRE). Assim,

a) com a publicação do despacho no portal Citius, inicia-se o prazo (de 20 dias) para todos os credores reclamarem os seus créditos (cfr. artigo 17.º-D, n.º 2 CIRE)[80];
b) o referido despacho impede, por outro lado, que sejam instauradas quaisquer ações de cobrança de dívidas contra o devedor, suspendendo, "pelo tempo que perdurarem as negociações", as ações pendentes com idêntica finalidade (cfr. artigo 17.º-E, n.º 1 CIRE);
c) o devedor fica ainda impedido de praticar atos de especial relevo, sem prévia autorização[81] do administrador judicial provisório (cfr. artigo 17.º-E, n.º 2 CIRE); e
d) com a publicação no portal Citius do despacho em causa, suspendem-se também os processos de insolvência em que anteriormente haja sido requerida a insolvência do devedor (cfr. artigo 17.º-E, n.º 6 CIRE);

O PER tem por finalidade alcançar um plano de recuperação do devedor, o qual deverá ser aprovado pela maioria dos credores (*rectius*, dos créditos) e homologado pelo juiz.

Para a aprovação deste plano por parte dos credores exige-se a mesma maioria que é exigida para a aprovação do plano de insolvência (cfr. artigos 17.º- F, n.º 3 e 17.º-I, n.º 4 CIRE). E esta é, nos termos do artigo 212.º, n.º 1 CIRE, uma dupla maioria: é preciso que o plano de recuperação seja aprovado por dois terços da totalidade dos votos emitidos, os quais devem ainda corresponder a mais de metade dos votos emitidos resultantes de créditos não subordinados.

Aprovado nos termos referidos, o plano deverá depois ser homologado pelo juiz, a menos que subsista motivo para recusa da homologação, nomeadamente

---

[80] No caso do processo previsto nos artigos 17.º-A e seguintes, o devedor terá ainda de notificar, mediante carta registada, todos os credores que não tenham subscrito a declaração inicial prevista no artigo 17.º-C, n.º 1 CIRE, que deu início ao processo com vista à sua revitalização, convidando-os a participar nas negociações (cfr. artigo 17.º-D, n.º 1 CIRE).
[81] Sobre o regime desta autorização, vide n.ºs 3 a 5 do artigo 17.º-E CIRE.

nos termos dos artigos 215.º e 216.º CIRE (cfr. artigos 17.º- F, n.º 5 e 17.º-I, n.º 4 CIRE).

Aprovado e homologado o plano de recuperação, o mesmo vincula todos os credores, mesmo os que não tenham participado nas negociações (cfr. artigos 17.º- F, n.º 6 e 17.º-I, n.º 6 CIRE).

Se o plano de recuperação não vier a ser aprovado e homologado, o processo é encerrado. E, nesta circunstância, há que atender a duas hipóteses distintas:

a) se o devedor não se encontrar em situação de insolvência, o encerramento do processo implica a extinção de todos os seus efeitos, a que acima fizemos referência (cfr. artigos 17.º- G, n.º 2 e 17.º-I, n.º 5 CIRE);
b) encontrando-se o devedor numa situação de insolvência[82], deverá essa situação ser declarada pelo juiz no prazo de três dias úteis (cfr. artigos 17.º- G, n.º 3 e 17.º-I, n.º 5 CIRE); seguir-se-ão depois os trâmites ulteriores do processo de insolvência, não tendo, contudo, os credores que reclamaram os seus créditos no âmbito do PER de o fazer novamente neste outro processo (cfr. artigos 17.º- G, n.º 7 e 17.º-I, n.º 5 CIRE).

Finalmente, uma última palavra para um aspeto extremamente relevante do novo regime previsto no artigo 17.º-H CIRE e que se prende com as garantias convencionadas entre o devedor e os seus credores, no âmbito do processo especial de revitalização.

Nos termos daquela norma, a prestação de garantias a favor de terceiros por parte do devedor, que tenham por finalidade obter os meios financeiros que se destinem à sua "revitalização"[83], são, em caso de insolvência do devedor, insuscetíveis de resolução (cfr. artigo 120.º, n.º 6 CIRE), gozando ainda os créditos concedidos com aquela finalidade, de privilégio creditório mobiliário geral, graduado antes do privilégio creditório mobiliário geral conce-

---

[82] Cabe ao administrador provisório nomeado emitir parecer, depois de ouvidos o devedor e os credores, sobre a situação de insolvência do devedor (cfr. artigos 17.º- G, n.º 4 e 17.º-I, n.º 5 CIRE). Trata-se obviamente de uma solução criticável, uma vez que ao devedor deveria ser garantida a possibilidade de se opor e defender judicialmente de uma tal decisão. No mesmo sentido, vide A. SOVERAL MARTINS, *ob. loc. ultt. citt.*

[83] Cfr. artigo 17.º-H, n.º 2 CIRE.

dido aos trabalhadores (cfr. artigo 17.º-H, n.º 2 CIRE). Visa-se, *il va sans dire*, com este regime facilitar a obtenção de crédito por parte do devedor, com o objetivo claro de favorecer a sua recuperação, embora se trate de um expediente que se poderá revelar perigoso e prestar-se a abusos.

ABREVIATURAS E SIGLAS USADAS

CIRE	Código da Insolvência e da Recuperação de Empresas
CJ-TJCE	Colectânea de Jurisprudência-Acórdãos do Tribunal de Justiça das Comunidades Europeias
CPEREF	Código dos Processos Especiais de Recuperação da Empresa e de Falência (revogado)
CSC	Código das Sociedades Comerciais
PER	Processo Especial de Revitalização
RC	Tribunal da Relação de Coimbra
ROC	Revisor Oficial de Contas
SA	Sociedade anónima
SQ	Sociedade por quotas
STJ	Supremo Tribunal de Justiça
TJUE	Tribunal de Justiça da União Europeia

Responsabilidade da administração com fundamento na declaração de nulidade ou revogação de actos inválidos

ANA GOUVEIA MARTINS
Mestre e Doutoranda em Direito, Assistente da Faculdade de Direito da Universidade de Lisboa
Consultora AB

§ 1º O regime de invalidade, revogação e declaração de nulidade dos actos administrativos

I. Considerações gerais

Constitui objecto do presente artigo aferir em que medida é que os direitos ou interesses dos destinatários de actos administrativos que atribuem vantagens ou produzem outros efeitos favoráveis merecem tutela do ordenamento jurídico no caso de virem a ser declarados nulos ou revogados com fundamento na sua ilegalidade.

O legislador goza de uma assinalável liberdade de conformação dos desvalores jurídicos dos actos da administração, em função de uma interpretação conjuntural dos interesses públicos primários. No Direito administrativo geral o desvalor jurídico da ilegalidade é, por regra, a anulabilidade (art. 135º do CPA), que funciona como uma categoria residual.

O regime dos actos anuláveis decorre da harmonização entre a necessidade de garantir a reintegração da ordem jurídica violada pelo acto ilegal e a salvaguarda da segurança jurídica e tutela da confiança, tal como perpassa dos seguintes traços típicos:

(i) produção de efeitos jurídicos, carácter vinculativo e susceptibilidade de execução coerciva dos actos anuláveis;
(ii) dever de obediência pelos diversos sujeitos jurídicos, públicos ou privados;
(iii) legitimidade de invocação reconhecida apenas a um círculo restrito de interessados;
(iv) invocabilidade durante um curto e determinado prazo (impugnação judicial no prazo de três meses pelos interessados lesados ou no prazo de 1 ano pelo Ministério público/ revogação pelo órgão administrativo competente no prazo de 1 ano com fundamento em ilegalidade), findo o qual o acto anulável se consolida na ordem jurídica;
(v) susceptibilidade de convalidação mediante ratificação, reforma ou conversão;
(vi) susceptibilidade de revogação por acto da administração;
(vii) natureza constitutiva da anulação jurisdicional ou revogação administrativa com fundamento na anulabilidade.

Os actos administrativos podem ser revogados com fundamento em razões de inconveniência ou de ilegalidade. Caso os actos sejam válidos e não enfermem de qualquer vício, a sua revogação com base em juízos de mérito e oportunidade só é admissível, em princípio, desde que não corporizem actos constitutivos de direitos ou interesse legalmente protegidos (art. 140º, n.º 1, alínea b) do Código do Procedimento Administrativo, doravante CPA)[1].

---

[1] A doutrina tem salientado a inadequação deste regime, sobretudo quando o destinatário do acto está de má fé ou a manutenção do acto de revela contrária ao interesse público. Sobre a necessidade de revisão legislativa do regime da revogação, além das obras de Direito Administrativo geral, cfr. ROBIN DE ANDRADE, «*Revogação administrativa e a revisão do Código do Procedimento Administrativo*», in CJA n.º 28, 2001, pp. 37 e ss.; VIEIRA DE ANDRADE, «*Revogação do acto administrativo*», in Direito e Justiça, 1992, pp. 53 ss.; IDEM, *A 'revisão' dos actos administrativos no direito português*», in CCL, n.ºˢ 9/10 – *Estudos sobre o Código do Procedimento Administrativo*, 1994, pp. 185 ss; FILIPA URBANO CALVÃO, «*Revogação dos actos administrativos*

A revogação de actos inválidos é um instituto bem distinto, correspondendo a uma anulação administrativa de actos ilegais. A designada revogação com fundamento em ilegalidade só pode ter lugar com fundamento em invalidade e no maior prazo fixado para a impugnação contenciosa do acto anulável (um ano, nos termos previsto no art. 58º, n.º 2, alínea a) e art. 69º, n.º 3 do CPTA), ou, no caso de entretanto ter sido deduzida acção impugnatória ou condenatória na prática do acto devido, até a resposta da entidade demandada (art. 141º do CPA).

A ser aplicável este regime pode suceder que a faculdade de impugnação contenciosa ou a competência de revogação do acto com fundamento na sua anulabilidade se tenha precludido pelo decurso de tempo legalmente fixado. Com efeito, os vícios do acto administrativos sancionados com o desvalor jurídico da anulabilidade consolidam-se pelo decurso do tempo se não forem tempestivamente impugnados. A situação jurídica, tal como definida unilateralmente pela administração no acto administrativo, adquire estabilidade e torna-se incontroversa e incontestável, tutelando-se assim os direitos e interesses dos destinatários do acto administrativo que procedeu àquela definição, sem prejuízo do direito a uma indemnização dos eventuais lesados (art. 38º do CPTA[2])

Todavia, existem situações em que por natureza ou por determinação da lei os actos ilegais são sancionados com o desvalor mais grave da nulidade (art. 133º do CPA e legislação avulsa). Os actos nulos caracterizam-se por não produ-

---

no contexto da reforma do Código do Procedimento Administrativo», in CJA n.º 54, 2005, pp. 33 ss; JOÃO CAUPERS, «O regime da revogação no CPA: uma revisão conveniente», in CJA, n.º 82, 2010, pp. 69 ss.; CARLA AMADO GOMES, *Risco e modificação do acto autorizativo concretizador de deveres de protecção do ambiente*, Almedina, Coimbra, 2007, pp. 629 e ss.; IDEM, «*Tempo e revogação no Direito Administrativo*», 2012, in e-book disponível http://icjp.pt/sites/default/files/ /publicacoes/files/ebook_encontrodp_final2.pdf, pp. 45 e ss.; PEDRO GONÇALVES, «*Revogação (de actos administrativos)*», in DJAP, VII, Lisboa, 1996, pp. 303 ss.; ANDRÉ SALGADO MATOS, «Perspectivas de reforma dos procedimentos administrativos revisivos após a reforma do contencioso administrativo», in CJA n.º 54, 2005, pp. 44 e ss..

[2] Tal como prescreve o art. 38º do CPTA, sob a epígrafe «*acto inimpugnável*», o tribunal pode conhecer, a título incidental, da ilegalidade de um acto administrativo que já não possa ser impugnado para efeitos de responsabilidade civil da Administração por actos administrativos ilegais, embora o lesado não possa obter por esta via o efeito que resultaria da anulação do acto inimpugnável.

zirem quaisquer efeitos jurídicos desde o momento da sua emissão (art. 134º, n.º 1), o que justifica que não sejam susceptíveis de revogação (art. 139º, n.º 1 do CPA) ou convalidação (art. 137º), pela simples razão de que não são aptos – independentemente de declaração jurisdicional ou administrativa – a produzir quaisquer efeitos que pudessem ser eliminados ou corrigidos, podendo a nulidade do acto ser invocada por qualquer interessado e declarada a todo o tempo, por qualquer órgão administrativo ou jurisdicional[3] (art. 134º, n.º 2).

O regime tradicional da nulidade obsta a que situações que se consolidaram no plano dos factos (embora contrárias ao Direito) possam ser tuteladas, ainda que a prossecução do interesse público coincida ou não se oponha à protecção e manutenção de situações existente (*v.g.*, por razões de protecção de direitos fundamentais ou politicas de dinamização das actividades económicas, promoção do emprego e outras politicas de coesão social) e aquela manutenção seja postulada por imperativos de justiça, de estabilidade das relações sociais, de segurança jurídica e tutela da confiança de terceiros de boa-fé, proporcionalidade, igualdade e outros valores jurídicos relevantes.[4].

Face à multiplicidade de situações da vida e a necessária adequação do Direito à realidade tem sido desde há muito criticada a aplicação automática do regime típico da nulidade radical e preconizada a introdução de alguma flexibilidade na aplicação dos regimes de invalidade, que permita a modulação destes em função da diversidade de situações em causa[5].

---

[3] A declaração judicial da nulidade com efeitos *erga omnes* é, porém, da exclusiva competência dos tribunais administrativos, estando a competência dos tribunais de outra jurisdição limitada ao conhecimento incidental da invalidade.

[4] Importa frisar, todavia, que, como referem VITAL MOREIRA/GOMES CANOTILHO, *Constituição da República Portuguesa anotada*, 2ª edição, Almedina, Coimbra, p. 152, «*não existe um direito à igualdade na ilegalidade ou na repetição de erros, podendo a administração afastar-se de uma prática anterior que se mostre ilegal*». Significa isto que não obsta à declaração de nulidade ou à revogação de um acto com fundamento na sua ilegalidade a existência de situações idênticas não tenham sido objecto de qualquer reacção similar.

[5] Cfr. em especial VIEIRA DE ANDRADE, «*Validade*», in DJAP, Vol. VII, 1996, pp. 581 e ss. e, mais recentemente, «*A nulidade administrativa essa desconhecida*», in RLJ n.º 3957, Ano 138, Julho/Agosto 2009, pp. 335 e ss; ANDRÉ SALGADO MATOS, «*Algumas observações críticas acerca dos actuais quadros legais e doutrinais da invalidade do acto administrativo*», in CJA n.º 82, 2011, pp. 55 e ss.
A aplicação do regime típico da invalidade é particularmente radical e desadequada no domínio do ordenamento do território, do urbanismo e do ambiente onde se assistiu a uma certa 'hiperbolização' dos interesses públicos que conduziu à inversão da regra da anulabilidade

O regime legal dos actos nulos – total improdutividade jurídica *ab initio* e insusceptibilidade de consolidação pelo decurso do tempo ou por acto a tal especificamente dirigido – visa garantir o restabelecimento integral do interesse violado, ainda que tal envolva a postergação de interesses, públicos ou privados, que de outro modo poderiam justificar a sua manutenção.

Ora, tal como VIEIRA DE ANDRADE preconiza, só deveriam ser sancionados com a nulidade «*aqueles actos que sofram de um vício especialmente grave e, em princípio, evidente, avaliado em concreto em função das características essenciais de cada tipo de acto (...);*

será nulo um acto que contenha uma ilegalidade tão grave que ponha em causa os fundamentos do sistema jurídico, não sendo, em princípio, aceitável que produza efeitos jurídicos, muito menos efeitos jurídicos estabilizados, pelo menos enquanto tal vício subsista (...);

talvez não devesse admitir-se a declaração de nulidade de actos favoráveis a todo o tempo, mas apenas num prazo razoável contado do conhecimento do vício, dentro de um limite máximo, e medido também em função da boa-fé do particular beneficiado (...).

Tal como deveria recusar-se ou limitar-se em certas hipóteses a competência administrativa para a declaração de nulidade, designadamente, quando não é evidente a existência desse tipo de invalidade ou, relativamente a determinados vícios, quando estes sejam inteiramente imputáveis ao órgão administrativo – devendo exigir-se então a declaração da nulidade por via judicial».[6]

---

como consequência da violação da legalidade, tendo-se generalizado a cominação da nulidade nestes domínios, independentemente do tipo de violação e da gravidade ou evidência do vício em causa. A dispersão das fontes de legalidade neste ramo do Direito (inúmera legislação especial, complementada por regulamentos municipais), a frequente incorporação e reprodução dos planos vinculativos dos particulares de matérias legais e regulamentares, cuja violação será tida como violação de plano, e, por conseguinte, sancionada com a nulidade, não obstante constituir mera violação de lei, a consagração de amplas margens de livre apreciação à administração na densificação de conceitos indeterminados e de preenchimento valorativo e a existência de diversas situações jurídicas de enquadramento dúbio e conflituante aconselhariam, contudo, a que o legislador reservasse a nulidade radical para as situações de maior gravidade e/ou evidência. Cfr. FERNANDA PAULA OLIVEIRA/PEDRO GONÇALVES, «*A Nulidade dos Actos Administrativos de Gestão Urbanística*», in Revista do Centro de Estudos de Direito do Ordenamento, do Urbanismo e do Ambiente, n.º 3, Ano II, 1999, pp. 17-46 e «*O Regime da Nulidade dos Actos Administrativos que Investem o Particular no Poder de Realizar Operações Urbanísticas*», in Revista do Centro de Estudos de Direito do Ordenamento, do Urbanismo e do Ambiente, n.º 4, Ano II, 1999, pp. 15-32.

[6] Cfr. VIEIRA DE ANDRADE, *Lições de Direito administrativo*, 2ª edição, Almedina, Coimbra, 2011, p. 176, p. 178, pp. 183-184.

A revisão legislativa do CPA actualmente em marcha não deixará naturalmente de ponderar e ter em consideração os aspectos apontados.

II. Os efeitos putativos dos actos nulos

A verdade é que, ainda que um acto administrativo esteja eivado de nulidade, tal «*não prejudica a possibilidade de atribuição de certos efeitos a situações de facto decorrentes de actos nulos, por força do simples decurso do tempo, de harmonia com os princípios gerais de direito*» (art. 134º, n.º 3 do CPA), i.e., a atribuição de efeitos putativos.

Se, por regra, a nulidade pode ser invocada a todo o tempo, o «*art. 134º, n.º 3 permite que as situações de facto criadas à sombra de um acto nulo possam ser juridificadas se, por força do decurso de tempo, os princípios gerais impuserem a sua consolidação. Trata-se de uma mitigação do regime da nulidade, em especial do carácter permanente da ineficácia dos actos nulos, decorrente de uma necessidade de compatibilização das exigências de reintegração plena do bloco de legalidade com outros princípios, designadamente, o da tutela da confiança*»[7].

Os princípios gerais de direito referidos no art. 134º, n.º 3 do CPA reconduzem-se aos princípios «*da protecção da confiança, da boa-fé, do suum cuique tribuere, da igualdade, do não locupletamento e até da realização do interesse público – princípios que podem, todos, ser chamados a colmatar situações de injustiça derivadas da aplicação estrita do princípio da legalidade e da 'absolutidade' do acto nulo*»[8].

Como bem esclarecia MARCELLO CAETANO, trata-se de «*temperar o rigor do aniquilamento a todo o tempo das situações de facto constituídas à sombra do acto nulo, admitindo a sua transformação em situações de direito por efeito de usucapião*»[9]. Exemplo de escola sobre os efeitos putativos é a protecção conferida aos fun-

---

No § 44/1 da Lei do Procedimento Administrativo alemã consagra-se uma cláusula geral com o seguinte teor: «*é nulo o acto administrativo afectado por um vício especialmente grave, desde que isso resulte evidente de uma avaliação razoável das circunstâncias a tomar em consideração*».

[7] Cfr. MARCELO REBELO DE SOUSA/SALGADO MATOS, *Direito administrativo geral*, III, D. Quixote, Lisboa, 2007, p. 174.

[8] Cfr. ESTEVES DE OLIVEIRA/PEDRO GONÇALVES/PACHECO DE AMORIM, *Código do Procedimento administrativo anotado*, 2ª edição, Almedina, Coimbra, 1997, p. 655, chamando à colação o pensamento de REBELO DE SOUSA.

[9] Cfr. MARCELLO CAETANO, *Manual de Direito administrativo*, I, 10ª edição, Almedina, Coimbra, p. 517.

cionários ou agentes putativos, ou seja, aqueles indivíduos que em circunstâncias normais exercem funções administrativas de maneira a serem reputados em geral como agentes regulares, apesar de o acto de investidura no cargo ser nulo. O decurso de dez anos de «*exercício pacífico, contínuo e público de funções legitima a situação do agente putativo, conferindo-lhe direito ao lugar*»[10].

Importa salientar que mesmo quando um acto legislativo é inconstitucional e, como tal, nulo, não produzindo, por regra, efeitos desde o seu início, é a própria Constituição, no art. 282º, n.º 4 que estabelece que «*quando a segurança jurídica, razões de equidade ou interesse público de excepcional relevo, que deverá ser fundamentado, o exigirem, poderá o Tribunal Constitucional fixar os efeitos da inconstitucionalidade ou da ilegalidade com alcance mais restrito do que o previsto nos n.ᵒˢ 1 e 2*». Significa isto que os valores da segurança jurídica, ligados ao princípio da tutela da confiança, da equidade e interesses públicos de excepcional relevo podem obstar a uma declaração da inconstitucionalidade com força obrigatória geral e eficácia retroactiva e repristinatória.

Mais, o art. 282º, n.º 3 ressalva, imperativa e automaticamente, os casos julgados dos efeitos produzidos pela declaração de nulidade de leis inconstitucionais, sem necessidade de lançar mão da possibilidade prevista no referido n.º 4. Tal como sublinham JORGE MIRANDA/RUI MEDEIROS, criticando aqueles que sustentam que neste preceito a Constituição admite a sua própria violação, «*num Estado de Direito, que protege a confiança e tutela a segurança jurídica, a ressalva dos casos julgados constitui ainda uma forma de assegurar a primazia da ordem constitucional*»[11].

O legislador constitucional, colocado entre dois campos de interesses opostos – por um lado, a defesa da legalidade constitucional, a solicitar o afastamento de todos os efeitos jurídicos produzidos à sua sombra e, por outro, os valores da segurança e certeza jurídica, a demandar o respeito pelas situações consolidadas –, deu prevalência a estes últimos. Assim se compreende que a doutrina e o próprio Tribunal Constitucional, «*invocando designadamente exigências práticas de certeza e segurança análogas àquelas que explicam a salvaguarda do caso julgado*» se pronunciem «*no sentido de que a declaração de inconstitucionali-*

---

[10] Cfr. MARCELLO CAETANO, *Manual de Direito administrativo*, II, 10ª edição, Almedina, Coimbra, p. 646.
[11] Cfr. JORGE MIRANDA/RUI MEDEIROS, *Constituição Portuguesa anotada*, tomo III, Coimbra, Coimbra Editora, 2007, p. 834.

dade com força obrigatória geral não afecta as situações consolidadas»[12] à margem de uma decisão jurisdicional transitada em julgado, deixando incólumes *«situações jurídicas tornadas certas em virtude de um fenómeno de prescrição, usucapião ou caducidade ou da existência de um acto administrativo anulável inimpugnável.»*[13]

III. O princípio da tutela da confiança e da boa-fé

O princípio da tutela da confiança e da boa-fé, princípios com dignidade constitucional, ínsitos ao art. 2º da CRP e com consagração expressa no art. 266º, n.º 3 da CRP e art. 6º-A do CPA como princípios vinculantes da actividade administrativa, devem ser chamados à colação nas situações sob análise.

O Tribunal Constitucional tem reiteradamente sustentado que o princípio da confiança, decorrente da ideia de Estado de direito democrático (art. 2º da CRP) implica um mínimo de certeza e segurança nos direitos das pessoas e nas expectativas que lhe são juridicamente criadas, censurando as afectações inadmissíveis, arbitrárias ou excessivamente onerosas, com as quais não se poderia moral e razoavelmente contar[14].

Nos termos do artigo 6º-A do CPA a administração pública, bem como os particulares, devem agir e relacionar-se segundo as regras da boa-fé[15]. A boa-fé vem definida por remissão para a ponderação dos valores fundamentais do Direito relevantes em face das situações consideradas, com especial

---

[12] Cfr. JORGE MIRANDA/RUI MEDEIROS, *Constituição...*, op. cit., p. 842.
[13] Cfr. JORGE MIRANDA/RUI MEDEIROS, *Constituição...*, op. cit., p.845.
[14] Cfr., designadamente, os Acórdãos do Tribunal Constitucional n.º 287/90, de 30-10--1990; Ac. n.º 302/90, de 14-11-90, Proc. 107/89; Ac. n.º 03/90, de 21-11-90, Proc. 129/89; Ac. n.º 365/91, de 7-8-91, Proc. 368/91; Ac. n.º 70/92, de 24-2-92, Proc. 89/90; Ac. n.º 410/95, de 28-6-95, Proc. 248/94; Ac. n.º 625/98, de 3-11-98, Proc. 816/96; Ac. n.º 648/98, de 15-12--98, Proc. 639/97; Ac. n.º 160/00, de 22-3-00, Proc. 843/98; Ac. n.º 109/02, de 5-3-02, Proc. 381/01; Ac. n.º 128/02, de 14-3-02, Proc. 382/01; Ac. n.º 128/2009, de 24-04-2009, Proc. n.º 772/2007. Para uma análise recente desta jurisprudência, cfr. MARIA LÚCIA AMARAL, «A protecção da confiança», in e-book disponível http://icjp.pt/sites/default/files/publicacoes/files//ebook_encontrodp_final2.pdf, pp. 21 e ss.
[15] A referência às 'regras da boa-fé' acentua a dimensão objectiva deste princípio, embora não se possa entender que tenha sido proscrita a sua dimensão subjectiva. Efectivamente, tende-se a reconhecer, na esteira do ensinamento de MENEZES CORDEIRO, a unidade conceptual da boa-fé, minimizando a dicotomia boa-fé objectiva e subjectiva. Cfr. ESTEVES DE OLIVEIRA/ PEDRO GONÇALVES/ PACHECO AMORIM, *Código...*, op. cit., pp. 108 e ss.

premência para a confiança suscitada na contraparte pela actuação em causa e o objectivo a alcançar com a actuação empreendida.

A boa-fé é um conceito jurídico e tem um conteúdo normativo: se recebe os valores ético-sociais, transfigura-os em valores jurídicos, reduzindo o seu campo de referência. Enquanto princípio jurídico desempenha uma função conformadora da ordem jurídica em matéria de interpretação e integração de lacunas e uma função orientadora da conduta dos administrados e da administração[16].

A concretização do conteúdo da boa-fé no Direito administrativo é objecto de acesas divergências doutrinárias. Segundo ALLEGRETTI, a boa-fé constitui um corolário do princípio da imparcialidade, consistente na conformidade do comportamento à consciência, *i.e.*, na exigência de uma actuação coerente com o próprio conhecimento da realidade, àquilo que se considera justo e aos comportamentos anteriormente assumidos, concretizando-se em deveres de respeito e cooperação e na proibição de *venire contra factum proprium* ou de actuações dolosas, constituindo igualmente o fundamento da cláusula *rebus sic standibus*, dos deveres de informação e esclarecimento e dos limites do poder revogatório[17].

MERUSI define a boa-fé como dever de rectidão, entendido como obrigação de ponderação das expectativas criadas por comportamentos precedentes e do interesse na emanação de um novo acto, designadamente, impondo que na revogação de um acto se tenha em consideração o decurso de tempo decorrido desde a prática do acto que se pretende revogar, para efeitos de delimitar temporalmente os efeitos revogatórios[18].

Sustentando uma concepção mais ampla, MANGANARO define a boa-fé essencialmente como uma regra de conduta, como um dever de actuação correcta e leal, entendido como exercício justo dos direitos e poderes no confronto com outros interesses, de forma a não impor um excessivo sacrifício da esfera jurídica alheia, independentemente da confiança suscitada noutro sujeito[19].

---

[16] Cfr. GONZALEZ PEREZ, *El principio general de la buena fé en el derecho administrativo*, 2ª edição, Civitas, Madrid, 1989.
[17] *Apud* FRANCESCO MANGANARO, *Principio di buona fede e attività delle amministrazioni pubbliche*, Edizione Scientifiche italiane, Nápoles, 1995, pp. 51 e ss.
[18] *Apud* FRANCESCO MANGANARO, op. cit., pp. 58 e ss.
[19] Cfr. FRANCESCO MANGANARO, op. cit., em especial p. 119, p. 124 e p. 209.

Entre nós, o princípio da boa-fé é hoje pacificamente aceite na doutrina e na jurisprudência administrativa, tendo sido acolhido no art. 6º-A CPA, aditado pelo DL 6/96, de 3/01/96, embora já antes se impusesse à Administração por tal constituir uma decorrência do princípio do Estado de Direito Democrático consagrado no art. 2º da CRP e da adstrição da administração à lei e ao bloco de legalidade (cf. art. 3º do CPA e art. 266º da CRP), mormente, aos princípios gerais de Direito, ainda que não escritos. A concretização do princípio da boa-fé é efectuada com recurso ao princípio da tutela da confiança legítima e ao princípio da materialidade subjacente[20].

O princípio da boa-fé é consagrado como regra de conduta que postula a adopção de um comportamento leal, correcto e honesto, desdobrando-se em duas vertentes: uma de sentido negativo, que veda a ocorrência de condutas maliciosas, equívocas, desleais e incorrectas e uma de sentido positivo, que impõe que se promova uma sã colaboração e cooperação entre os sujeitos da relação[21]. Ora, a Administração viola o princípio da boa-fé, na primeira vertente, quando frustra a confiança que, fundadamente, despertou num particular ao actuar em desconformidade com aquilo que previsivelmente fazia antever o seu comportamento anterior.

A doutrina é unânime em reconhecer que a protecção da confiança está subjacente ao estabelecimento de limites à revogação dos actos administrativos válidos constitutivos de direitos e interesses legalmente protegidos[22]. É certo que o objeto do presente estudo não se prende com a revogação de um acto constitutivo de direitos e interesses legalmente protegidos com base em juízos de mérito e oportunidade mas sim com a revogação de actos administrativos favoráveis mas inválidos (ou a declaração da sua nulidade). Todavia, a prática de actos secundários de reintegração da legalidade deve igualmente

---

[20] Cfr. FREITAS DO AMARAL, *Curso de Direito Administrativo*, II, 2ª edição, Almedina, Coimbra, 2011, pp. 148 e ss.; REBELO DE SOUSA/SALGADO MATOS, *Direito administrativo geral*, I, 2ª edição, D. Quixote, Lisboa, 2006, pp. 220 e ss..

[21] Cfr. ESTEVES DE OLIVEIRA/ PEDRO GONÇALVES/ PACHECO AMORIM, op. cit., p. 110.

[22] Cfr. FREITAS DO AMARAL, Curso..., II, op. cit., p. 149; ESTEVES DE OLIVEIRA/ /PEDRO GONÇALVES/ PACHECO AMORIM, *Código*..., op. cit., p. 114-115; ROBIN DE ANDRADE, *A revogação*..., op. cit., p. 156; DAVID DUARTE, *Procedimentalização, participação e fundamentação, para uma concretização do princípio da imparcialidade administrativa como parâmetro decisório*, Almedina, Coimbra, 1996, p. 331.

estar sujeita aos limites decorrentes do princípio da boa-fé para tutela da confiança suscitada[23], em virtude de o art. 6º-A, n.º 1 do CPA ser bem claro no que toca ao princípio da boa-fé configurar um princípio vinculante «*no exercício da actividade administrativa e em todas as suas formas e fases*».

Sobre os termos em que a boa-fé merece tutela jurídica, a nossa doutrina e jurisprudência[24] administrativa tem, seguindo o ensinamento de MENEZES CORDEIRO, delimitado quatro pressupostos da vertente da boa-fé que se traduzem na tutela da confiança legítima:

«*1º - uma situação de confiança, conforme com o sistema e traduzida na boa-fé subjectiva e ética, própria da pessoa que, sem violar os deveres de cuidado que ao caso caibam, ignore estar a lesar posições alheias;*

2º - uma justificação para essa confiança, expressa na presença de elementos objectivos capazes de, em abstracto, provocarem uma crença plausível;

3º - um investimento de confiança, consistente em, da parte do sujeito, ter havido um assentar efectivo de actividades jurídicas sobre a crença consubstanciada;

4 º - a imputação da situação de confiança criada à pessoa que vai ser atingida pela protecção dada ao confiante: tal pessoa por acção ou omissão, terá dado lugar à entrega do confiante em causa ou ao factor objectivo que a tanto conduziu»[25].

Também MARCELO REBELO DE SOUSA/ANDRÉ SALGADO MATOS salientam a autonomização do princípio da protecção da confiança relativamente ao princípio da boa-fé e indicam, em termos similares, que a sua concretização postula a verificação dos seguintes pressupostos:

1º - «*uma actuação da parte de um sujeito de direito que crie a confiança quer na manutenção de uma situação jurídica, quer na adopção de outra conduta*»;

---

[23] No sentido de que se a administração praticar um acto prévio sobre certa situação de (des) condicionamento administrativo de uma actividade, não pode defraudar as expectativas criadas ao particular que cumpriu os condicionalismos impostos, praticando ulteriormente um novo acto sujeito a novas ou contraditórias condições, propugnado a invalidade de tal acto por violação do princípio da boa-fé, cfr. ESTEVES DE OLIVEIRA/ PEDRO GONÇALVES/ /PACHECO AMORIM, *Código...*, op. cit., pp. 114-115.

[24] Cfr., para uma extensa resenha da jurisprudência administrativa concernente ao princípio da boa-fé e da tutela da confiança, acórdão do STA, 1ª subsecção do CA, de 9 de Julho de 2009, processo n.º 0203/09.

[25] Cfr. MENEZES CORDEIRO, *Tratado de Direito Civil*, Tomo I, 3.ª Edição, Almedina, Coimbra, 2005, pp. 186 e 187.

2º - «*uma situação de confiança justificada do destinatário da actuação de outrem, ou seja, uma convicção por parte do destinatário da actuação em causa, na determinação do sujeito jurídico que a adoptou, quanto à sua actuação subsequente, bem como a presença de elementos susceptíveis de legitimar essa convicção, não só em abstracto mas em concreto*»;

3º - «*a efectivação de um investimento de confiança, isto é, o desenvolvimento de actos ou omissões, que podem não ter uma tradução patrimonial, na base da situação de confiança*»;

4º - «*o nexo de causalidade entre a actuação geradora de confiança e a situação de confiança, por um lado, e entre a situação de confiança e o investimento da confiança, por outro*»;

5ª - «*a frustração da confiança por parte do sujeito que a criou*»[26].

Estes pressupostos não são necessariamente cumulativos, devendo «*ser encarados de modo global: a não verificação de um deles será em princípio relevante, mas pode ser superada pela maior intensidade de outro ou por outras circunstâncias pertinentes (por exemplo, em certos casos, o decurso de grandes lapsos temporais)*»[27].

Importa, porém, realçar que a violação da confiança pode gerar uma multiplicidade de consequências: (i) a invalidade do acto; (ii) pode neutralizar a validade de um acto; (iii) pode impedir as consequenciais de um uso inadequado do direito; (iv) pode implicar o incumprimento de uma obrigação; (v) pode limitar os efeitos do incumprimento de uma obrigação e pode, finalmente, (vi) gerar uma obrigação de indemnizar[28].

Por regra, entende-se que o princípio da boa-fé não tem por efeito invalidar actos legalmente praticados, nem, por outro lado, tem a aptidão de convalidar e fazer desaparecer o vício de um acto ilegalmente praticado.

A doutrina e a jurisprudência administrativas[29] sublinham que, em princípio, os actos que frustrem a confiança (no caso, o acto de revogação ou

---

[26] Cfr. MARCELO REBELO DE SOUSA/ANDRÉ SALGADO MATOS, *Direito administrativo geral*, I, op. cit., p. 220. No mesmo sentido, cfr. FREITAS DO AMARAL, *Curso...*, II, op. cit., pp. 149 e ss.

[27] Cfr. MARCELO REBELO DE SOUSA/ANDRÉ SALGADO MATOS, *Direito administrativo geral*, I, op. cit., p. 220. No mesmo sentido, cfr. FREITAS DO AMARAL, *Curso...*, II, op. cit., p. 150.

[28] Cfr. JESUS GONZALEZ PEREZ, *El principio general...*, op. cit., pp. 77 a 87.

[29] Cfr. Acórdão do STA, de 26/10/1994, em que se decidiu a ofensa do princípio da tutela da confiança pode acarretar para a administração a obrigação de indemnizar o lesado mas

declaração de nulidade) não podem ser considerados ilegais por violação do princípio da boa-fé, se tal se traduzir em *«impor à administração a prática de um acto violador de parâmetros da actividade administrativa ou implicar a anulação de um acto vinculado já praticado que se tivesse conformado com aqueles parâmetros»*[30], sem prejuízo da eventual responsabilidade civil. Ou seja, quando o acto que frustra a confiança for um acto praticado no exercício de uma competência vinculada, como é o caso da revogação com fundamento em ilegalidade e a declaração de nulidade – actos relativamente aos quais a administração não dispõe de qualquer margem de liberdade quanto a praticá-los ou não, visto o seu exercício constituir uma competência de exercício obrigatório – o princípio da boa-fé e da tutela da confiança não podem obstar à sua prática nem invalidá-lo.

Todavia, uma vez declarada a nulidade, nada obsta a que, com base no princípio da tutela da confiança, sejam atribuídos efeitos putativos às situações de facto decorrentes de actos nulos, se, por força do decurso de tempo, os princípios gerais impuserem a sua consolidação (art. 134º, n.º 3 do CPA). Indispensável para tanto é que seja praticado um acto que, reconhecendo e declarando a nulidade, justifique a atribuição desses efeitos putativos e declare quais os efeitos que se devem considerar consolidados pelo decurso de tempo.

Acresce que, apesar de a boa-fé não ter, em geral, por efeito neutralizar a ilegalidade cometida, convalidando o acto ilegal, tem-se admitido a título excepcional que quando a administração considerou, *«durante um longo espaço de tempo, uma dada situação conforme ao direito (apesar de ilegal), mas pretender agora, porque a manutenção dela já não lhe aproveita, invocar a sua nulidade»*[31], que a boa-fé obste à declaração dessa nulidade. Com efeito, o princípio da boa-fé proíbe actuações que consubstanciem um *«venire contra factum proprium (ou proibição de comportamento contraditório) – de acordo com a qual se veda (ou impõe) o exercício de uma competência ou de um direito, quando tal exercício (ou não exercício) entra em*

---

nunca poderá determinar a anulação de um acto administrativo, que praticado no exercício de poderes vinculados, se apresenta em conformidade com a lei.
[30] Cfr. MARCELO REBELO DE SOUSA/ANDRÉ SALGADO MATOS, *Direito administrativo geral*, I, op. cit., p. 221. No mesmo sentido, cfr. ESTEVES DE OLIVEIRA/ PEDRO GONÇALVES/ PACHECO AMORIM, *Código...*, op. cit., p. 114.
[31] Cfr. ESTEVES DE OLIVEIRA/ PEDRO GONÇALVES/ PACHECO AMORIM, *Código...*, op. cit., p. 114.

flagrante e injustificada contradição com o comportamento anterior do titular, por este ter suscitado na outra parte uma fundada e legítima expectativa de que já não seriam (ou o seriam irreversivelmente) exercidas – a supressio ou verwirkung *(que da anterior se distingue pelo facto de a dimensão temporal ganhar uma relevância autónoma), etc.*»[32]

Com efeito, em determinadas e circunscritas constelações de casos o princípio da boa-fé pode obstar à revogação ou à declaração da nulidade de actos administrativos ilegais por consubstanciar um exercício inadmissível de direitos. Nomeadamente é possível invocar a figura da *supressio* que determina a paralisação ou redução do conteúdo de certas posições jurídicas em função do seu não exercício durante um amplo lapso temporal, *in casu*, uma supressão de competências que durante anos estiveram inertes, contrariando legítimas e justificadas expectativas

Tal como assinala MENEZES CORDEIRO, «*exige-se um certo lapso de tempo, por excelência variável, durante o qual se actua uma situação jurídica em tudo semelhante ao direito subjectivo que vai surgir; requer-se uma conjunção objectiva de factores que concitem, em nome do Direito, a constituição do novo direito; impõe-se a ausência de previsões negativas que impeçam a surrectio*»[33].

Ainda que se considere que não é possível nestes caso invocar a supressão do poder de declarar a nulidade ou de revogar o acto, é inegável que esta figura justifica plenamente a atribuição de efeitos putativos a situações de facto criadas à sombra dos actos nulos

Se estas são as linhas gerais a ter em consideração nesta matéria, cumpre frisar que a jurisprudência do Supremo Tribunal Administrativo tem sido no sentido de que a atribuição dos efeitos putativos «*em consonância, aliás, com a doutrina, deve (...) ser ponderada com extrema cautela, tendo-se presente, ainda, que «nem todos os actos nulos tem efeitos putativos*» (M. Esteves de Oliveira/P. Costa Gonçalves/J. Pacheco de Amorim, loc. cit., 654), e que a eventual admissão destes, além de corresponder à necessidade de estabilidade das relações jurídico-sociais, deve estar sempre ligada à ideia de prossecução do interesse público Vd., entre outros, os acórdãos de 16.1.03 (R.º 1316/02), de 7.11.06 (R.º 175/06)»[34].

---

[32] Cfr. ESTEVES DE OLIVEIRA/ PEDRO GONÇALVES/ PACHECO AMORIM, *Código...*, op. cit., p. 110.
[33] MENEZES CORDEIRO, *Da Boa-fé no Direito Civil*, Coimbra, Almedina, 1984, II, pp. 821-822.
[34] Cfr. Acórdão do STA, 1ª Subsecção do CA, de 09/12/2009, Processo n.º 0100/08.

Como se afirmou, designadamente, no acórdão do STA de 07-11-2006, processo n.º 0175/06, «*os denominados efeitos putativos atribuídos a situações de facto decorrentes de actos nulos, previstos no n.º 3 do art. 134º do CPA, para além de deverem decorrer, em princípio, da necessidade de estabilidade das relações jurídico-sociais, dependem, em grande parte, de períodos dilatados de tempo em que tais situações se verificam, não podendo, por razões de coerência do próprio instituto, beneficiar aqueles que directa, ou mesmo dolosamente, deram causa à nulidade do acto à sombra do qual os referidos efeitos são reclamados, devendo a sua admissão estar sempre ligada à ideia de prossecução do interesse público*».

§ 2º Da responsabilidade pelos prejuízos causados pela invalidade e declaração de nulidade ou revogação do acto

I. Enquadramento

A Lei n.º 67/2007, de 31 de Dezembro veio aprovar o Regime da Responsabilidade civil extra-contratual do Estado e demais entidades públicas, revogando-se o DL n.º 48051, de 21 de Novembro de 1967, que estabelecia o regime geral da responsabilidade civil administrativa extracontratual por actos de gestão pública.

O novo regime de responsabilidade civil pelo exercício da função administrativa disciplina três fontes de responsabilização da administração ou de entidades privadas equiparadas: a responsabilidade por facto ilícito, a responsabilidade por facto lícito e a responsabilidade pelo risco. Apenas os dois primeiros títulos de responsabilidade poderão estar em causa na situação que nos ocupa, uma vez que não estamos perante o desenvolvimento de uma actividade especialmente perigosa que alicerce a responsabilidade objectiva pelo risco (art. 11º da Lei n.º 67/2007, de 31 de Dezembro, doravante RRA).

II. Responsabilidade civil administrativa por facto ilícito pela prática de acto ilegal?

Existe responsabilidade civil delitual ou por facto ilícito e a inerente emergência de um dever de indemnização quando se verifiquem cumulativamente cinco pressupostos, expressa ou implicitamente resultantes dos arts. 7º, n.º 1 e art. 8º, n.º 1 e n.º 2 do RRA: o facto voluntário, a ilicitude, a culpa, o dano e o nexo de causalidade. Basta que um destes pressupostos não se verifique para que não haja responsabilidade delitual.[35]

Impõe-se, em primeiro lugar, recortar com precisão qual o facto potencialmente gerador da responsabilidade, ou seja, identificar o facto gerador do dano e aferir da sua ilicitude.

Ora, o acto que pode configurar o facto gerador de responsabilidade nas situações que estamos a considerar não é outro senão o acto de declaração de nulidade ou de revogação anulatória. Na verdade, os actos declarados nulos ou objecto de revogação, malgrado a sua ilegalidade, não causam nestas situações quaisquer prejuízos aos seus proprietários, posto que se tratam de actos favoráveis. Tal como o STA já sublinhou, no Acórdão de 16 de Maio de 2001[36], num caso em que estava em causa a declaração de nulidade de um acto de aprovação de um projecto de arquitectura, com fundamento na sua ilegalidade, *«não há danos que possam imputar-se ao acto da câmara, pois tal acto foi ao encontro da pretensão que o administrado formulara, deferindo-a nos seus precisos termos. Falham os requisitos do dano e nexo causal.»*. Ou seja, na nossa hipótese de trabalho não só não advêm quaisquer prejuízos da prática do acto ilegal, como os prejuízos sofridos são imputáveis à declaração de nulidade e não à prática do acto viciado.

Acresce que a ilicitude não pode radicar simplesmente na ilegalidade do acto declarado nulo ou revogado. O art. 9º do RAA considera ilícitas *«as acções ou omissões dos titulares dos órgãos funcionários e agentes que violem disposições ou princípio legais e regulamentares ou infrinjam regras de ordem técnica ou deveres objectivos de cuidado e de que resulte a ofensa de direitos ou interesses legalmente protegidos»*. A ilicitude compreende, por conseguinte, duas componentes: (i) a violação

---

[35] Cfr. sobre os pressupostos da responsabilidade por facto ilícito no novo regime, CARLOS FERNANDES CADILHA, *Regime da responsabilidade civil extracontratual do Estado e demais entidades públicas*, Anotado, Coimbra, Coimbra Editora, 2008, pp. 106 e ss.; MARCELO REBELO DE SOUSA/ANDRÉ SALGADO MATOS, *Responsabilidade civil administrativa*, tomo III, D. Quixote, Lisboa, 2008, pp. 18 e ss.

[36] Acórdão do STA, de 16 de Maio de 2001 (recurso 46.227), in Diário da República, Apêndice de 8 de Agosto de 2003, pp. 3895 e ss.

objectiva de normas e princípios (ilegalidade) e ainda (ii) a ofensa de direitos ou interesses legalmente protegidos[37].

Verifica-se que a ilegalidade dos actos favoráveis objecto de revogação ou declaração de nulidade não afecta qualquer direito ou interesse dos destinatários, antes, pelo contrário, os beneficia. Assim, pura e simplesmente não existe ilicitude nem dano a indemnizar decorrente da prática daqueles actos, pese embora a sua ilegalidade.

Mais, ainda que houvesse dano, como a obrigação de indemnizar prevista no art. 3º da RRA estabelece que quem «*estiver obrigado a reparar um dano, deve reconstituir a situação que existiria se não se tivesse verificado o evento que obriga à reparação*», a situação a reconstituir, caso não se tivesse verificado a ilegalidade, seria a recusa de prática do acto revogado ou declarado nulo, por não estarem verificados os pressupostos de facto que legitimam a sua emissão. Tal como foi salientado no acórdão do STA, de 5 de Dezembro de 2007, processo n.º 0653/07, em que estava em causa a responsabilidade pela revogação de um acto com fundamento na sua ilegalidade, a ilicitude não podia radicar no acto ilegal objecto de revogação, uma vez que o «*acto em causa era ilegal, precisamente, por atribuir aos autores uma "expectativa" que não tinha fundamento na ordem jurídica. O ressarcimento do dano provocado por um acto ilegal traduz-se na reposição da situação anterior, como se o acto ilegal não fosse praticado, ou dito de outro modo, como se um acto legal fosse "ab inicio" praticado. O ressarcimento dos danos causados por um acto administrativo ilegal é feito pela reconstituição da situação, como se a mesma fosse legal desde o início.*».

No já citado Acórdão do STA, de 16 de Maio de 2001, em que estava em causa a declaração de nulidade do acto de aprovação de um projecto de arquitectura, concluiu-se que não haveria qualquer responsabilidade civil, porquanto «*se encararmos o facto gerador da responsabilidade como sendo a aprovação do projecto de arquitectura, embora haja ilegalidade nesse acto, uma barreira desde logo se ergue: não há danos que possam imputar-se ao acto da câmara, pois tal acto foi ao encontro da pretensão que o administrado formulara, deferindo-a nos seus precisos termos. Falham os requisitos do dano e nexo causal. Por outro lado, se quisermos construir*

---

[37] Cfr. CARLOS FERNANDES CADILHA, *Regime da responsabilidade civil...*, op. cit., pp. 148 e 149.

a responsabilidade civil sobre o acto de recusa de emissão do alvará, ou de deliberação final de licenciamento, o que falta é a ilicitude da actuação do órgão administrativo».

No que concerne ao facto gerador dos prejuízos - a declaração de nulidade ou revogação- não corporiza qualquer violação do bloco de legalidade, antes, pelo contrário, destina-se a repor a restaurar o respeito pelas normas e princípios aplicáveis, pelo que consubstancia, em si mesmo, um acto lícito. Falta, nesta medida, um dos pressupostos da responsabilidade delitual: a existência de um facto ilícito.

III. Responsabilidade civil administrativa por facto lícito e pelo sacrifício

Poderia, em abstracto, estar em causa a responsabilidade por facto lícito ou a indemnização pelo sacrifício prevista no art. 16º do RRA. Nos termos desta disposição, o «*Estado e demais pessoas colectivas públicas indemnizam os particulares a quem, por razões de interesse público, imponham encargos ou causem danos especiais e anormais, devendo, para o cálculo da indemnização, atender-se, designadamente, ao grau de afectação do conteúdo substancial do direito ou interesse violado ou sacrificado».*

Constituem pressupostos deste tipo de responsabilidade, também de verificação cumulativa: a) a actuação lícita, por razões de interesse público; b) a imposição de encargos ou a produção de danos; c) nexo causal entre a actuação lícita e os danos; d) que os encargos ou danos revistam o carácter de especialidade e anormalidade, *i.e.*, que incidam apenas sobre uma pessoa ou um grupo, sem afectarem a generalidade das pessoas e não se apresentem como resultantes do risco normalmente suportado por todos em virtude da vida em comunidade[38].

---

[38] Sobre o conceito de anormalidade e especialidade do dano, cfr. CARLOS FERNANDES CADILHA, *Regime da responsabilidade civil...*, op. cit., pp. 65 e ss. e pp. 299 e ss.

A doutrina nacional tem, em geral[39], convergido sobre a necessidade de autonomização da «indemnização pelo sacrifício» face ao instituto da responsabilidade civil[40], embora associando-lhe diversas consequências.

Uma primeira corrente doutrinal tem sustentado que a responsabilidade pelo sacrifício prevista no art. 16º do RRA apenas abrangeria no seu âmbito a responsabilidade pelo sacrifício de bens pessoais (*v.g.*, a vida, a integridade física, a saúde, a qualidade de vida, direitos de personalidade) e por danos causados em estado de necessidade, à semelhança do que sucede no ordenamento alemão[41].

As pretensões indemnizatórias fundadas no sacrifício de bens patrimoniais privados, como as decorrentes de actos de expropriação, rescisão ou modificação de contratos por razões de interesse público, do planeamento urbanístico e constituição de servidões e todos aqueles actos que afectem bens patrimoniais reais ou creditícios, estariam excluídas do seu âmbito e obedeceriam a um regime diferenciado, que é identificado com o instituto expropriatório[42].

Consideramos que esta posição não merece acolhimento na nossa ordem jurídica. Além de não ter qualquer apoio no elemento literal e histórico do artigo 16º ignorando os dados jurídico-culturais do nosso ordenamento[43], esta

---

[39] Em sentido contrário, cfr. ALVES CORREIA, «*A indemnização pelo sacrifício*», in Revista de Direito Público e da Regulação, n.º 1, 2009, pp. 63 e ss, em especial, pp. 73 e ss. (in *www.fd.uc.pt/cedipre*), que distingue a 'indemnização pelo sacrifício', como modalidade da responsabilidade civil extracontratual do Estado e demais pessoas colectivas públicas (art. 16º do RRA) e a 'expropriação do sacrifício' (expropriação clássica e expropriações materiais análogas), radicando o critério distintivo na in/existência de intencionalidade ablativo de um direito de conteúdo patrimonial ou de algumas irradiações desse direito.

[40] Nomeadamente, CARLA AMADO GOMES, «*A compensação administrativa pelo sacrifício: reflexões breves e notas de jurisprudência*», in Revista do Ministério Público, n.º 129, Janeiro/Março de 2012, p. 38, nota 56, frisa que nenhuma das tradicionais funções assacadas à responsabilidade civil - preventiva, reparadora e punitiva – estão presentes na categoria da 'compensação por facto lícito'.

[41] Esta tese foi sustentada no nosso país pela primeira vez por MARIA LÚCIA MARAL, *Responsabilidade do Estado e dever de indemnizar do legislador*, Coimbra Editora, Coimbra, 1998, pp. 517 e ss..

[42] Cfr. MARCELO REBELO DE SOUSA/ANDRÉ SALGADO MATOS, *Responsabilidade civil administrativa*, tomo III, op. cit., p. 42 e pp. 57 e ss.

[43] O art. 9º do DL n.º 48051, de 21 de Novembro de 1967 consagrou a responsabilidade por facto lícito através de uma cláusula geral, na linha do ensinamento de MARCELLO CAETANO, que a considerava um princípio geral de Direito administrativo. Para uma evolução histórica do regime da responsabilidade administrativa antes deste diploma, cfr. MARIA

doutrina conduz a resultados manifestamente desadequados e indesejáveis. Com efeito, os autores que preconizam a aplicação do instituto expropriatório aos bens de natureza patrimonial, em substituição da responsabilidade por facto ilícito ou da indemnização pelo sacrifício, consideram que a expropriação deve, por regra, ser contemporânea da indemnização, o que se traduz, na prática, em inquinar de ilegalidade todos os actos em que, como será mais frequente, o autor da medida com «alcance expropriatório» ignore e nem sequer tenha consciência da sua repercussão ou dos seus efeitos.

Uma segunda corrente doutrinal apresenta como denominador comum a autonomização da compensação pelo sacrifício face à responsabilidade civil mas confere-lhe um âmbito mais lato, no sentido de abranger igualmente as situações de restrição ou sacrifício de bens patrimoniais[44]. Neste âmbito registam-se, todavia, as posições mais diversas. Há quem distinga no âmbito das 'indemnizações' devidas por factos lícitos neste sentido amplo a 'responsabilidade por facto lícito' da 'compensação pelo sacrifício' (ambas com assento no art. 16º do RRA)[45] ou, numa diversa perspectiva, a 'compensação por

---

DA GLÓRIA GARCIA, *A responsabilidade civil do Estado e demais pessoas colectivas públicas*, in Conselho Económico e Social, Série Estudos e Documentos, Lisboa, 1997, pp. 10 e ss. O aprofundamento e teorização dogmáticos empreendidos por GOMES CANOTILHO, *O problema da responsabilidade do Estado por actos lícitos*, Coimbra, 1974 e por RUI MEDEIROS, *Ensaio sobre a responsabilidade civil do Estado por actos legislativos*, Almedina, Coimbra, 1992, em especial pp. 85 e ss., conferiram o impulso doutrinário decisivo na consolidação deste instituto entre nós.

[44] Neste sentido, cfr. JOÃO CAUPERS, *Introdução ao estudo do Direito*, 10ª edição, Lisboa, 2009, pp. pp. 342-349, que sublinha que na compensação pelo sacrifício não há nem ilicitude ou culpa nem dano objectivo ou dever de reconstituição da situação que existiria não fora a ocorrência do facto lícito, apresentando maior similitude com o instituto da expropriação. Cfr. ainda VIEIRA DE ANDRADE, «*A responsabilidade por danos decorrentes do exercício da função administrativa na nova Lei sobre responsabilidade civil extracontratual do Estado e demais entes públicos*», in RLJ n.º 3951, 2008, pp. 362 e ss.

[45] Cfr. FREITAS DO AMARAL (colaboração de PEDRO MACHETE/LINO TORGAL), *Curso de Direito administrativo*, II, 2ª edição, Almedina, Coimbra, 2011, pp. 742-743, preconizam uma distinção entre a responsabilidade por facto lícito em sentido próprio, que pressuporia a violação de um direito ou interesse, embora a ilicitude seja coberta e justificada por uma causa de exclusão da ilicitude e a compensação pelo sacrifício, que respeitaria a situações em que um direito ou interesse é sacrificado, considerando que ambas as figuras foram expressamente consagradas no art. 16º do RRA,

facto expropriatório' (art. 62º, n.º 2 da CRP) da 'compensação pelo sacrifício' (art. 62º, n.º 2 e art. 26º, n.º 1 da CRP e art. 16º do RRA)[46].

Contudo, independentemente das divergências doutrinais registadas, a indemnização pelo sacrifício tem um escopo diverso da responsabilidade civil, que corresponde à necessidade de intervir para compensar situações de desigualdade ou conferir um valor equivalente correspondente ao bem que foi sacrificado em prol do interesse público, como sucede tipicamente nas figuras análogas à expropriação. A justa indemnização não visa garantir a reconstituição da situação que existiria caso a intervenção não tivesse ocorrido. Tem por objetivo colocar o expropriado na situação de poder obter uma coisa de igual valor, pelo que constitui unicamente um equivalente económico que não compreende todo o prejuízo patrimonial causado no presente ou no futuro, não integrando nomeadamente, os lucros cessantes.

Assim se compreende a uniformidade e constância da jurisprudência que recusa a aplicação nesta constelação de casos em que está em causa a declaração de nulidade ou a revogação anulatória de actos administrativos do regime da responsabilidade por factos lícitos ou pelo sacrifício.

Inclusive a doutrina que sustenta uma interpretação ampla da responsabilidade pelo sacrifício, como integrando igualmente o sacrifício de bens patrimoniais, não refere, em caso algum, a revogação anulatória ou a declaração de nulidade de actos administrativos como corporizando situações lícitas que suscitam a aplicação deste tipo de responsabilidade. Provavelmente, está subentendido que nos casos de invalidação de actos com fundamento em ilegalidade não está em causa uma actuação ditada por razões de conveniência administrativa e reponderação do interesse público como é típico dos actos expropriatórios mas antes uma actuação devida para repor a ilegalidade violada, que constitui, além do mais, uma consequência normal num Estado de Direito.

---

[46] Cfr. CARLA AMADO GOMES, «*A compensação...*», op. cit. pp. 38-39, veio sustentar que a 'compensação por facto lícito' compreende duas modalidades: a 'compensação por facto expropriatório' filiada na garantia constitucional da propriedade privada e da justa indemnização (art. 62º, n.º 2 da CRP)) e a 'compensação pelo sacrifício', que integra diversas realidades que não se reconduzam a uma expropriação (ou requisição) da propriedade, assente numa declaração de utilidade pública.

Os tipos de casos sob apreciação não se enquadram, por conseguinte, no âmbito aplicativo da responsabilidade por factos lícitos nem na indemnização pelo sacrifício.

IV. Responsabilidade civil administrativa por facto ilícito fundada na violação do princípio da tutela da confiança

A doutrina e a jurisprudência administrativa, tal como se demonstrou, reconhecem que a violação do princípio da boa-fé, na vertente do princípio da tutela da confiança, não tem por efeito tornar ilegais e ilícitos os actos de declaração de nulidade ou revogação anulatória de actos favoráveis constitutivos de direitos e interesses legalmente protegidos.

Todavia, é pacificamente reconhecida a sua relevância em sede de responsabilidade civil administrativa. A frustração da confiança consubstancia um facto ilícito para efeitos da emergência do dever de indemnizar, se reunidos os pressupostos da responsabilidade delitual[47].

(i) Acção ilícita

Já tivemos oportunidade de concretizar os pressupostos que concretizam o princípio da boa-fé, na sua dimensão de tutela da confiança. Tal como se refere no acórdão do STA, de 14 de Março de 2006, rec. 509/05, «*a aplicação do princípio da confiança está dependente de vários pressupostos, desde logo, o que se prende com a necessidade de se estar em face de uma confiança "legítima", o que passa, em especial, pela sua adequação ao Direito, não podendo invocar-se a violação do princípio da confiança quando este radique num acto anterior claramente ilegal, sendo tal ilegalidade perceptível por aquele que pretenda invocar em seu favor o referido princípio.*».

---

[47] Cfr. ESTEVES DE OLIVEIRA/ PEDRO GONÇALVES/ PACHECO AMORIM, *Código...*, op. cit., p. 115; MARCELO REBELO DE SOUSA/ANDRÉ SALGADO MATOS, *Direito administrativo geral*, tomo I, op. cit., p.221; JESUS GONZALEZ PEREZ, *El principio general ...*, op. cit., p. 86. Na jurisprudência, cfr., entre muitos outros, acórdão do STA, 2ª subsecção do CA, de 10 de Maio de 2006, processo n.º 0246/04; acórdão do STA, 2ª subsecção do CA, de 5 de Dezembro de 2007, processo n.º 0653/07; acórdão do STA, 1ª subsecção do CA, de 9 de Julho de 2009, processo n.º 0203/09. No sumário do acórdão de 5 de Dezembro de 2007 estabelece-se que: «I - A boa-fé pode configurar um facto ilícito gerador de responsabilidade civil (art. 6-A do CPA). II - Nestes casos devem ser ressarcidos os danos causados pela frustração da confiança legítima.»

A verdade é que na constelação de casos em que se verificam os pressupostos da frustração de uma confiança legítima[48], tutelada pelo art. 6º-A do CPA, essa frustração configura um acto ilícito, pressuposto da responsabilidade civil delitual. Há uma acção ilícita na medida em que é violado um princípio legal, com dignidade constitucional, e que dessa violação resulta uma ofensa de direitos e interesses legalmente protegidos (art. 9º do RRA).

ii) Culpa

O art. 10.º do RRA disciplina autonomamente a 'culpa', distinguindo-a da ilicitude da actuação administrativa. Não basta, assim, a constatação da existência de uma ilegalidade ou de violação de regras de ordem técnica ou prudência. É ainda indispensável, para que se constitua a responsabilidade civil, que seja possível formular um juízo de censura, de reprovação subjectiva[49].

O que importa apurar em sede de culpa é a desculpabilidade ou não do erro, *i.e.*, usando a expressão empregue no já citado acórdão do STA, de 15 de Dezembro de 2007, baseando-se o acto que gerou a confiança num «*entendimento errado (como mais tarde se veio a verificar) o que importa é saber se o erro era ou não culposo*».

A culpa dos titulares de órgãos, funcionários e agentes «*deve ser apreciada pela diligência e aptidão que seja razoável exigir, em função das circunstâncias de cada caso, de um titular de órgão, funcionário ou agente zeloso e cumpridor.*» (art. 10º, n.º 1 do RRA). A culpa é, por conseguinte, apreciada em abstracto, embora sem perder de vista as circunstâncias particulares do caso concreto. A conduta do agente é apreciada de acordo com a diligência que é exigível em abstracto a um titular de uma entidade pública ou entidade privada equiparada, e não segundo a diligência habitual do autor do dano. Por outro lado, o modelo abstracto de comportamento legalmente devido, «*para efeitos de aferir a existência de culpa, é o titular de órgão ou funcionário medianamente diligente; sendo assim, a culpa não tem de ser avaliada segundo elevados padrões de competência técnica, de profissionalismo ou de eficiência (...), mas segundo o que seria normalmente exigível,*

---

[48] O ónus da prova da ilicitude, designadamente, a demonstração de que se verificam os pressupostos actuantes do princípio da tutela da confiança incumbe aos lesados, nos termos do art. 342º, n.º1 do Código Civil, nos termos gerais.
[49] Cfr. CARLOS FERNANDES CADILHA, *Regime da responsabilidade civil extracontratual do Estado e demais entidades públicas,* op. cit., p. 164.

nas circunstâncias do caso, para quem detém a qualidade de titular do órgão administrativo ou funcionário»[50].

A verdade é que as disposições conjugadas do art. 7º, n.º 3 e n.º 4 e art. 9º, n.º 2 do RRA vieram consagrar a *'culpa de serviço'*, que visa abranger tanto os danos que provenham de uma culpa colectiva, resultante de uma actuação global culposa, para a qual podem ter concorrido vários agentes do mesmo serviço ou agentes de serviços diferentes, atribuível a um deficiente e anormal funcionamento do serviço, como aqueles decorrentes de uma culpa anónima, resultante de um concreto comportamento de um agente cuja autoria não é possível determinar (art. 7º, n.º 3)[51]. Nestes casos, a responsabilidade é exclusiva da entidade pública ou entidade privada equiparada, não existindo, naturalmente, direito de regresso a exercer contra titulares de órgãos, funcionários e agentes individualmente responsáveis.

De harmonia com o disposto no art. 7º, n.º 4 do RRA, existe *«funcionamento anormal do serviço quando, atendendo às circunstâncias e a padrões médios de resultado, fosse razoavelmente exigível ao serviço uma actuação susceptível de evitar os danos produzidos.»* A culpa de serviço é igualmente aferida em abstracto, atendendo ao *standard* de rendimento médio que seria exigível nas circunstâncias do caso concreto, devendo-se, para este efeito, ter em consideração, nomeadamente, as normas internas do serviço, os relatórios relativos aos índices de produtividade e qualquer outros elementos de aferição, não sendo de excluir que se atendam a dados comparativos com serviços congéneres[52].

Cumpre destacar que o que está em causa é indagar se a actividade desenvolvida *«ficou aquém do que seria exigível tendo em vista os resultados normalmente alcançados ou razoavelmente esperados»*, o que nos remete para *«padrões de resultado»* e não para *«padrões médios de actuação e comportamento»*[53]. Por outro lado,

---

[50] Cfr. CARLOS FERNANDES CADILHA, *Regime da responsabilidade civil extracontratual do Estado e demais entidades públicas*, op. cit., p. 163.

[51] Cfr. CARLOS FERNANDES CADILHA, *Regime da responsabilidade civil extracontratual do Estado e demais entidades públicas*, op. cit., pp. 163-164; MARGARIDA CORTEZ, *Responsabilidade civil da administração por actos administrativos ilegais e concurso de omissão do lesado*, Coimbra Editora, Coimbra, 2000, pp. 93-94.

[52] Cfr. MARGARIDA CORTEZ, «*A responsabilidade civil da administração por omissões*», in CJA n.º 40, Julho/Agosto de 2003, p. 35.

[53] Cfr. MARGARIDA CORTEZ, «*A responsabilidade civil da administração por omissões*», op. cit., p. 35.

a doutrina e a jurisprudência convergem no sentido de que não existe comportamento culposo «*quando os danos possam ser atribuídos à falta de recurso humanos, materiais ou financeiros*»[54]. É exactamente esta ideia que perpassa no art. 7º, n.º 4 quando determina que «*se tenha em consideração, como ponto de referência, o que normalmente poderia ser realizado, para efeito de evitar a produção dos danos, em função dos meios e o modelo de organização que o serviço dispunha no momento em que ocorreu o facto lesivo*»[55].

Uma questão de grande pertinência é a de saber se incumbe aos lesados o ónus da prova de alegar e demonstrar que, de facto, houve 'culpa de serviço', nos termos gerais da responsabilidade, previstos no art. 342º, n.º 1 do Código Civil, ou se, ao invés, existe uma presunção de culpa em seu benefício. O art. 10º, n.º 2 do RAA presume a existência do pressuposto culpa, na modalidade de «*culpa leve, na prática de actos jurídicos*». A aplicar-se esta presunção de culpa, tal significa que haverá uma inversão do ónus da prova e, por conseguinte, incumbe à administração provar que agiu sem culpa (art. 344º, n.º 1), ou seja, provar que a presunção de culpa não corresponde à verdade, não sendo suficiente a mera contraprova destinada a criar dúvidas acerca da falta de culpabilidade.

A *ratio legis* do estabelecimento de uma presunção de culpa quando a situação de confiança emerge de actos jurídicos assenta na ideia de que se deve distinguir a actividade jurídica da actividade material da administração, só se justificando presumir a culpa no primeiro caso. A prática de um acto jurídico ilegal como que indicia um juízo de censurabilidade, no sentido de que dificilmente se poderá desculpar a ilegalidade cometida com base num erro de direito, seja um erro na determinação da norma aplicável ou um erro de interpretação. Já quando se trata de uma actividade técnica ou material, «*opera a simples violação de deveres funcionais e aqui deverá entrar-se em linha de conta com diversos factores relacionados com o nível standard de actuação e rendimento dos serviços, com as características próprias do serviço envolvido e a sua disponibilidade de meios pessoais, materiais e financeiros e ainda outras circunstancias externas que possam ter contribuído para a ocorrência*». Assim se compreende que «*no que refere ao ilícito*

---

[54] Cfr. RUI MEDEIROS, *Ensaio sobre a responsabilidade...*, op. cit., p. 95; CARLOS FERNANDES CADILHA, *Regime da responsabilidade civil...*, op. cit., p. 133.
[55] Cfr. CARLOS FERNANDES CADILHA, *Regime da responsabilidade civil...*, op. cit., p. 133.

derivado de actos materiais da administração (...) a existência de culpa exige a demonstração inequívoca de um juízo de reprovação subjectiva que não se compadece com a mera verificação da ilicitude por violação de normas jurídicas ou deveres funcionais.»[56]

Caso não seja demonstrada a existência de culpa, falta um dos requisitos da responsabilidade delitual. E sendo *cumulativos* os pressupostos da responsabilidade civil por factos ilícitos basta a falta de um deles para que a acção improceda com esse fundamento.

iii) Nexo de causalidade e danos ressarcíveis

Importa frisar que nem todos os danos e efeitos desfavoráveis resultantes da declaração de nulidade ou revogação podem ser imputados ao facto ilícito porquanto um dos pressupostos da responsabilidade civil é o da existência de um nexo de causalidade entre os danos e o facto ilícito, não abrangendo os danos sofridos em decorrência de outros factos que não o facto ilícito. Assim, apenas são relevantes os prejuízos que sejam causados pelo acto ilícito, ou seja, os resultantes da frustração da confiança mas não os decorrentes da declaração de nulidade ou revogação dos actos certificativos, que consubstancia um acto lícito. Relativamente aos «*danos deve esclarecer-se que os mesmos se reconduzem aos danos decorrentes do "investimento de confiança" devendo ser ressarcidos* **todos e só** *os danos devidos pela frustração desse investimento*»[57].

Por outro lado, a jurisprudência frisa que a partir do momento em que o acto é revogado ou declarado inválido «*a crença na validade do acto revogado deixou de ser legítima*», pelo que «*não há nexo de causalidade entre a lesão da confiança*» e as eventuais desvantagens e prejuízos causados após a prática dos actos que declaram a ilegalidade[58]. Significa isto que as «*exigências de responsabilização da violação da boa-fé (protegendo o particular) cessam com a prática do acto legal, mas subsistiram no período em que perdurou o estado de confiança*»[59].

---

[56] Cfr. CARLOS FERNANDES CADILHA, *Regime da responsabilidade civil...*, op. cit., p. 165.
[57] Cfr. acórdão do STA de 9 de Julho de 2009, processo n.º 0203/09; acórdão do STA de 5 de Dezembro de 2007, processo n.º 0653/07; acórdão do STA de 23 de Setembro de 2003, recurso n.º 1527/02.
[58] Cfr. citado acórdão do STA, de 5 de Dezembro de 2007.
[59] Cfr. citado acórdão do STA , de 9 de Julho de 2009.

Os danos decorrentes do investimento da confiança têm sido objecto de tratamento dogmático sobretudo em matéria de responsabilidade pré-contratual *(culpa in contrahendo)*, abrangendo esta tanto os casos em que não chegou a ser celebrado um contrato, como aqueles em que foi celebrado um contrato mas este é inválido. É esta segunda situação que apresenta maior similitude com o objeto do nosso estudo, em que está em causa a frustração da confiança derivada da prática de um acto inválido. A doutrina e a jurisprudência maioritárias esclarecem que o lesado apenas deve ser indemnizado pelo interesse contratual negativo, ou seja, nas palavras de GALVÃO TELLES, «*o lesado tem direito à indemnização dos danos negativos, ou seja, os danos que não teria sofrido se não entrasse em negociações ou não celebrasse o contrato nulo ou anulável*»[60], convergindo no sentido de que tanto são indemnizáveis os danos emergentes como os lucros cessantes.

A jurisprudência do STA tem igualmente reiterado que os danos resultantes da responsabilidade pré-contratual são apenas os danos negativos: «*A responsabilidade civil por lesão da* **confiança** *é restrita à reparação do interesse contratual negativo, ou da* **confiança**, *isto é, do prejuízo resultante da frustração das expectativas de conclusão do negócio, estando excluída a reparação do interesse positivo, ou seja pelo benefício que a conclusão do negócio traria à parte prejudicada nas suas expectativas*" – Ac. de 31-5-2001, rec. 46919; cfr. ainda o Ac. de 16-5-2001, rec. 46227, onde também se excluem do âmbito de protecção das regras que protegem a confiança aquilo que a parte prejudicada "... *deixou de ganhar em consequência de não ter podido construir um prédio com as características que pretendia...*»[61].

Desviando-se deste entendimento tradicional, parte da doutrina considera, porém, que a indemnização terá sempre como objectivo colocar o lesado na situação patrimonial em que ele se encontraria se não fosse o facto ilícito praticado, sustentando a regra da ressarcibilidade de todos os danos, sem restrição aos danos negativos[62]. Designadamente, MENEZES CORDEIRO reconduz a medida do dano na responsabilidade civil extracontratual «*às regras gerais da responsabilidade civil*» e «*tratando-se da confiança teremos de ver o âmbito desta,*

---

[60] Cfr. GALVÃO TELLES, *Direito das obrigações*, 5ª edição, Coimbra Editora, Coimbra, p. 58.
[61] Cfr. jurisprudência *supra* referida.
[62] Cfr. MENEZES CORDEIRO, *Tratado de Direito Civil*, I, *Parte Geral*, Almedina, Coimbra, 1999, p. 346; ANA PRATA, *Notas sobre a responsabilidade civil pré-contratual*, separata da Revista da Banca, 1991, p. 174.

designadamente ponderando o círculo do investimento da confiança», considerando que o dano indemnizável deve corresponder à medida da lesão sofrida com o acto ilícito e com a expectativa ou confiança que foi violada.

Porém, tal como foi salientado no acórdão do STA de 23 de Setembro de 2003, ainda que se acolha «*esta visão, apenas implica que se determine a indemnização pela dimensão do facto lesivo (...). Daí que seja admissível a tese que imponha a obrigação de indemnizar os lucros cessantes positivos (lucro esperado com a realização do negócio, ou a execução do contrato) apenas quando o motivo gerador da ineficácia, ou da invalidade, seja um motivo transponível, e, apesar disso, a parte inadimplente o não remove»*[63]. Com efeito, mesmo para quem defenda que não se deve distinguir entre danos negativos e positivos e «*admita, em geral que devem ressarcir-se todos os danos imputados ao facto ilícito, há situações em que, dada a impossibilidade técnica, jurídica ou outra, de tornar válido ou eficaz o contrato, o lesado é colocado na situação anterior à lesão, com a indemnização dos gastos com a realização desse contrato e vantagens perdidas (ou seja, danos emergentes e lucros cessantes, decorrentes da não celebração do contrato, com exclusão dos ganhos decorrentes do cumprimento do mesmo»*[64].

É precisamente esta a situação típica do género de casos em análise. Os danos a ressarcir são, por conseguinte, apenas os danos da lesão do interesse contratual negativo ou danos da confiança, isto é, do prejuízo resultante da frustração das expectativas criadas à sombra do acto ilegal praticado, estando excluída a reparação do interesse positivo, ou seja, o benefício que a validade do acto traria à parte prejudicada nas suas expectativas.

iv) Culpa do Lesado

Por último, importa sublinhar que o art. 4.º do RRA veio consagrar o princípio da conculpabilidade ou de co-responsabilidade resultante de facto imputável ao próprio lesado, conferindo ao tribunal a possibilidade de conceder, reduzir ou mesmo excluir integralmente a indemnização com base na ponderação da gravidade das culpas de ambas as partes e nas consequências que dela tenha resultado.

---

[63] Cfr. acórdão do STA, 2ª subsecção do CA, de 23 de Setembro de 2003, processo n.º 01527/02.
[64] Cfr. acórdão do STA, 2ª subsecção do CA, de 23 de Setembro de 2003, processo n.º 01527/02; ANA PRATA, *Notas sobre a responsabilidade civil pré-contratual*, op. cit., p. 174.

Com efeito, quando o comportamento do lesado tenha concorrido para a produção ou agravamento dos danos causados, ou seja, quando o acto do lesado constitui uma condição de produção do dano e, segundo os princípio gerais de causalidade adequada, o dano foi produzido por uma actuação do lesado, ainda que sem má fé, o tribunal pode determinar, com base num juízo de equidade e na gravidade das culpas e na quota de responsabilidade de ambas as partes, a redução ou mesmo a exclusão total da indemnização.

§ 3º Conclusão

Podemos concluir que a declaração de nulidade ou a revogação anulatória de um acto administrativo não constitui, em princípio, a administração pública no dever de indemnizar os lesados pela extinção dos efeitos favoráveis constituídos à sombra do acto declarado nulo ou revogado. O princípio da boa-fé, na vertente de tutela da confiança – princípio com assento constitucional, ínsito no próprio princípio do Estado de Direito (art. 2º da CRP) – não obsta ao exercício das competências revogatórias ou de declaração da nulidade de actos ilegais podendo, contudo, a sua violação constituir uma fonte de responsabilidade da administração por prática de acto ilícito, verificados que estejam os seus pressupostos.

SIGLAS USADAS

CA	Contencioso administrativo
CCL	Legislação – Cadernos de Ciência e Legislação
CJA	Cadernos de Justiça Administrativa
CPA	Código do Procedimento administrativo
CRP	Constituição da República Portuguesa
DJAP	Dicionário Jurídico da Administração Pública
RLJ	Revista de Legislação e Jurisprudência

RRA Regime da responsabilidade civil extra-contratual do Estado e demais entidades públicas, aprovado pela Lei n.º 67/2007, de 31 de Dezembro
STA Supremo Tribunal Administrativo

Alterações ao Código do Trabalho: Breves Notas

PATRÍCIA PERESTRELO
SIMÃO DE SANT'ANA
MADALENA CALDEIRA*
Advogados AB

1. Considerações Introdutórias

A Lei n.º 23/2012, de 25 de Junho[1] entrou em vigor no passado dia 1 de Agosto[2], tendo introduzido alterações substanciais no ordenamento jurídico-laboral português. Este diploma veio dar cumprimento aos compromissos assumidos pelo Estado português com a comummente designada *Troika* (FMI, BCE e Comissão Europeia) no chamado Memorando de Entendimento sobre as Condicionalidades de Política Económica (abreviadamente, "MoU"), de 17 de Maio de 2011[3], o qual contém, conforme veremos, exigências específicas quanto a mudanças a introduzir no Código do Trabalho.

---

* Com a colaboração de Manuel Sá Martins, Mestre em Direito e Advogado Estagiário AB.
[1] Esta lei, que procedeu à terceira revisão do nosso Código do Trabalho, passará a ser referida, simplesmente, como "Lei n.º 23/2012".
[2] Sem prejuízo do disposto em matéria de produção de efeitos no artigo 10.º da mesma Lei. Sobre este preceito, vd. Luís MIGUEL MONTEIRO – *Código do Trabalho Anotado* (coord: Pedro ROMANO MARTINEZ), 9.ª ed., Almedina, Coimbra, 2012, p. 99.
[3] Cfr. in *http://www.portugal.gov.pt/media/371372/mou_pt_20110517.pdf*.

Na sequência do MoU, no dia 18 de Janeiro de 2012, foi adoptado em sede de Concertação Social o denominado Compromisso para o Crescimento, Competitividade e Emprego[4], o qual desenvolveu e concretizou as medidas acordadas com a *Troika*. Posteriormente, o Governo apresentou, na Assembleia da República, a Proposta de Lei n.º 46/XII, que veio dar origem à referida Lei n.º 23/2012.

Como resulta da Exposição de Motivos da referida Proposta de Lei, as alterações introduzidas visam sobretudo a modernização do mercado de trabalho e das relações laborais, de modo a contribuir para o aumento da produtividade e da competitividade da economia nacional[5]. São, em boa verdade, claros os desideratos do diploma: "*i) Melhorar a legislação laboral, quer através da sua atualização e sistematização, quer mediante a agilização de procedimentos; ii) Promover a flexibilidade interna das empresas; iii) Promover a contratação colectiva*"[6].

Analisando a Lei n.º 23/2012, torna-se possível identificar três grandes campos de alterações legislativas, a saber: (i) organização do tempo de trabalho; (ii) cessação do contrato de trabalho; e (iii) situações de crise empresarial. A estes acresce um conjunto de outras novidades – em matérias como a fiscalização das condições de trabalho, os prazos de celebração e de duração do contrato a termo de muito curta duração ou a instrução do procedimento disciplinar tendente ao despedimento, entre outras – que, sem prejuízo de não serem abordadas no presente artigo, não deixam de ter relevância no quadro desta alteração legislativa[7].

Com a exposição que se segue tentaremos transmitir uma visão panorâmica desta reforma do Código do Trabalho, por forma a dar um contributo

---

[4] Cfr. in *www.portugal.gov.pt/media/424132/compromisso_crescimento_competitividade_emprego.pdf*.
[5] A este respeito, denota João LEAL AMADO – «O despedimento e a revisão do Código do Trabalho: primeiras notas sobre a Lei n.º 23/2012, de 25 de Junho», in *RLJ*, Ano 141, n.º 3974, Maio-Junho de 2012, p. 297-308, p. 308 e seg., que "*a presente reforma legislativa confirma que este ramo do Direito está cada vez menos centrado no trabalho e na pessoa de quem o presta e cada vez mais na empresa e nos custos que esta tem de suportar*".
[6] Para uma exposição (crítica) sobre o sentido "flexibilizante" das sucessivas revisões da Lei do Trabalho, vd. António MONTEIRO FERNANDES – *Um rumo para as leis laborais*, Almedina, Coimbra, 2002 e António CASIMIRO FERREIRA – *Sociedade da austeridade e direito do trabalho de exceção*, Vida Económica, Lisboa, 2012, p. 109 e segs..
[7] No quadro da presente exposição, não teremos ocasião de nos pronunciarmos sobre estas outras novidades. Não obstante, atento o seu interesse, fica aqui uma sugestão bibliográfica: JOANA VASCONCELOS – «Procedimento para despedimento por facto imputável ao trabalhador», in *RDES*, Ano LIII, N.os 1-2, 2012, p. 163-172.

para a sua análise crítica e compreensão objectiva. Desde já se denota que esta revisão da legislação laboral não deixa de suscitar complexos problemas de interpretação e aplicação prática, pois, em muitas matérias, "caminha-se sobre o fio da navalha" de um eventual juízo de inconstitucionalidade. Feita esta nota introdutória, resta-nos, pois, sem mais demora, principiar a nossa (brevíssima) digressão.

2. Organização do Tempo de Trabalho

Quanto à organização do tempo de trabalho, são de destacar as medidas introduzidas nos regimes jurídicos do banco de horas, do trabalho suplementar e das férias, feriados e faltas. No que concerne ao primeiro, é especialmente relevante a criação/desenvolvimento das figuras do banco de horas individual e do banco de horas grupal; no que respeita ao trabalho suplementar, constata-se a eliminação do descanso compensatório e a redução dos valores pagos a título da respectiva compensação; por fim, salienta-se a eliminação de quatro feriados na enumeração do artigo 234.º do CT, a supressão da majoração de até três dias de férias e a criação de uma nova regra respeitante a faltas injustificadas em dias habitualmente designados como "ponte". De seguida, atentaremos no teor de cada uma destas alterações.

Banco de Horas – O banco de horas é, sumariamente, um instituto jurídico de flexibilização do tempo de trabalho, que permite às empresas ajustar os horários de trabalho dos seus trabalhadores a picos de produção decorrentes da variabilidade dos mercados; esta figura permite, assim, aumentos pontuais da prestação de trabalho (que posteriormente são compensados), sem que tal consubstancie trabalho suplementar[8].

Apesar de este regime já se encontrar previsto no CT de 2009, nos termos do MoU, o Estado Português comprometeu-se a *"preparar um plano de acção para promover a flexibilidade dos tempos de trabalho, incluindo as modalidades que*

---

[8] Vd. CATARINA CARVALHO – «A desarticulação do regime legal do tempo de trabalho», in *Direito do Trabalho + Crise = Crise do Direito do Trabalho?*, Coimbra Editora, Coimbra, 2011, p. 359-406, p. 395 e segs., e António NUNES DE CARVALHO – «Notas sobre o regime do tempo de trabalho na revisão do Código do Trabalho», in *Código do Trabalho – A Revisão de 2009*, Coimbra Editora, Coimbra, 2011, p. 327-379, p. 370 e segs..

permitam a adopção do regime laboral do "banco de horas", por acordo mútuo entre empregadores e trabalhadores negociado ao nível da empresa" (4.6.i)). Tal compromisso foi primeiramente integrado no âmbito do Compromisso para o Crescimento, Competitividade e Emprego (no qual se acordou ainda a criação do banco de horas grupal) e veio, ulteriormente, a ser concretizado no quadro normativo da Lei n.º 23/2012.

Assim, se antes da entrada em vigor desta Lei, só através de regulamentação colectiva era possível instituir um banco de horas (cfr. artigo 208.º do CT, na redacção originária), o novo diploma veio introduzir a possibilidade de criação de bancos de horas por acordo individual entre empregador e trabalhador (cfr. o novo artigo 208.º-A do CT) e transpôs a figura da "adaptabilidade grupal" para este domínio, através do mecanismo do "banco de horas grupal" (cfr. o novo artigo 208.º-B do CT)[9].

Com estas medidas, o legislador terá pretendido dinamizar a flexibilização da organização do tempo de trabalho, na medida em que, até agora, o instituto em causa tem tido escassa aplicação prática. Com efeito, é certo que, por via do princípio da dupla filiação, o banco de horas resultante de instrumento de regulamentação colectiva de trabalho (doravante "IRCT"), que surge previsto no artigo 208.º do CT, obriga apenas o empregador e os trabalhadores ao seu serviço que sejam membros das respectivas associações celebrantes. Ora, não só a generalidade dos IRCT's não prevê o regime do banco de horas[10], como, o mais das vezes, tal instituto só faz sentido se for aplicado à generalidade dos trabalhadores.

O novo artigo 208.º-A, com a epígrafe *"banco de horas individual"*, permite que o regime do banco de horas possa ser instituído por acordo entre o empregador e o trabalhador, mediante proposta, por escrito, do empregador, presumindo-se a aceitação do trabalhador que a ela não se oponha, por escrito,

---

[9] Para uma diferenciação entre as figuras da adaptabilidade e do banco de horas, vd. CATARINA CARVALHO – ob. cit., p. 384 e segs., e António NUNES DE CARVALHO – ob. cit., p. 375.

[10] Em Fevereiro de 2011, o Gabinete de Estratégia e Planeamento do Ministério do Trabalho e da Solidariedade Social apresentou um estudo intitulado *"Emprego, contratação colectiva de trabalho e protecção da mobilidade profissional em Portugal"*, que detectou apenas 3 convenções colectivas de trabalho que prevêem a existência de um banco de horas, num total de 72 convenções analisadas – cfr. documento disponível in *http://www.gep.msss.gov.pt/edicoes/outras/ecctpmpp.pdf*.

nos catorze dias seguintes ao conhecimento da mesma (cfr. n.ºˢ 1 e 2 do artigo 208.º-A e n.º 4 do artigo 205.º do CT).

Nos termos deste preceito, a figura do banco de horas individual está sujeita a limites mais apertados do que os do banco de horas por regulamentação colectiva: o acréscimo de trabalho está limitado a duas horas diárias e cinquenta horas semanais, com um limite anual de cento e cinquenta horas (em contraposição com o banco de horas instituído por IRCT, cujos limites são de quatro, sessenta e duzentas horas, respectivamente – cfr. n.º 1 do artigo 208.º-A e n.º 2 do artigo 208.º).

Por sua vez, o novo artigo 208.º-B do CT prevê o *"banco de horas grupal"*, que possibilita a aplicação do regime do banco de horas aos trabalhadores não abrangidos pelo IRCT que o instituiu ou que não aceitaram a proposta que lhes tenha sido dirigida individualmente pelo empregador[11]. Conforme se referiu *supra*, o banco de horas grupal surge fortemente inspirado na figura da "adaptabilidade grupal" consagrada no artigo 206.º do CT (para o qual, aliás, remete o artigo 208.º-B)[12].

A Lei n.º 23/2012 passou, assim, a prever que o IRCT que institua o regime de banco de horas previsto no artigo 208.º possa admitir que o empregador o aplique ao conjunto dos trabalhadores de uma equipa, secção ou unidade económica quando, pelo menos, 60% dos trabalhadores dessa estrutura sejam abrangidos pelo referido instrumento, por filiação em associação sindical celebrante da convenção e por escolha dessa convenção como aplicável, e enquanto essa percentagem mínima se mantiver (cfr. n.º 1 do artigo 206.º e n.º 1 do artigo 208.º-B).

Paralelamente, o Código do Trabalho prevê agora que, quando a proposta do empregador referente ao banco de horas individual seja aceite por, pelo menos, 75% dos trabalhadores da equipa, secção ou unidade económica a quem for dirigida, o empregador pode aplicar o mesmo regime de banco de

---

[11] Com as limitações previstas no n.º 3 do artigo 208.º-B, referentes a certos grupos de trabalhadores que ficam excluídos da ampliação do âmbito subjectivo do regime do banco de horas.
[12] Esta aparente duplicação do regime da adaptabilidade grupal veicula para o regime do banco de horas as dúvidas que já vinham sendo identificadas no quadro do artigo 206.º do CT. A este respeito, vd. António Nunes de Carvalho – «Notas sobre o art. 206.º do Código do Trabalho (adaptabilidade grupal)», in *Direito do Trabalho + Crise = Crise do Direito do Trabalho?*, Coimbra Editora, Coimbra, 2011, p. 215-250, p. 229 e segs., e Idem – «Tempo de Trabalho», in *RDES*, Ano LIII, N.ºˢ 1-2, 2012, p. 21-51, p. 32 e segs..

horas ao conjunto dos trabalhadores dessa estrutura, enquanto se mantiver essa percentagem (cfr. n.º 3 do artigo 206.º e n.º 2 do artigo 208.º-B)[13].

A respeito do novo regime legal, convém salientar que o Tribunal Constitucional já decidiu, no seu acórdão n.º 338/2010, de 22 de Setembro[14], não serem inconstitucionais as normas relativas à adaptabilidade grupal, com base em argumentos que podem ser transpostos para o banco de horas grupal. Tais argumentos passam, nomeadamente, pela invocação do princípio da igualdade para legitimar a extensão do regime de uma convenção colectiva de trabalho a trabalhadores não sindicalizados (*"Os trabalhadores que operam no quadro de uma mesma empresa ou de um mesmo sector devem estar sujeitos a um mesmo conjunto de condições de trabalho, a menos que haja uma razão válida para assim não suceder"*) e pela existência de interesses gerais dos trabalhadores prevalecentes sobre o repouso e a vida familiar (*"Esses interesses poderão passar, nomeadamente, pela viabilidade económica da empresa e pela consequente manutenção dos postos e das condições de trabalho dos trabalhadores"*).

Não obstante, reconhece-se que o banco de horas grupal, enquanto instrumento de organização dos tempos de trabalho, suscita delicadas questões em matéria de tutela da vida pessoal e familiar do trabalhador[15], sobretudo considerando que este poderá nem sempre ter dado o seu assentimento à aplicação de um tal regime, e poderá não estar sequer vinculado ao mesmo por via do princípio da filiação. Em face do exposto, poderá ser acertada a posição daqueles que defendem, na aplicação do banco de horas grupal, a possibilidade de o trabalhador se opor à prestação de actividade em acréscimo, mediante invocação de "motivo atendível", nos termos do n.º 3 do artigo 227.º do CT[16].

---

[13] IDEM – *Ibidem*, p. 32, refere que, nesta segunda hipótese, embora a lei não o diga expressamente, *"parece indispensável que a formação do acordo ao abrigo do art. 208.º-A tenha resultado de proposta genericamente dirigida aos trabalhadores de certa unidade, desenhando um esquema comum"*.

[14] Publicado em Diário da República, 1ª S. – N.º 216, de 8 de Novembro (Proc. n.º 175/09); http://dre.pt/pdf1sdip/2010/11/21600/0499405031.pdf.

[15] A qual merece tutela constitucional, nos termos da alínea b) do n.º 1 do artigo 59.º da CRP, onde se consagra a necessidade de *"permitir a conciliação da actividade profissional com a vida familiar"*. A propósito desta questão, vd. João LEAL AMADO – *Contrato de Trabalho*, 3.ª ed., Coimbra Editora, Coimbra, 2011, p. 271 e seg..

[16] Vd., neste sentido, António NUNES DE CARVALHO – ob. cit., p. 33 e segs., António MONTEIRO FERNANDES – «As primeiras estações da reforma laboral: tempo de trabalho, tempo de não trabalho, compensação de despedimento», in *RDES*, Ano LIII, N.ºs 1-2, 2012, p. 101-109, p. 103, e Luís MIGUEL MONTEIRO – ob. cit., p. 503.

Antes de concluir esta breve análise ao novo regime do banco de horas, cumpre fazer uma última referência à alteração introduzida na alínea a) do n.º 4 do artigo 208.º do CT, respeitante à compensação do trabalho prestado em acréscimo. A este propósito, na redacção anterior, essa compensação era feita por redução equivalente do tempo de trabalho, pagamento em dinheiro ou ambas as modalidades. Com a terceira revisão do Código do Trabalho, passou também a ser possível a compensação mediante *"aumento do período de férias"* (cfr. subalínea ii) da alínea a) do n.º 4 do artigo 208.º do CT)[17].

Em jeito de balanço: parece resultar que o legislador procurou flexibilizar a adopção do regime do banco de horas, enquanto instrumento de gestão da prestação de trabalho, algo que o poderá tornar, a prazo, numa alternativa interessante ao trabalho suplementar; não obstante, é manifesto que a compatibilização da figura do banco de horas com os preceitos que tutelam o direito ao repouso é uma matéria complexa[18], pelo que, atendendo ao teor das alterações legislativas, será possível antever alguma turbulência jurisprudencial no seio de empresas que, unilateralmente, imponham este regime a alguns dos seus trabalhadores.

Trabalho suplementar – Em termos gerais, em matéria de trabalho suplementar[19], a nova redacção dos artigos 229.º e 230.º do CT veio eliminar o descanso compensatório remunerado em caso de prestação de trabalho suple-

---

[17] A nova formulação tem suscitado alguma perplexidade na doutrina, na medida em que a neutralização do trabalho prestado em acréscimo mediante *"aumento do período de férias"* pouca semelhança terá com o instituto das férias (desde logo, afigura-se que estas "férias" compensatórias não comportam sequer o respectivo subsídio e são diferentes na sua finalidade e no seu regime de gozo). Seria, porventura, mais rigorosa, a qualificação como dispensa da prestação de trabalho, embora sem pagamento de subsídio de refeição. Neste sentido, vd. António NUNES DE CARVALHO – ob. cit., p. 26 e segs., e Luís MIGUEL MONTEIRO – ob. cit., p. 499 e segs..
[18] Vd. sobre este aspecto JÚLIO GOMES – «Nótula sobre o banco de horas no Código do Trabalho de 2009 e o trabalho prestado em dia de descanso obrigatório e em dia feriado», in *RMP*, n.º 125, 2011, p 247-253.
[19] Sobre a figura, e já no quadro da Lei n.º 23/2012, vd. Luís MENEZES LEITÃO – *Direito do Trabalho*, 3.ª ed., Almedina, Coimbra, 2012, p. 267 e segs., Maria do ROSÁRIO RAMALHO – *Tratado de Direito do Trabalho. Parte II – Situações Laborais Individuais*, 4.ª ed., Almedina, Coimbra, 2012, p. 495 e segs., e António MONTEIRO FERNANDES – *Direito do Trabalho*, 16.ª ed., Almedina, Coimbra, 2012, p. 306 e segs..

mentar em dia útil, em dia de descanso semanal complementar ou em dia feriado. Nestes termos, a partir da entrada em vigor desta alteração, apenas confere direito a descanso compensatório o trabalho suplementar que seja impeditivo do gozo do descanso diário (cfr. n.º 3 do artigo 229.º do CT) e aquele que seja prestado em dia de descanso semanal obrigatório (cfr. n.º 4 do artigo 229.º do CT).

Simultaneamente, foi reduzido para metade o acréscimo (sobre o valor da retribuição horária) devido ao trabalhador que preste trabalho suplementar, nos termos do n.º 1 do artigo 268.º do CT: para o trabalho suplementar prestado em dia útil, o acréscimo passou de 50% do valor da retribuição horária para 25% na primeira hora ou fracção desta, e de 75% para 37,5% em cada hora ou fracção subsequente; por sua vez, o montante do acréscimo devido por trabalho prestado em dia de descanso semanal (obrigatório ou complementar) passou de 100% para 50%[20]. Esta alteração havia já sido contemplada no MoU (4.6.ii).

Porventura, a questão mais complexa em matéria de alterações ao regime do trabalho suplementar prende-se com o regime transitório imposto relativamente às convenções colectivas, constante do artigo 7.º da Lei n.º 23/2012[21]. Como decorre deste preceito, determina-se a *"nulidade"* das disposições de

---

[20] Esta alteração suscita algumas questões quanto ao regime da isenção do horário de trabalho, na medida em que o montante destes acréscimos serve de parâmetro para a definição do subsídio de isenção do horário de trabalho. A este respeito, e com a opinião de que o novo regime do artigo 268.º do CT não se projecta directamente no montante dos subsídios de isenção de horário de trabalho praticados à data da entrada em vigor da Lei n.º 23/2012, António MONTEIRO FERNANDES – «As primeiras estações da reforma laboral...», ob. cit., p. 105, nota 4 e António NUNES DE CARVALHO – ob. cit., p. 42 e segs.. Este último autor considera, apesar de tudo, que quando uma convenção colectiva ou uma cláusula negocial se limitem a remeter – para efeitos de determinação do montante do subsídio por isenção de horário de trabalho – para o valor da hora de trabalho suplementar, haverá que determinar se tal remissão é estática ou dinâmica. Ou seja, haverá casos em que as normas remissivas incorporam o critério de retribuição do trabalho suplementar, como mero facto, na regulação do montante do subsídio de isenção do horário de trabalho (remissão estática) e casos em que as normas remissivas tomam o regime do trabalho suplementar como verdadeiro critério normativo, válido imediatamente para a definição do subsídio de isenção de horário de trabalho (remissão dinâmica). Trata-se, no fundo, de um problema de interpretação casuística da norma remissiva, pelo que haverá que avaliar em cada situação.

[21] A respeito deste regime transitório, vd. Luís GONÇALVES DA SILVA – *Código do Trabalho Anotado* (coord: Pedro ROMANO MARTINEZ), 9.ª ed., Almedina, Coimbra, 2012, p. 95 e segs..

IRCT e das cláusulas de contratos de trabalho celebrados antes da entrada em vigor desta reforma legislativa que disponham sobre descanso compensatório por trabalho suplementar prestado em dia útil, em dia de descanso semanal complementar ou em dia feriado (cfr. n.º 2 do artigo 7.º da Lei n.º 23/2012); e ficam suspensos por dois anos os acréscimos de pagamento do trabalho suplementar superiores aos estabelecidos pelo CT (cfr. n.º 4 do artigo 7.º da Lei n.º 23/2012).

No que toca à *"nulidade"* prevista no supradito n.º 2 do artigo 7.º, esta parece ser uma solução legal tecnicamente criticável. Com efeito, e atendendo à natureza deste instituto jurídico, não podemos dizer que se trata aqui de uma qualquer nulidade, sob pena de estarmos a advogar que o legislador pretendeu, por esta via, derrogar, com eficácia retroactiva, disposições de convenções colectivas de trabalho celebradas antes da entrada em vigor da nova Lei – convenções essas que, aquando da sua entrada em vigor eram perfeitamente válidas[22]. Cremos, pois, que será de interpretar correctivamente a letra da lei, de forma a aplicar ao caso os regimes da caducidade por impossibilidade legal superveniente (quanto às estipulações contratuais) e da perda ou cessação de eficácia (*ex nunc*) por revogação legal (quanto aos IRCT's)[23].

A aplicação deste n.º 2 do artigo 7.º poderá mostrar-se particularmente complexa nos casos em que as convenções colectivas tenham alterado o equilíbrio entre o descanso compensatório e a retribuição do trabalho suplementar (ex: aumentando o primeiro e reduzindo a segunda, nos termos dos anteriores n.º 6 do artigo 229.º e n.º 3 do artigo 268.º do CT). Nestes casos, deve considerar-se que a cessação de vigência da disposição mais favorável ao trabalhador (como seja a que prevê um maior descanso compensatório) acarreta, também, a desaplicação da estipulação menos favorável (mormente a que prevê um menor acréscimo retributivo)[24].

---

[22] Sobre o conceito de "nulidade", vd. Carlos Alberto da Mota Pinto – *Teoria Geral do Direito Civil*, 4.ª ed. (2.ª reimp.), Coimbra Editora, Coimbra, 2012, p. 619 e segs.: "[o] negócio nulo não produz, desde o início (*ab initio*), por força da falta ou vício de um elemento interno ou formativo, os efeitos a que tendia".

[23] Vd. quanto a este ponto António Nunes de Carvalho – ob. cit., p. 37 e segs., e António Monteiro Fernandes – ob. cit., p. 105. Em sede de discussão parlamentar, na especialidade, foi inclusive discutida a bondade constitucional desta norma, quando declara nulas aquelas disposições de IRCT's..

[24] Vd., neste sentido, António Nunes de Carvalho – ob. cit., p. 38.

Apesar de tudo, não deixa de notar-se que o legislador instituiu a prevalência do novo regime legal de descanso compensatório apenas relativamente a disposições pretéritas, parecendo daí resultar que a restrição à autonomia colectiva tem um âmbito temporal circunscrito apenas à autonomia já exercida, nada impedindo que os parceiros sociais ou as partes do contrato de trabalho instituam, por convénio colectivo ou acordo individual, descanso compensatório por trabalho suplementar[25].

Centrando-nos agora na suspensão, por dois anos, dos acréscimos de pagamento do trabalho suplementar superiores aos estabelecidos agora pelo CT, constatamos que, de acordo com o n.º 5 do artigo 7.º da Lei n.º 23/2012, decorrido o prazo previsto no n.º 4, sem que as referidas disposições ou cláusulas tenham sido alteradas, *"os montantes por elas previstos são reduzidos para metade, não podendo, porém, ser inferiores aos estabelecidos pelo Código do Trabalho"*.

Ora, na medida em que este n.º 5 do artigo 7.º opera uma interferência directa no equilíbrio definido pelas partes em sede de autonomia colectiva (*"... são reduzidos para metade..."*), levantam-se dúvidas legítimas quanto à sua conformidade com a "reserva de contratação colectiva" que resulta dos n.ºs 3 e 4 do artigo 56.º da Constituição e da Convenção n.º 98 da OIT[26].

Não obstante, permanecem intactas, quer a possibilidade de o empregador, querendo/a título de liberalidade, continuar a pagar o trabalho suplementar em conformidade com os acréscimos anteriormente consagrados, quer a possibilidade de novos IRCT's estabelecerem acréscimos por prestação de trabalho suplementar superiores aos legalmente fixados[27].

---

[25] Sobre esta questão, vd. Francisco LIBERAL FERNANDES – *O Tempo de Trabalho*, Coimbra Editora, Coimbra, 2012, p. 269 e seg., António NUNES DE CARVALHO – ob. cit., p. 38 e seg., Luís MIGUEL MONTEIRO – ob. cit., p. 545, Maria do ROSÁRIO RAMALHO – ob. cit., p. 502, e António MONTEIRO FERNANDES – *Direito do Trabalho...*, ob. cit., p. 313. Em boa verdade, como salienta este último autor, "[n]ada impede (hoje como ontem) que, por decisão do empregador, sejam praticados acréscimos remuneratórios mais elevados ou concedidos descansos compensatórios em casos não contemplados pela lei".

[26] Assim, vd. António NUNES DE CARVALHO – ob. cit., p. 40.

[27] Vd. JOANA VASCONCELOS – *Código do Trabalho Anotado* (coord: Pedro ROMANO MARTINEZ), 9.ª ed., Almedina, Coimbra, 2012, p. 604 e Luís GONÇALVES DA SILVA – ob. cit., p. 97. No entanto, já é duvidoso que possam valer estipulações individuais em sentido diferente, em face da conjugação do disposto no artigo 268.º, n.º 3 com o artigo 3.º, n.º 5 do CT. Assim, vd. António MONTEIRO FERNANDES – ob. cit., p. 313, nota 1.

Analisando a abordagem da Lei n.º 23/2012 ao trabalho suplementar, reconhecemos que foram diminuídos os direitos do trabalhador, ao nível do descanso compensatório e da majoração retributiva, pelo que o empregador poderá sentir-se mais tentado a utilizar tal instituto, já que o mesmo implicará menos custos do que anteriormente. No entanto, não deixamos de notar que tal opção legislativa poderá ser tida como contraproducente numa óptica de política de emprego, visto que, como bem denota LEAL AMADO, *"em lugar de criar mais postos de trabalho e de contratar novos trabalhadores, assim reduzindo o desemprego, estas soluções legais estimulam o empregador a sobreutilizar os trabalhadores já contratados"*[28].

Férias, Feriados e Faltas – Entre as alterações introduzidas em matéria de férias, convém destacar a eliminação da majoração de até três dias por ano com base na assiduidade, anteriormente prevista no n.º 3 do artigo 238.º do CT. Esta medida obedece, naturalmente, a motivações de natureza económica, designadamente o aumento dos níveis de produtividade, por via do acréscimo do número de horas de trabalho. A medida reflecte ainda uma alteração de paradigma, em que se passa, conforme se verá, do anterior esquema de incentivos à assiduidade, para uma maior prevenção e penalização do absentismo[29].

Nos termos do n.º 3 do artigo 7.º da Lei n.º 23/2012, esta alteração tem carácter imperativo em relação às disposições constantes de IRCT ou cláusulas de contratos de trabalho posteriores a 1 de Dezembro de 2003 e anteriores à entrada em vigor da nova Lei, as quais *"são reduzidas em montante equivalente até três dias"*. Não obstante, considerando que o novo regime parece ter em vista apenas os acréscimos do período de férias que visem compensar elevados níveis de assiduidade, será de crer que o período de férias com extensão superior à legal, fixado por IRTC, e sem relação com a assiduidade do trabalhador (mas consumindo o acréscimo que, nos termos da Lei anterior, decor-

---

[28] Vd. João LEAL AMADO – «O despedimento e a revisão do Código do Trabalho...», ob. cit., p. 301.
[29] Vd. Teresa TEIXEIRA MOTTA – «Férias, Feriados e Faltas», in *RDES*, Ano LIII, N.os 1-2, 2012, p. 53-63, p. 63.

ria desse cumprimento pontual), não é prejudicado pela regra decorrente do n.º 3 do artigo 7.º da Lei n.º 23/2012[30].

Destacamos ainda a nova possibilidade de encerramento da empresa para férias dos trabalhadores em dias de "ponte" (dia que esteja entre um feriado que ocorra à terça-feira ou quinta-feira e um dia de descanso semanal), nos termos da nova redacção da alínea b) do n.º 2 do artigo 242.º do CT. Para tanto, o empregador deve informar os trabalhadores abrangidos do encerramento a efectuar no ano seguinte até ao dia 15 de Dezembro do ano anterior. Neste caso, o encerramento da empresa ou do estabelecimento para férias determina o respectivo desconto no período de férias do trabalhador[31] ou mesmo a prestação de actividade fora do horário de trabalho noutros dias (para recuperação do trabalho perdido), sem que a mesma seja considerada trabalho suplementar (cfr. alínea g) do n.º 3 do artigo 226.º e alínea b) do n.º 2 do artigo 242.º do CT).

Completando a incursão pelas alterações em matéria de férias, é ainda de referir que foi alterado o disposto no artigo 238.º do CT, introduzindo-se um novo n.º 3 nos termos do qual *"caso os dias de descanso do trabalhador coincidam com dias úteis, são considerados para efeitos do cálculo dos dias de férias, em substituição daqueles, os sábados e os domingos que não sejam feriados"*. Assim, no cômputo dos dias de férias de trabalhadores cujos dias de descanso não sejam o sábado e o domingo, serão estes tidos em conta como se de dias úteis se tratassem[32].

Já no que concerne aos feriados, a nova Lei procede à eliminação de quatro feriados: o Corpo de Deus, 5 de Outubro, 1 de Novembro e 1 de Dezembro. Por esta via, o número de feriados obrigatórios foi reduzido de treze para nove: 1 de Janeiro, Sexta-Feira Santa, Domingo de Páscoa, 25 de Abril, 1 de Maio, 10 de Junho, 15 de Agosto, 8 e 25 de Dezembro. Esta alteração, nos termos

---

[30] Vd. neste sentido Luís MIGUEL MONTEIRO – ob. cit., p. 560 e seg.. Este autor oferece o seguinte exemplo: *"não deverá ser reduzido o período de 25 dias úteis de férias estipulado em regulamentação colectiva, cujo regime se limita a indicar que não lhe acresce qualquer dia de férias por efeito da assiduidade do trabalhador"*. E veja-se, o que constava a este propósito da Exposição de Motivos da Proposta de Lei n.º 46/XII.

[31] António MONTEIRO FERNANDES – «As primeiras estações da reforma laboral...», ob. cit., p. 104, considera que se deveria reconsiderar esta ideia de que o tempo de suspensão de actividade, decidida pelo empregador, pode ser qualificado como "tempo de férias", já que este último conceito não se coaduna bem com a ideia de imposição unilateral da entidade patronal.

[32] Vd., sobre esta norma, Teresa TEIXEIRA MOTTA – ob. cit., p. 57 e seg..

do n.º 1 do artigo 10.º da Lei n.º 23/2012, entrou em vigor no dia 1 de Janeiro de 2013.

Os direitos dos trabalhadores foram também reduzidos no quadro da prestação de trabalho normal em dia feriado em empresa não obrigada a suspender o funcionamento nesse dia; neste caso, ao abrigo da Lei anterior, o trabalhador tinha direito a descanso compensatório de igual duração ou a acréscimo de 100% da retribuição correspondente; agora, tem direito a descanso compensatório com duração de metade do número de horas prestadas ou a acréscimo de 50% da retribuição correspondente (cfr. artigo 269.º do CT). Nos termos do disposto na alínea b) do n.º 4 do artigo 7.º da Lei n.º 23/2012, ficam suspensas durante dois anos as disposições de IRTC's e as cláusulas de contratos de trabalho que disponham sobre esta matéria.

Finalmente, no que tange ao regime das faltas, foi aditado um novo n.º 3 ao artigo 256.º do CT, que passa a dispor que em caso de falta injustificada a um ou meio período normal de trabalho diário, imediatamente anterior ou posterior a dia ou meio-dia de descanso ou a feriado, *"o período de ausência a considerar para efeitos da perda de retribuição prevista no n.º 1 abrange os dias ou meios-dias de descanso ou feriados imediatamente anteriores ou posteriores ao dia de falta"*. Esta é uma medida que visa, obviamente, desincentivar as faltas em dia de "ponte"; nos termos da nova Lei, o trabalhador que falte à segunda ou sexta-feira ou em dia anterior ou posterior a feriado verá serem contabilizados, para efeitos de perda de retribuição, o dia da falta injustificada, bem como o dia de descanso ou feriado contíguo[33].

No entanto, e como nota MONTEIRO FERNANDES, se o objectivo desta alteração legislativa é combater o absentismo e se o absentismo português é, na quase totalidade, integrado por faltas justificadas (doenças profissionais e não profissionais e "outras causas" ultrapassam 95% do total), o mero agravamento da penalização das faltas injustificadas pode acabar por "falhar o alvo"[34].

---

[33] Vd., a este propósito, Teresa TEIXEIRA MOTTA – ob. cit., p. 60 e segs.. Esta autora constata que esta medida corresponde não a uma inovação, mas antes à reintrodução no ordenamento jurídico-laboral português de uma norma que constava já da Lei das Férias, Feriados e Faltas (cfr. n.º 2 do artigo 27.º da LFFF, na redacção introduzida pelo Decreto-Lei n.º 397/91, de 16 de Outubro) e que o Código de 2003 "deixou cair".

[34] Vd. António MONTEIRO FERNANDES – ob. cit., p. 104.

3. Cessação do contrato de trabalho

A matéria da cessação do contrato de trabalho viu feita a sua revisão – esperada – nesta alteração legislativa e, no entanto, à data em que se escreve, antevê-se já a nova mudança no que aos valores compensatórios respeita, limitando, afinal, qualquer conclusão que nos propuséssemos alcançar.

Trata-se, claro, de matéria de particular relevância prática no quadro da actual crise económico-financeira, a qual regista níveis de desemprego sem precedentes. Esta questão ocupa os pontos do MoU (4.3, 4.4 e 4.5) dedicados às questões da compensação por cessação do contrato de trabalho e à da conceptualização dos próprios despedimentos. Neste âmbito, o Governo Português assumiu o compromisso de *"efectuar reformas no sistema de protecção do emprego com o objectivo de combater a segmentação do mercado de trabalho, promover a criação de emprego e facilitar os ajustamentos no mercado de trabalho"*, tendo o Executivo acabado por fazer reflectir as alterações legislativas acordadas com a *Troika* na supradita Proposta de Lei n.º 46/XII e, consequentemente, no texto final da Lei n.º 23/2012.

Neste quadro, salienta-se que as alterações introduzidas em sede de despedimento por inadaptação foram profundas. Como é consabido, o despedimento por inadaptação, desde que surgiu em 1991, por via do Decreto-Lei n.º 400/91, de 16 de Outubro, não teve praticamente aplicação prática, atento o grau de exigência dos seus requisitos[35]. Ora, com a revisão do Código do Trabalho aqui em análise, pretendeu-se alterar esta situação, tendo sido criada uma nova modalidade de inadaptação, a par daquela que depende da necessidade de terem ocorrido modificações no posto de trabalho.

Já no que respeita ao despedimento por extinção do posto de trabalho, merece destaque a eliminação de alguns dos pressupostos que anteriormente vigoravam, atinentes à selecção do posto de trabalho a extinguir, escolha do trabalhador atingido pela extinção do posto de trabalho e verificação da (in)existência de posto de trabalho compatível.

---

[35] Vd. Pedro ROMANO MARTINEZ – «O Código do Trabalho e a reforma de 2012. Apreciação geral», in *RDES*, Ano LIII, N.ᵒˢ 1-2, 2012, p. 9-19, p. 16 e IDEM – *Código do Trabalho Anotado* (coord: Pedro ROMANO MARTINEZ), 9.ª ed., Almedina, Coimbra, 2012, p. 793.

Finalmente, não deixaremos de fazer referência à redefinição quantitativa das compensações devidas pelo empregador em caso de cessação do contrato de trabalho por causas objectivas, na medida em que deixou de fixar-se a compensação em um mês de retribuição base e diuturnidades por cada ano de antiguidade, passando a calcular-se o valor da compensação com base em 20 dias por cada ano de antiguidade[36]. Denota-se, desde já, que esta medida, devido ao seu regime transitório, se afigura como uma alteração tecnicamente complexa.

Feita esta nota introdutória, atentemos, pois, nos supraditos elementos da reforma do Código do Trabalho introduzida pela Lei n.º 23/2012 referentes à cessação do contrato de trabalho.

Despedimento por inadaptação – Nos termos do artigo 373.º do CT, *"considera-se despedimento por inadaptação a cessação de contrato de trabalho promovida pelo empregador e fundamentada em inadaptação superveniente do trabalhador ao posto de trabalho"*[37]. A este respeito, o artigo 374.º do CT explicita que a inadaptação do trabalhador pode verificar-se em caso de: (i) redução continuada de produtividade ou de qualidade; (ii) avarias repetidas nos meios afectos ao posto de trabalho; ou (iii) risco para a segurança e saúde do trabalhador, de outros trabalhadores ou de terceiros; quando alguma destas situações seja determinada pelo modo de exercício de funções do trabalhador e torne praticamente impossível a subsistência da relação de trabalho (cfr. n.º 1 do artigo 374.º do CT)[38].

---

[36] Denote-se que o MoU não se fica por aqui. Conforme resulta do ponto 4.4.iii deste documento, o Governo deverá apresentar uma proposta com o objectivo de alinhar o nível de compensações por cessação de contrato de trabalho com o nível médio da UE. Ora, segundo notícias já divulgadas, o Executivo tenciona apresentar aos Parceiros Sociais uma proposta para reduzir os actuais 20 dias por cada ano de antiguidade para 12 dias – o tema segue em discussão.

[37] Sobre a figura, vd. Júlio Gomes – *Direito do Trabalho*, Vol. I, Coimbra Editora, Coimbra, 2007, p. 997 e segs., Pedro Romano Martinez – *Direito do Trabalho*, 5.ª ed., Almedina, Coimbra, 2010, p. 1075 e segs., e, fazendo alusão ao regime de 2012, Pedro Furtado Martins – *Cessação do Contrato de Trabalho*, 3.ª ed., Principia, Lisboa, 2012, p. 372 e segs., Luís Menezes Leitão – ob. cit., p. 400 e segs., Maria do Rosário Ramalho – ob. cit., p. 913 e segs., e António Monteiro Fernandes – *Direito do Trabalho...*, ob. cit., p. 514 e segs..

[38] Denote-se que, para os trabalhadores afectos a cargos de complexidade técnica ou de direcção, a lei prevê um regime próprio em sede de inadaptação (cfr. a este propósito os artigos 374.º, n.º 2 e 375.º, n.º 3 do CT).

À luz da redacção originária do artigo 375.º, n.º 1 do CT, e para a generalidade dos trabalhadores, o despedimento por inadaptação dependia da verificação cumulativa dos seguintes requisitos: (i) era necessário que, nos seis meses anteriores, tivessem sido introduzidas modificações no posto de trabalho resultantes de alterações nos processos de fabrico, de novas tecnologias ou de equipamentos baseados em diferente ou mais complexa tecnologia; (ii) exigia-se que tivesse sido ministrada ao trabalhador acção de formação profissional adequada às modificações introduzidas no posto de trabalho; (iii) depois de ministrada a formação, deveria ter sido facultado ao trabalhador um período de adaptação não inferior a trinta dias; (iv) não poderia existir na empresa outro posto de trabalho disponível compatível com a qualificação e a aptidão do trabalhador; e (v) a inadaptação não poderia decorrer de falta de condições de segurança, higiene e saúde no trabalho imputável ao empregador. Como facilmente se depreende, e como já referido anteriormente, dada a exigência dos seus requisitos esta figura sempre teve uma aplicabilidade marginal.

Ora, nos termos em que se encontrava consagrada na lei, a inadaptação do trabalhador não poderia corresponder a uma qualquer situação de inaptidão superveniente do trabalhador, resultante por exemplo de perdas de faculdades profissionais deste[39]. De facto, a inadaptação apenas se verificava quando tivessem sido introduzidas modificações no posto de trabalho (novos processos de fabrico, novas tecnologias ou novos equipamentos baseados em diferente tecnologia) e o trabalhador não conseguisse adaptar-se (reduzia a produtividade ou a qualidade da sua prestação, provocava avarias repetidas, criava riscos para si e para os outros).

Por contraste, com a reforma laboral em análise, o conceito legal de inadaptação dilata-se, passando a abranger não apenas as hipóteses de verdadeira e própria inadaptação mas também os casos de autêntica *"inaptidão profissional subjectiva"*, ou seja, casos em que não existem modificações no posto de trabalho, mas em que se regista uma alteração substancial da prestação realizada

---

[39] Vd. JORGE LEITE – *Direito do Trabalho*, Vol. II, Serviços Sociais da Universidade de Coimbra, Coimbra, 2004, p. 226.

(*maxime* com redução continuada da produtividade/qualidade com carácter definitivo)[40].

Assim sendo, e como resulta da nova redacção do artigo 375.º do CT, passaram a existir dois tipos de inadaptação: a inadaptação no sentido tradicional, que decorre de terem sido introduzidas modificações no posto de trabalho e que continua configurada no n.º 1 do referido preceito (o seu regime jurídico foi mantido, com algumas adaptações ao nível de prazos e de comunicações); e uma "nova" inadaptação – que alguns autores designam por inaptidão/ineptidão – em que ocorre uma modificação substancial da prestação do trabalhador, independentemente de terem sido introduzidas alterações do posto de trabalho[41].

Note-se que, neste segundo caso, a modificação substancial da prestação de trabalho não se funda num comportamento culposo do trabalhador, pois, caso contrário, o empregador poderia recorrer ao despedimento por facto imputável ao trabalhador. Os requisitos (cumulativos) deste novo "*despedimento por inaptidão*"[42] encontram-se estabelecidos no novo n.º 2 do artigo 375.º do CT: (i) degradação substancial da prestação realizada pelo trabalhador, determinada pelo modo do exercício das funções e com carácter presumivelmente definitivo; (ii) informação escrita do empregador ao trabalhador, demonstrativa de modificação substancial da prestação; (iii) possibilidade de o trabalhador se pronunciar por escrito em prazo não inferior a cinco dias úteis; (iv) emissão, por escrito, pelo empregador, de ordens e instruções adequadas respeitantes à execução do trabalho, com o intuito de a corrigir; (v) prestação de formação profissional adequada ao trabalhador, por autoridade competente ou entidade formadora certificada; e (vi) concessão de um período de adaptação "pós instruções correctivas" de, pelo menos, 30 dias.

Trata-se aqui, em boa verdade, de uma adulteração da figura do despedimento por inadaptação, a qual passa a poder estar desligada da introdução de quaisquer modificações no posto de trabalho e a basear-se em situações

---

[40] Vd. João LEAL AMADO – «O despedimento e a revisão do Código do Trabalho...», ob. cit., p. 305.
[41] Assim, vd. Pedro ROMANO MARTINEZ – «O Código do Trabalho e a reforma de 2012...», ob. cit., p. 16.
[42] Emprega esta expressão João LEAL AMADO – ob. cit., loc. cit..

de mera redução das aptidões ou do desempenho do trabalhador, sem que estas lhe sejam imputáveis a título de culpa, nem disciplinarmente relevantes.

Ora, esta solução merece algumas reservas, na medida em que será discutível, à luz do artigo 53.º da Constituição da República Portuguesa, que possa tolerar-se uma (nova) forma de cessação do contrato de trabalho, com esta configuração, situada a meio caminho entre o despedimento por causas objectivas e o despedimento por causas subjectivas. Como já consideram alguns autores, pode estar aqui em causa uma eventual situação de inconstitucionalidade[43].

Acresce que a alínea d) do n.º 1 do artigo 375.º do CT, que requeria a inexistência na empresa de outro posto de trabalho disponível e compatível com a qualificação profissional do trabalhador como condição legitimadora do despedimento por inadaptação, foi revogada pela Lei n.º 23/2012. Também esta alteração deve ser encarada com algumas reservas, na medida em que o artigo 53.º da Constituição proíbe *"os despedimentos sem justa causa"* e a noção de *"justa causa"* incorpora a ideia de que haja uma situação de impossibilidade prática do prosseguimento das relações de trabalho[44]. Assim sendo, poder-se-á questionar se a supressão do ónus de ocupação substitutiva, com a revogação da alínea d) do n.º 1 do artigo 375.º do CT, não choca efectivamente com o referido preceito constitucional[45].

Merece ainda registo que, para os trabalhadores afectos a cargos de complexidade técnica ou de direcção, continua a aplicar-se o n.º 2 do artigo 374.º do CT (a inadaptação verifica-se *"quando não se cumpram os objectivos previamente acordados, por escrito, em consequência do seu modo de exercício de funções e seja praticamente impossível a subsistência da relação de trabalho"*), mas o n.º 3 do artigo 375.º esclarece agora que o incumprimento dos objectivos tanto pode levar a um despedimento por inadaptação no sentido "tradicional", em que tenham sido introduzidos novos processos de fabrico/tecnologias [cfr. al. a)], como a

---

[43] Vd., a este propósito, João LEAL AMADO – ob. cit., loc. cit..

[44] Vd. António MONTEIRO FERNANDES – «A justa causa de despedimento na Constituição e na lei. Ensaio em torno de um tema antigo», in *Prontuário de Direito do Trabalho*, CEJ, n.º 87, 2010, p. 219-249.

[45] Num artigo publicado na p. 31 da edição do jornal *Público* de 21-11-2011, intitulado "A *austeridade laboral segundo a troika*", António MONTEIRO FERNANDES considerou mesmo que *"a eliminação do encargo de procurar ocupação viável para o trabalhador em risco de despedimento (...) trata-se de uma directriz manifestamente inconstitucional"*.

um "*despedimento por inaptidão/ineptidão*", em que tais modificações no posto não tenham ocorrido [cfr. al. b)].

Finalmente, saliente-se um aspecto atinente ao procedimento a cumprir para levar a cabo um despedimento por inadaptação: é que embora este continue a ser complexo e exigente para a entidade empregadora (cfr. artigos 375.º a 379.º do CT), a verdade é que a Lei n.º 23/2012 introduziu, através do artigo 379.º, n.º 2, do CT, uma espécie de "via verde" para o despedimento por inadaptação, ao conferir ao trabalhador a faculdade de denunciar ele próprio o contrato, mantendo o direito à respectiva compensação, mal receba das mãos do empregador a comunicação prevista na al. b) do n.º 2 do artigo 375.º – informação escrita da apreciação da actividade antes prestada, com descrição circunstanciada dos factos, demonstrativa de modificação substancial da prestação do trabalhador.

Despedimento por extinção de posto de trabalho[46] – As modificações introduzidas pela Lei n.º 23/2012 no regime jurídico do despedimento por extinção do posto de trabalho foram diversas[47], embora seja de assinalar, sobretudo, a eliminação de dois condicionalismos que a lei antes impunha ao empregador: (i) o respeito pelos critérios de antiguidade em relação ao posto de trabalho a extinguir, em caso de pluralidade de postos de trabalho de conteúdo funcional idêntico; e (ii) a impossibilidade de transferência do trabalhador para outro posto de trabalho compatível, por inexistente, como condição demonstrativa da impossibilidade de subsistência da relação laboral.

Com efeito, nos termos da nova redacção do n.º 2 do artigo 368.º do CT, caberá ao empregador determinar livremente o concreto posto de trabalho a extinguir (e, portanto, o concreto trabalhador a despedir), embora aquele deva definir *"critérios relevantes e não discriminatórios face aos objectivos subjacentes à extinção do posto de trabalho"*. Esta alteração provém, mais uma vez, dos compro-

---

[46] Sobre a figura, vd. Pedro ROMANO MARTINEZ – *Direito do Trabalho...*, ob. cit., p. 1072 e segs. e, fazendo alusão ao regime de 2012, Pedro FURTADO MARTINS – ob. cit., p. 286 e segs., Luís MENEZES LEITÃO – ob. cit., p. 397 e segs., e MARIA DO ROSÁRIO RAMALHO – ob. cit., p. 897 e segs..

[47] Foram alterados, mais concretamente, os n.º 2 e 4 do artigo 368.º, a alínea c) do n.º 1 do artigo 369.º, os n.º 1 e 2 do artigo 370.º, as alíneas b) e c), do n.º 2 e os n.ºs 5 e 6 do artigo 371.º e o artigo 372.º do CT.

missos assumidos pelo Governo Português com a *Troika*, pois, como consta do ponto 4.5.ii do MoU, ficou aí acordado que *"os despedimentos individuais associados à extinção do posto de trabalho não devem necessariamente seguir uma ordem pré-estabelecida de antiguidade, se mais do que um trabalhador estiver destinado a funções idênticas (art.º 368 do Código do Trabalho). A ordem pré-definida de antiguidade não é necessária desde que o empregador estabeleça um critério alternativo relevante e não discriminatório (semelhante ao já existente no caso dos despedimentos colectivos)"*[48].

A respeito deste novo regime, diz-nos FURTADO MARTINS que *"no essencial, as regras neste domínio passaram a ser iguais às do despedimento colectivo, facultando-se ao empregador uma ampla margem de actuação, podendo basear a escolha numa multiplicidade de factores, desde que estes sejam lícitos e congruentes com os motivos do despedimento"*[49]. Ou seja, o legislador confere maior liberdade ao empregador, permitindo-lhe escolher critério(s) – relevante(s) e não discriminatório(s) – na selecção do posto de trabalho a extinguir, mas esta liberdade tem um preço, pois passa a recair, também, sobre o empregador o ónus de demonstrar a *relevância* (e não discriminação) do(s) critério(s) elegido(s) para o efeito de extinção do posto de trabalho.

A segunda alteração, igualmente significativa, ao regime do despedimento por extinção do posto de trabalho consta da nova redacção do n.º 4 do artigo 368.º do CT, nos termos da qual *"uma vez extinto o posto de trabalho, considera-se que a subsistência da relação de trabalho é praticamente impossível quando o empregador demonstre ter observado critérios relevantes e não discriminatórios face aos objetivos subjacentes à extinção do posto de trabalho"*[50].

---

[48] Poder-se-á ainda fazer uma breve referência ao que consta, a este respeito, da Exposição de Motivos da Proposta de Lei n.º 46/XII, nos termos da qual "[a] *obrigatoriedade de aplicação de um critério legal rígido para a seleção do posto de trabalho a extinguir, em caso de pluralidade de postos de trabalho com conteúdo funcional idêntico, mostra-se inadequada à prossecução dos objetivos visados por este tipo de despedimento, impondo à empresa uma solução que poderá não ser a mais ajustada às suas necessidades e às dos trabalhadores*".

[49] Vd. Pedro FURTADO MARTINS – «Alterações ao Regime do Despedimento por Extinção de Posto de Trabalho», in *RDES*, Ano LIII, N.ºˢ 1-2, 2012, p. 173-184, p. 178. Este Autor esclarece ainda que, no que concerne à obrigação de não discriminação, *"nada obsta a que sejam ponderados factores ligados à pessoa do trabalhador, como sejam as respectivas habilitações ou a avaliação do desempenho, desde que tais factores constituam os critérios de selecção e não as razões determinantes do despedimento"*.

[50] Esta alteração é também o corolário das obrigações assumidas no MoU, pois, como ficou determinado no ponto 4.5.iii. deste documento, os despedimentos individuais por extinção

Nos termos da nova redacção, a comprovação da impossibilidade da subsistência da relação de trabalho passa a resumir-se à demonstração pelo empregador que os critérios por ele escolhidos para seleccionar o trabalhador a despedir cumprem as exigências legais (cfr. n.º 2 do artigo 368.º do CT). Tal significa, pelo menos na decorrência literal da nova previsão legal, que a manutenção do vínculo pode considerar-se impossível, mesmo quando exista na empresa um posto de trabalho susceptível de ser ocupado pelo mesmo trabalhador. Haverá, no entanto, porventura que ter em atenção, em conjugação com os princípios constitucionais, a previsão do MoU segundo a qual existindo postos de trabalho compatíveis os despedimentos devem ser evitados.

A este propósito, aliás, refere MONTEIRO FERNANDES que *"o legislador ordinário não é livre de estabelecer uma narrativa própria, em conformidade com a política legislativa do momento, acerca do que "seja" ou possa "considerar-se" impossibilidade prática do prosseguimento da relação de trabalho. Não pode, em suma, declarar impossível esse prosseguimento, quando ele é possível..."*[51]. Também aqui podem levantar-se dúvidas quanto à compatibilidade desta norma – que se traduz, no fundo, numa subjectivação do despedimento por extinção do posto de trabalho – com o grau mínimo de objectividade e de certeza que a nossa Lei Fundamental exige para a admissibilidade do despedimento individual por causas ditas "objectivas"[52].

Como refere BERNARDO XAVIER, *"não seria conforme com a Constituição um regime legal que prescindisse das hipóteses de encontrar medidas alternativas, de tutela aos trabalhadores com compensações adequadas, ou que desprezasse o controlo das decisões empresariais no sentido da rutura"*[53]. Por isso mesmo, tem havido quem defenda que a simples circunstância de a lei ter deixado de referir expressa-

---

do posto de trabalho "não devem estar sujeitos à obrigação da tentativa de transferência do trabalhador para outro posto de trabalho disponível ou uma função mais apropriada (arts. 368º, 375º do Código do Trabalho). Em regra, se existirem postos de trabalho disponíveis, compatíveis com as qualificações do trabalhador, devem ser evitados despedimentos".

[51] Vd. António MONTEIRO FERNANDES – *Direito do Trabalho...*, ob. cit., p. 509.
[52] Assim, vd. António GARCIA PEREIRA – *As mais recentes alterações ao código do trabalho e a gravidade dos seus objectivos e implicações – III*, publicado in www.lutapopularonline.org. Também António MONTEIRO FERNANDES – ob. cit., loc. cit., considera que esta modificação legislativa é *"claramente inconstitucional"*.
[53] Vd. Bernardo LOBO XAVIER – *O Despedimento Colectivo no Dimensionamento da Empresa*, Verbo, Lisboa, 2000, p. 280.

mente a indisponibilidade de um posto de trabalho alternativo, como pressuposto legitimador do despedimento por extinção do posto de trabalho, não acarreta a automática licitude do despedimento realizado, quando exista uma alternativa à cessação contratual[54]. Para quem sufraga esse entendimento, tal resulta do princípio geral segundo o qual o empregador deve procurar, na medida das possibilidades consentidas por uma gestão racional, reafectar os trabalhadores excedentários a outros postos de trabalho dos quais eventualmente disponha.

Em suma, este deverá ser um aspecto a considerar pelo empregador na sua decisão de proceder à extinção de posto de trabalho.

Compensação por despedimento – Nos termos da redacção originária do artigo 366.º do CT, em caso de despedimento colectivo[55], o trabalhador tinha direito a receber uma compensação pecuniária cujo montante correspondia a um mês de retribuição base e diuturnidades por cada ano completo de antiguidade. A lei acrescentava que em caso de fracção de ano a compensação seria calculada proprocionalmente (cfr. artigo 366.º, n.º 2 do CT) e que a compensação nunca poderia ser inferior a três meses de retribuição base e diuturnidades (cfr. artigo 366.º, n.º 3 do CT na redacção originária).

Ora, a redacção do artigo 366.º foi profundamente alterada pela Lei n.º 23/2012, tendo sido instituído um novo método de cálculo da compensação – decorrente do MoU –, que fora inicialmente introduzido pela Lei n.º 53/2011, de 14 de Outubro, para os contratos posteriores a 1 de Novembro

---

[54] Vd. Pedro FURTADO MARTINS –«Alterações ao regime...», ob. cit., p. 182 e segs., e IDEM – *Cessação do Contrato de Trabalho...*, ob. cit., p. 296 e segs..

[55] Tenha-se em conta que a nova Lei mantém a técnica, adoptada no Código anterior, de tomar como base o método de cálculo da compensação por despedimento colectivo (cfr. artigo 366.º do CT) para estender a sua aplicação, por via de expressa remissão legal, a outros casos, designadamente: caducidade do contrato de trabalho a termo (cfr. artigos 344.º, n.º 2 e 345.º, n.º 4 do CT), caducidade do contrato de trabalho por encerramento total e definitivo da empresa (cfr. artigo 346.º, n.º 5 do CT), despedimento após a declaração de insolvência do empregador (cfr. artigo 347.º n.º 5 do CT), despedimento por extinção do posto de trabalho (cfr. artigo 372.º do CT), despedimento por inadaptação (cfr. artigo 379.º do CT), extinção do contrato de trabalho na sequência de cessação da comissão de serviço (cfr. artigo 164.º, n.º 1, alíneas b) e c) do CT) e resolução do contrato, pelo trabalhador, em caso de transferência definitiva do local de trabalho que lhe cause prejuízo sério (cfr. artigo 194.º, n.º 5 do CT).

de 2011[56]. Vejamos, então, como se procede, actualmente a esse cálculo de compensação.

Segundo o novo n.º 1 do artigo 366.º do CT, em caso de despedimento colectivo, o trabalhador passa a ter direito a compensação correspondente a 20 dias de retribuição base e diuturnidades por cada ano completo de antiguidade[57]. Simultaneamente, foram revistos os limites da compensação: por um lado, foi suprimido o limite mínimo de três meses de retribuição base e diuturnidades para a compensação[58]; por outro lado, a Lei n.º 23/2012 estabeleceu limites quantitativos máximos[59].

Assim: (i) o valor da retribuição base mensal e diuturnidades do trabalhador a considerar para efeitos de cálculo da compensação não pode ser superior a 20 vezes a retribuição mínima mensal garantida (ou seja, actual-

---

[56] No fundo, a Lei n.º 23/2012 tratou apenas de generalizar o sistema adoptado com o aditamento do artigo 366.º-A pela Lei n.º 53/2011 (aplicável aos 'novos contratos'), tendo para esse efeito revogado esse artigo e incorporado o mesmo no actual artigo 366.º do CT. A respeito da alteração legislativa de 2011, vd. HELENA SALAZAR – «O novo sistema de compensação por cessação do contrato de trabalho», in *RCEJ*, N.º 19, 2011, p. 203-219.

[57] A lei esclarece ainda que o valor diário de retribuição base e diuturnidades é o resultado da divisão por 30 da retribuição base mensal e diuturnidades (cfr. artigo 366.º, n.º 2, al. c) do CT), bem como que, em caso de fracção de ano, o montante da compensação é calculado proporcionalmente (cfr. artigo 366.º, n.º 2, al. d), do CT).

[58] Bernardo LOBO XAVIER – «Compensação por despedimento», in *RDES*, Ano LIII, N.ºˢ 1-2, 2012, p. 65-100, p. 76 e segs., considera que, com o desaparecimento deste limite mínimo, a compensação dos trabalhadores recém-admitidos passa a ser baixíssima (serão 1,67 dias por cada mês de antiguidade), algo que "*choca-se com o art. 53.º da Const.*".

[59] Nas palavras de João LEAL AMADO – ob. cit., p. 302, "*enquanto a lei anterior se preocupava com a consistência mínima do direito do trabalhador, a nova lei perspectiva este direito, sobretudo, como um custo empresarial – e procura conter esse custo, embaratecendo o despedimento. Mais uma vez, competitividade empresarial* oblige...". Convém ainda referir que, diferentemente do regime anterior, no qual se estabelecia um método de cálculo que poderia ser incrementado por acordo, no novo regime, afirma-se que o valor da compensação "*não pode ser superior*" aos limites legalmente instituídos. Assim sendo, pode entender-se que a lei não possibilita um acordo com os trabalhadores ou a aplicação de método diverso decorrente de IRCT, que leve a que tais limites sejam ultrapassados – vd. Pedro ROMANO MARTINEZ – *Código do Trabalho Anotado* (coord: Pedro ROMANO MARTINEZ), 9.ª ed., Almedina, Coimbra, 2012, p. 777. Diversamente, António MONTEIRO FERNANDES – ob. cit., p. 525, entende que, atento o disposto no artigo 360.º, n.º 1, alínea f), nada impede que o processo de cálculo estabelecido no artigo 366.º do CT seja posto de lado. Segundo este autor, "[a]*quilo que na formulação utilizada parece ser um conjunto de factores determinantes de um limite máximo, redunda afinal no processo de cálculo de um valor mínimo garantido*". Ainda sobre esta questão, vd. Bernardo LOBO XAVIER – ob. cit., p. 78 e segs..

mente, €485,00 x 20 = €9.700,00) [cfr. n.º 2, alínea a) do artigo 366.º do CT]; e (ii) o montante global da compensação não pode ser superior a 12 vezes a retribuição base mensal e diuturnidades do trabalhador, nem exceder o montante correspondente a 240 vezes a retribuição mínima mensal garantida (i.e., €485,00 x 240 = €116.400,00) [cfr. n.º 2, alínea b), do artigo 366.º do CT].

Os objectivos declarados desta redução dos montantes da compensação são o aumento da competitividade da economia nacional e o estímulo ao emprego, conforme consta da Exposição de Motivos da Proposta de Lei n.º 46/XII: "[e]*stas modificações são fulcrais para a criação de emprego, bem como para a existência de condições adequadas à promoção da mobilidade dos trabalhadores. A rigidez do mercado de trabalho é assim minorada, facilitando a aproximação do mercado de trabalho português aos mercados existentes em países congéneres na União Europeia"*. Em boa verdade, e como refere BERNARDO XAVIER, *"não há segurança no emprego sem emprego e só se podem estabelecer bases de segurança no emprego se houver também uma legislação amiga da empregabilidade"*[60].

Ainda a propósito do texto da nova Lei, constatamos que este acrescenta que a compensação em causa será paga pelo empregador, com excepção da parte que caiba ao Fundo de Compensação de Trabalho, ou a mecanismo equivalente, nos termos de legislação específica (cfr. n.º 3 do artigo 366.º do CT)[61], sendo certo que, no caso de o Fundo de Compensação do Trabalho

---

[60] Vd. Bernardo LOBO XAVIER – ob. cit., p. 74. Este Autor tem, no entanto, dúvidas sobre a eficácia destas alterações face aos objectivos das mesmas e encara com reservas a pretensa aproximação das compensações ao *"nível médio da UE"*. Com efeito, se é verdade que os parâmetros de compensação (em dias) são nos países estrangeiros, abstractamente mais baixos, a verdade é que em muitos deles as bases retributivas são mais elevadas e a negociação colectiva se encarrega de aumentar substancialmente as compensações legais. Perante esta situação, poder-se-á perguntar se será correcto resumir a "generosidade" de um regime de compensações apenas em dias, ignorando outras especificidades relevantes. A este propósito, veja-se o relatório de Março de 2012 do Ministério da Economia e do Emprego, in *http://www.dgert. mtss.gov.pt/trabalho/Analise%20Comparativa_Compensacoes_2012.pdf*.

[61] Como salienta António MONTEIRO FERNANDES – «As primeiras estações da reforma laboral...», ob. cit., p. 109, a ideia do *"Fundo de Compensação do Trabalho"* vem de longe e parece inspirada pelo facto de, muitas vezes, despedimentos que se afiguram necessários (em prol da viabilidade das empresas) serem inviabilizados ou retardados por falta de fundos para pagar as compensações. A respeito deste Fundo, consideramos que, no actual contexto de crise económico-financeira, o mesmo pode apresentar virtualidades para os agentes económicos mais debilitados, embora cause alguma apreensão saber que tal organismo ainda não viu a

(ou o mecanismo equivalente), não pagar a totalidade da compensação a que esteja obrigado, o empregador responde pelo respectivo pagamento e fica sub-rogado nos direitos do trabalhador em relação àquele em montante equivalente (cfr. o novo n.º 4 do artigo 366.º do CT).

A nova regulação das compensações parece ser complexa no que concerne ao direito transitório. Com efeito, a aplicação imediata destas novas regras aos contratos de trabalho celebrados antes da entrada em vigor da nova Lei seria susceptível de defraudar as expectativas legítimas e consolidadas dos trabalhadores. Ora, é o próprio MoU que sublinha que as alterações introduzidas nesta matéria devem sê-lo "*sem redução dos direitos adquiridos*" (cfr. ponto 4.4.ii).

Nestes termos, decorre do artigo 6.º da Lei n.º 23/2012 que para o cálculo da compensação, há que distinguir entre os contratos de trabalho celebrados antes e depois de 1 de Novembro de 2011[62]. Em relação aos contratos celebrados depois desta data de referência, aplica-se o novo regime legal, sem limitações. Quanto aos contratos anteriormente celebrados, a compensação é calculada do seguinte modo: (i) em relação ao período de duração do contrato até 31 de outubro de 2012, o montante da compensação corresponde a um mês de retribuição base e diuturnidades por cada ano completo de antiguidade; (ii) em relação ao período de duração do contrato a partir dessa data, o montante da compensação corresponde ao previsto no artigo 366.º do Código do Trabalho (20 dias de retribuição base e diuturnidades por cada ano completo de antiguidade); (iii) a lei acrescenta que o montante total da compensação não pode ser inferior a três meses de retribuição base e diuturnidades.

Nos termos das alíneas a) e b) do n.º 4 do artigo 6.º da Lei n.º 23/2012, é ainda imposto um duplo limite quanto aos montantes devidos a título de compensação, a saber: (i) o valor da retribuição base mensal e diuturnidades a considerar para efeitos de cálculo da compensação não pode ser superior a 20 vezes a retribuição mínima mensal garantida (€485,00 x 20 = €9.700,00); e (ii) o montante global da compensação não pode ser superior a 12 vezes

---

luz do dia e não se sabe quando entrará em funcionamento – muito embora o novo Código contemple já deveres do empregador com ele relacionados (cfr. n.º 3, alínea m) do artigo 106.º e n.ᵒˢ 5 e 6 do artigo 127.º do CT). Vd., ainda a este propósito, Bernardo Lobo Xavier – ob. cit., p. 92 e segs..

[62] Sobre este preceito, vd. Pedro Romano Martinez – *Código do Trabalho Anotado...*, ob. cit., p. 93 e seg..

a retribuição base e diuturnidades, ou 240 vezes a retribuição mínima mensal garantida (€ 485,00 x 240 = € 116.400,00).

Assim, quando da aplicação das regras relativas ao período de duração do contrato de trabalho até 31 de Outubro de 2012 resulte um montante de compensação que seja igual ou superior ao mencionado limite de 12 vezes a retribuição base mensal e diuturnidades do trabalhador (ou a 240 vezes a retribuição mínima mensal garantida), a "conta corrente" do trabalhador pára e, como tal, independentemente do período de duração do contrato após essa data, este não verá acrescentado qualquer valor à compensação já "vencida". Quer isto dizer que a esse trabalhador não serão aplicáveis as regras relativas ao período de duração do contrato após 31 de Outubro de 2012, pois ocorre uma espécie de congelamento do valor da compensação "vencido" nessa data, não sendo considerados os novos anos de antiguidade posteriores.

Por outro lado, quando da aplicação das regras relativas ao período de duração do contrato até 31 de Outubro de 2012 resulte um montante de compensação que seja inferior a 12 vezes a retribuição base mensal e diuturnidades do trabalhador (ou a 240 vezes a retribuição mínima mensal garantida), a "conta corrente" do trabalhador continuará a acumular valor, pela aplicação das regras relativas ao período de duração do contrato após 31 de Outubro de 2012, até que seja atingido o limite máximo acima referido (12 vezes a retribuição base mensal e diuturnidades do trabalhador ou a 240 vezes a retribuição mínima mensal garantida).

O regime que assim se deixou enunciado é igualmente aplicável à compensação devida aos trabalhadores em caso de caducidade de contrato de trabalho a termo, ainda que com as devidas adaptações[63].

Assim, aos contratos de trabalho a termo celebrados após a mencionada data de referência de 1 de Novembro de 2011, aplicam-se as novas regras, nos termos das quais o trabalhador terá direito a uma compensação equivalente a 20 dias de retribuição base e diuturnidades por cada ano completo de antiguidade[64].

---

[63] Vd., sobre esta matéria, Paula PONCES CAMANHO – «Contrato a Termo», in *RDES*, Ano LIII, N.ºs 1-2, 2012, p. 111-118.

[64] João LEAL AMADO – ob. cit., p. 303, oferece o seguinte exemplo: *"na hipótese de caducidade de um contrato a termo de 6 meses, a compensação correspondia, ao abrigo da lei anterior, a 18 dias de*

Já no que concerne aos contratos celebrados antes de 1 de Novembro de 2011, teremos, mais uma vez, de prosseguir o exercício já acima elencado: (i) determinar a compensação devida até 31 de Outubro de 2012 ou até à primeira renovação extraordinária, se anterior àquela data[65], e que corresponde a três ou dois dias de retribuição base e diuturnidades por cada mês de duração do contrato, consoante este não exceda ou seja superior a seis meses[66]; (ii) calcular a compensação relativa ao período posterior a 31 de Outubro de 2012 ou à data da primeira renovação extraordinária, compensação essa à qual já será aplicável o novo regime. O montante total da compensação a pagar ao trabalhador terá sempre de se conformar dentro dos limites máximos que *supra* se referiram.

O regime transitório previsto no artigo 7.º, n.º 1, da Lei n.º 23/2012, determina a imperatividade do novo regime legal em relação aos IRCT anteriores que prevejam montantes compensatórios superiores aos resultantes da lei – estas disposições contidas em IRCT são tidas como "*nulas*"[67]. Entendemos, no entanto, que pode o empregador, se assim o desejar, pagar compensações de montantes superiores, não ficando tal pagamento afectado por uma qualquer invalidade. A imperatividade legal neutraliza os instrumentos anteriores à entrada em vigor desta Lei e reduz à ineficácia de certos preceitos colectivos e individuais, por lhe serem anteriores. Retira, pois, a obrigatoriedade de pagamento de compensações superiores, mas não as impede, se resultarem do acordo das partes.

---

retribuição base e diuturnidades (3 x 6), passando agora para 10 dias de retribuição base e diuturnidades (um ano, 20 dias, meio ano, 10 dias)".

[65] A renovação extraordinária que aqui se refere resulta da Lei n.º 3/2012, de 10 de Janeiro, que prevê que os contratos a termo certo que atinjam o máximo da sua duração até 30 de Junho de 2013 podem ser objecto de duas renovações extraordinárias, desde que no total não excedam 18 meses, e que a duração de cada renovação não seja inferior a um sexto da duração máxima ou efectiva do contrato. Esta lei estabelece que os dois regimes de compensação são aplicáveis em função da data da 1.ª renovação: até à data da primeira renovação, aplica-se o regime em vigor à data do início da vigência; após, aplica-se o regime aplicável a um contrato celebrado até àquela data. Sobre esta matéria, vd. Paula PONCES CAMANHO – ob. cit., p. 114 e segs..

[66] Em boa verdade, a compensação será aqui necessariamente calculada com base nos dois dias de retribuição base e diuturnidades, considerando que o contrato terá durado mais de seis meses (foi celebrado antes de 1 de Novembro de 2011).

[67] Reitera-se aqui o que se disse *supra* quanto à (incorrecta) aplicação da figura da "*nulidade*" neste artigo.

Para concluir, diremos que a nova regulação das compensações parece orientar-se, somente, no sentido de reduzir os custos dos despedimentos. Porventura, não terão sido ponderados, com a necessária prudência, os riscos de desencadeamento de uma torrente de despedimentos – nas palavras de MONTEIRO FERNANDES, *"mais fáceis, mais baratos, mais seguros"*[68].

4. Situações de crise empresarial

Entre as matérias objecto de revisão pela Lei n.º 23/2012, o regime da redução temporária do período normal de trabalho ou suspensão do contrato de trabalho por facto respeitante ao empregador (vulgo *"lay-off"*)[69] foi aquele que sofreu um maior número de alterações. A respeito desta figura, convém recordar que a mesma foi introduzida no ordenamento jurídico português através do Decreto-Lei n.º 398/83, de 2 de Novembro (LSCT, conhecida como a *Lei do lay-off*), como uma medida temporária, que permite adaptar os contratos de trabalho à situação de dificuldade económica da empresa, tendo em vista a recuperação da mesma[70].

Com efeito, logo no preâmbulo deste último diploma pode ler-se que *"o instituto da redução ou suspensão da prestação do trabalho tem em vista a recuperação económica das empresas, meio necessário à manutenção dos postos de trabalho e*

---

[68] Vd. António MONTEIRO FERNANDES – ob. cit., p. 108. Este autor destaca ainda que não terá ocorrido ao legislador que, ao diminuir os valores das compensações, está a incentivar os trabalhadores a não aceitarem pacificamente a cessação do vínculo contratual, recebendo a respectiva compensação. Com efeito, a redução do custo do despedimento lícito poderá ter como consequência indesejável o aumento da litigiosidade em torno da sua (suposta) licitude.

[69] Para um enquadramento da figura do *"lay-off"*, vd., na manualística, Pedro ROMANO MARTINEZ – *Direito do Trabalho...*, ob. cit., p. 819 e segs.., e, já no quadro da Lei n.º 23/2012, Luís MENEZES LEITÃO – *Direito do Trabalho*, 3.ª ed., Almedina, Coimbra, 2012, p. 340 e segs., e Maria do ROSÁRIO RAMALHO – ob. cit., p. 710 e segs.. Para um tratamento doutrinário autónomo, vd. JORGE LEITE – «Notas para uma teoria da suspensão do contrato de trabalho», in *QL*, N.º 20, Ano IX, 2000, p. 121-138, João LEAL AMADO – «A suspensão do contrato de trabalho: o vínculo relaxado», in *Direito do Trabalho*, Coimbra Editora, Coimbra, 2009, p. 335-349, Miguel RIBEIRO DOS SANTOS – «Procedimentos de lay-off», in *RDES*, n.os 1-4, 2010, p. 247-280 e, já no quadro da Lei n.º 23/2012, António NUNES DE CARVALHO – «Suspensão ou redução de laboração em situação de crise empresarial», in *RDES*, Ano LIII, N.os 1-2, 2012, p. 119-161.

[70] Por todos, sobre a acidentada evolução legislativa nesta matéria, vd. António MONTEIRO FERNANDES – *Direito do Trabalho...*, ob. cit., p. 418 e segs., e Maria do ROSÁRIO RAMALHO – ob. cit., loc. cit..

à contenção do desemprego". De facto, numa situação em que a viabilidade das empresas se encontre comprometida, as medidas de suspensão dos contratos de trabalho ou de redução do tempo de trabalho podem ser uma alternativa – menos drástica – a medidas mais gravosas para os trabalhadores, mormente um eventual despedimento colectivo. Compreende-se, pois, que as medidas de "*lay-off*", se rodeadas das cautelas que evitem a sua adopção indevida e a sua degeneração em autênticos despedimentos, possam revelar-se adequadas a evitar a extinção de postos de trabalho, constituindo, por essa via, um importante instrumento da política de combate ao desemprego.

Assim sendo, no presente contexto de crise económico-financeira, o "*lay-off*" acabou por ser uma das matérias objecto de previsão específica no MoU acordado com a *Troika* (ponto 4.6.ii), mais concretamente, através de remissão para os compromissos acordados, em Março de 2011, no Acordo Tripartido para a Competitividade e Emprego[71]. Neste Acordo Tripartido, foi elencado um conjunto de medidas para aperfeiçoamento da legislação portuguesa referente ao "*lay-off*"[72], que veio a constituir a base para as alterações introduzidas pela Lei n.º 23/2012 nos artigos 298.º e seguintes.

Das alterações introduzidas no regime do "*lay-off*", cumpre salientar que a Lei n.º 23/2012 começa por aditar ao artigo 298.º do CT um novo n.º 4, nos termos do qual "[a] *empresa que recorra ao regime de redução ou suspensão deve ter a sua situação contributiva regularizada perante a administração fiscal e a segurança social, nos termos da legislação aplicável*", excepto no caso de se encontrar em processo de recuperação de empresa ou se for declarada em situação económica difícil.

A propósito deste preceito, entende NUNES DE CARVALHO que o mesmo não prima pela sua clareza: por um lado, a norma desloca do empregador para a empresa a exigência feita quanto à situação tributária e contributiva, sendo manifesto que tal exigência se deveria reportar ao titular da empresa e não

---

[71] Cfr. in *http://www.ces.pt/download/719/AcordoTripCompetEmprego.pdf*.
Consta deste documento, celebrado no quadro da Comissão Permanente de Concertação Social, que "[o] *Governo e os Parceiros Sociais entendem que, na actual situação e sem desvirtuar a natureza excepcional do regime, é necessário agilizar a legislação relativa à redução e à suspensão dos contratos de trabalho em situação de crise empresarial, visto que a experiência demonstrou, tanto no nosso país, como nalguns dos nossos parceiros europeus, que este tipo de medidas pode constituir alternativa às cessações de contratos de trabalho*".
[72] Elenco esse que foi ulteriormente retomado no já referido Compromisso para o Crescimento, Competitividade e Emprego, de Janeiro de 2012.

a esta, em si mesma; por outro lado, afigura-se discutível a pertinência deste requisito nas situações em que a aplicação do regime do *"lay-off"* não acarrete comparticipação do Estado; ademais, não parece sequer que se possa determinar a cessação do regime com base na violação deste dever, já que tal não está previsto no n.º 2 do artigo 307.º do CT[73].

Por sua vez, Maria do Rosário Ramalho considera que este novo requisito pode tornar-se pernicioso: por um lado, porque impedirá muitos empregadores de recorrer a este regime, *"já que um dos primeiros reflexos de uma crise empresarial é a dificuldade de cumprimento das obrigações fiscais"*; por outro lado, porque, com esta exigência, o regime do *"lay-off"* arrisca-se a só poder ser utilizado quando a crise da empresa ainda não é muito grave (subvertendo o pressuposto relativo ao risco de viabilidade da empresa) ou quando a situação já é provavelmente, irremediável (nos casos em que a empresa já foi declarada em situação económica difícil ou entrou em insolvência)[74].

Facto contínuo, a Lei n.º 23/2012 introduziu um novo artigo 298.º-A, nos termos do qual "[o] *empregador só pode recorrer novamente à aplicação das medidas de redução ou suspensão depois de decorrido um período de tempo equivalente a metade do período anteriormente utilizado, podendo ser reduzido por acordo entre o empregador e os trabalhadores abrangidos ou as suas estruturas representativas"*. Esta medida visa, naturalmente, impedir que o empregador desencadeie sucessivos períodos de *"lay-off"*, atento o carácter eminentemente transitório deste instituto e o facto de poderem estar envolvidos recursos públicos[75]. Em todo o caso, a inobservância do disposto neste artigo 298.º-A parece ser "isenta" de consequências, uma vez que não faz o empregador incorrer em responsabilidade contraordenacional, nem se inclui no elenco dos casos em que a Autoridade para as Condições do Trabalho pode pôr termo à medida (cfr. artigo 307.º

---

[73] Vd. António Nunes de Carvalho – ob. cit., p. 134 e segs..
[74] Vd. Maria do Rosário Ramalho – ob. cit., p. 715 e seg..
[75] Joana Vasconcelos – ob. cit., p. 655, denota que, estranhamente, porém, a parte final do preceito permite que, por acordo entre o empregador e os trabalhadores abrangidos ou as suas estruturas representativas, a duração legalmente fixada para o período de moratória seja reduzida sem qualquer limitação. Atenta esta possibilidade, pode esvaziar-se o alcance prático desta nova solução. Por seu lado, António Nunes de Carvalho – ob. cit., p. 136, sustenta que a lei parece permitir o encurtamento substancial do período de moratória, mas não a sua supressão.

do CT)[76]). Na prática, parece-nos que a única consequência decorrente da violação deste preceito poderá vir a ser a não comparticipação estadual na devida "compensação retributiva".

Paralelamente, assistimos a uma redução dos prazos que medeiam as comunicações necessárias à implementação do "*lay-off*", os quais anteriormente eram de dez dias e agora são de cinco dias (cfr. n.º 3 do artigo 300.º), o que visa tornar o processo mais célere e tornar mais eficaz o recurso a estas medidas[77].

Será ainda de notar que, se na redacção anterior à Lei n.º 23/2012, a aplicação imediata da medida de "*lay-off*" só era permitida "*em caso de impedimento imediato à prestação normal de trabalho que seja conhecido pelos trabalhadores abrangidos*" (cfr. artigo 301.º, n.º 2, na redacção originária), actualmente, bastará o acordo entre o empregador e a estrutura representativa dos trabalhadores (a referida no n.º 1 do artigo 299.º ou a comissão *ad hoc*) ou entre o empregador e a maioria dos trabalhadores abrangidos (cfr. artigo 301.º, n.º 2, nova redacção) para dispensar a antiga moratória de cinco dias[78].

Nos termos legais, a redução ou suspensão determinada por motivos de mercado, estruturais ou tecnológicos deve ter uma duração previamente definida, não podendo, em regra, ser superior a seis meses[79]. O CT prevê, contudo, a possibilidade de prorrogação da medida. Com efeito, já na redacção anterior à Lei n.º 23/2012, o n.º 3 do artigo 301.º do CT permitia a prorrogação, por um período máximo de seis meses, desde que o empregador comunicasse tal intenção e a duração prevista, por escrito e de forma fundamentada, à estrutura representativa dos trabalhadores, ou, na falta dela, a cada um dos

---

[76] Assim, vd. JOANA VASCONCELOS – ob. cit., loc. cit..
[77] No entanto, e como bem refere António NUNES DE CARVALHO – ob. cit., p. 142, esta redução do prazo previsto no n.º 3 do artigo 300.º conduz a uma redução do período reservado à negociação, o que pode diminuir a sua eficácia. De todo modo, entende este autor que "[n]o caso de uma interrupção abrupta da negociação por parte do empregador, com base no mero decurso do prazo de 5 dias, estaremos perante uma conduta ilícita, que deve ser assimilada à recusa de participação na negociação a que se refere a alínea b) do n.º 2 do artigo 307.º".
[78] António NUNES DE CARVALHO – ob. cit., p. 144, entende que a hipótese de acordo com a maioria dos trabalhadores abrangidos, prevista neste preceito, apenas será relevante quando não tenha tido intervenção uma estrutura de representação colectiva.
[79] Cfr. artigo 301.º, n.º 1 do CT. Em caso de catástrofe ou outra ocorrência que tenha afectado gravemente a actividade normal da empresa, pode ter a duração máxima de um ano.

trabalhadores abrangidos, exigindo-se, consoante os casos, a não oposição, por escrito e nos cinco dias seguintes, da estrutura representativa ou a manifestação, por escrito, de cada trabalhador abrangido[80]. Ora, de acordo com a actual redacção do n.º 3 do artigo 301.º do CT, prescinde-se, quer da não oposição da estrutura de representação colectiva, quer da concordância dos trabalhadores abrangidos pela prorrogação. O objectivo desta alteração será o de agilizar os procedimentos aplicáveis à renovação do regime, por forma a evitar bloqueios indesejáveis à vida das empresas.

A Lei n.º 23/2012 veio ainda determinar, no novo n.º 2 do artigo 303.º do CT, que *"durante o período de redução ou suspensão, bem como nos 30 ou 60 dias seguintes à aplicação das medidas, consoante a duração da respectiva aplicação não exceda ou seja superior a seis meses, o empregador não pode fazer cessar o contrato de trabalho de trabalhador abrangido por aquelas medidas, excepto se se tratar de cessação da comissão de serviço, cessação de contrato de trabalho a termo ou despedimento por facto imputável ao trabalhador"*[81]. Nos termos do n.º 3 do referido artigo 303.º, em caso de violação desta obrigação, o empregador terá de devolver os apoios recebidos, em relação ao trabalhador cujo contrato tenha cessado. Esta alteração visa a defesa dos trabalhadores contra eventuais abusos ou arbitrariedades por parte do empregador.

Outra novidade que convém evidenciar prende-se com o pagamento da compensação retributiva, fixada nos termos do disposto na alínea a) do n.º 1 e do n.º 3 do artigo 305.º do CT. A este propósito, o novo n.º 4 do artigo 305.º veio determinar que "[a] *compensação retributiva é paga em 30 % do seu montante pelo empregador e em 70 % pelo serviço público competente da área da segurança social"*. Este é, em boa verdade, o regime que já vigorava na primeira regulação desta matéria (cfr. artigo 13.º da LSCT) e na versão inicial do CT (cfr. artigo 344.º, n.º 1 do CT de 2003).

Regista-se ainda uma alteração de relevo no âmbito das contrapartidas financeiras devidas em caso de formação profissional prestada durante o período de *"lay-off"*: consta agora da redacção do n.º 5 do artigo 305.º do CT, que, em caso de frequência pelos trabalhadores de formação profissional adequada ao desenvolvimento da sua qualificação profissional que aumente a sua empre-

---

[80] Vd. Miguel Ribeiro dos Santos – ob. cit., p. 270 e seg..
[81] Concordamos com Joana Vasconcelos – ob. cit., p. 662 e seg., quando refere que será de ressalvar ainda a hipótese de cessação do contrato durante o período experimental.

gabilidade ou à viabilização da empresa e manutenção dos postos de trabalho, em conformidade com um plano de formação aprovado pelo serviço público competente na área do emprego e formação profissional, haverá lugar à atribuição de um apoio, em partes iguais, ao empregador e ao trabalhador, correspondente a 30% do Indexante de Apoios Sociais.

Por fim, consideramos pertinente salientar o reforço das medidas de controlo do "*lay-off*", patente na nova redacção do n.º 2 do artigo 299.º e do n.º 1 do artigo 307.º do CT. Nos termos do primeiro dos referidos preceitos, o empregador deve disponibilizar, para consulta, os documentos em que suporta a alegação de situação de crise empresarial, designadamente de natureza contabilística e financeira, antes da fase de informações e negociação prevista no artigo 300.º do CT. A intenção do legislador terá sido, naturalmente, a de combater a utilização abusiva do "*lay-off*", fomentando uma maior transparência na análise dos elementos que fundamentam o recurso a este mecanismo. A disponibilização da informação deve ocorrer, naturalmente, em momento que permita a sua efectiva utilização na fase de informações e negociação[82].

Por seu lado, nos termos do n.º 1 do artigo 307.º, após a implementação do "*lay-off*", o empregador deve informar trimestralmente as estruturas representativas dos trabalhadores ou a comissão *ad hoc* ou, na sua falta, os trabalhadores abrangidos da evolução das razões que justificam o recurso à redução ou suspensão da prestação de trabalho[83].

Em suma, as alterações legislativas que acabámos de expor prendem-se, sobretudo, com o objectivo de flexibilizar o acesso a este regime (através do encurtamento de prazos e facilitação das prorrogações), contrapesado por medidas de racionalização (cfr. artigo 298.º-A do CT) e de reforço da fiscalização por parte dos trabalhadores (cfr. artigos 299.º, n.º 2 e 307.º, n.º 1 do CT)[84]. No contexto da crise que actualmente vivemos, esta figura terá uma crescente importância, pelo que se justifica a atenção que mereceu por parte do

---

[82] Neste sentido, vd. António NUNES DE CARVALHO – ob. cit., p. 139.
[83] A redacção anterior determinava apenas que "[o] *empregador informa trimestralmente as estruturas representativas dos trabalhadores da evolução das razões que justificam o recurso à redução ou suspensão da prestação de trabalho*". Não se encontrava consagrada, portanto, a obrigação de facultar essa informação aos trabalhadores abrangidos. Acresce que, nos termos do novo n.º 4 do artigo 307.º do CT, a violação deste dever de comunicação constitui contra-ordenação grave.
[84] Vd. António NUNES DE CARVALHO – ob. cit., p. 158.

legislador. Mas só a prática se encarregará de demonstrar se este novo regime pode, ou não, contribuir verdadeiramente para a sustentação do emprego.

SIGLAS E ABREVIATURAS

BCE	Banco Central Europeu.
Convenção n.º 98 OIT	Adoptada pela Conferência Geral da Organização Internacional do Trabalho, 32.ª sessão, a 1 de Julho de 1949; em vigor na ordem internacional desde 18 de Julho de 1951 e na ordem jurídica portuguesa desde 1 de Julho de 1965.
CT	Código do Trabalho – aprovado pela Lei n.º 7/2009, de 12 de Fevereiro, rectificado pelo Diário da República, série I, de 18-3-2009 e pelo Diário da República, série I, de 23-7-2012; alterada pela Lei n.º 105/2009, de 14 de Setembro, pela Lei n.º 53/2011, de 14 de Outubro, pela Lei n.º 23/2012, de 25 de Junho e pela Lei n.º 47/2012, de 29 de Agosto.
FMI	Fundo Monetário Internacional.
IRCT	Instrumento de Regulamentação Colectiva de Trabalho
LFFF	Lei das férias, feriados e faltas – aprovada pelo Decreto-Lei n.º 874/76, de 28 de Dezembro, rectificado pelo Diário da República, série I, de 27-1-77; alterada pelo Decreto-Lei n.º 397/91, de 16 de Outubro e pela Lei n.º 118/99; revogada pela Lei n.º 99/2003, de 27 de Agosto.
LSCT	Lei do "lay-off" – Decreto-Lei 398/83 de 2 de Novembro, alterado e revogado pela Lei nº 137/99, de 28 de Agosto; revogado pela Lei nº 99/2003, de 27 de Agosto.
MoU	Memorando de Entendimento sobre as Condicionalidades de Política Económica
QL	Questões Laborais
RCEJ	Revista de Ciências Empresariais e Jurídicas
RDES	Revista de Direito e de Estudos Sociais
RLJ	Revista de Legislação e de Jurisprudência
RMP	Revista do Ministério Público

A dicotomia estrutural do contencioso tributário: impugnação judicial *vs* acção administrativa especial

SARA SOARES
Mestre em Direito, Escola de Direito do Porto da Universidade Católica Portuguesa
Advogada AB

I – Introdução

Inúmeras das questões suscitadas, tanto no plano doutrinal como jurisprudencial, a propósito dos mais variados aspectos da regulamentação do procedimento e do processo tributário, terão, porventura, origem no apontamento deste contencioso que mais consenso tem reunido: a dispersão legislativa[1] em que o mesmo assenta. Com efeito, a par do facto de as disposições disciplinadoras desta matéria se encontrarem plasmadas em mais do que um diploma – essencialmente, na Lei Geral Tributária[2] e no Código de Procedimento e de

---

[1] Assim, cfr. JORGE LOPES DE SOUSA, *Reflexões sobre a reforma do contencioso tributário*, in Cadernos de Justiça Administrativa, n.º 54, Novembro/Dezembro 2005, p. 69.
[2] Adiante, "LGT".

Processo Tributário[3], e subsidiariamente[4], no Código do Procedimento Administrativo, no Código de Processo nos Tribunais Administrativos e, ainda, no Código de Processo Civil[5] –, impõe-se ainda o conhecimento da tramitação de, pelo menos, dois direitos adjectivos distintos: o tributário e o administrativo.

É justamente sobre esta dicotomia em que surge edificado o processo judicial tributário e, bem assim, sobre a sua complementaridade com o direito processual administrativo, que nos debruçaremos ao longo do presente trabalho, procurando perpassar as diferentes manifestações da necessária articulação entre ambos os regimes processuais.

II – Da Estrutura Bipartida do Contencioso Tributário

Poderá afirmar-se, em traços gerais, que o contencioso tributário dito nuclear, no âmbito do qual se debate a relação jurídico-tributária nas mais diversas formas finais[6] de actuação da Autoridade Tributá-

---

[3] Adiante, "CPPT". Muito embora pudesse pensar-se que o diploma prevalecente no que respeita à regulamentação do procedimento e do processo tributário seria o CPPT, a verdade é que esse papel cabe à LGT, que goza de supremacia em relação àquele, designadamente em questões de interpretação cuja resolução passe pela articulação de disposições legais de ambos os diplomas. Assim o determina o artigo 1.º, do CPPT. Referindo-se a este aspecto, cfr. Isabel Marques da Silva, *Algumas considerações em torno do Código de Procedimento e de Processo Tributário*, in Cadernos de Justiça Administrativa, n.º 23, Setembro/Outubro 2000, pp. 12-13.

[4] Cfr. alíneas c) e e), do artigo 2.º, do CPPT. De ora em diante, deverá subentender-se a referência a esta remissão sempre que for feita menção à aplicação subsidiária do Código de Processo nos Tribunais Administrativos ou do Código de Processo Civil no âmbito do contencioso tributário.

[5] Adiante, respectivamente, "CPA", "CPTA" e "CPC".

[6] Referimo-nos a actos "finais", uma vez que ao processo judicial tributário preside a regra da impugnação unitária, consagrada no artigo 54.º, do CPPT, nos termos do qual não serão susceptíveis de impugnação contenciosa autónoma os actos interlocutórios do procedimento, salvo quando forem imediatamente lesivos dos direitos do contribuinte ("actos destacáveis") ou existir disposição expressa em sentido diferente. Veja-se, a título de exemplo, a possibilidade, prevista no n.º 3, do artigo 86.º, da LGT, de impugnação contenciosa directa dos actos de avaliação indirecta da matéria tributável, quando não dêem origem a uma liquidação. Tratando-se de um acto interlocutório cuja impugnação autónoma não resulte possível, qualquer ilegalidade que lhe seja imputável deverá ser invocada na impugnação da decisão final. Diversamente, no âmbito do contencioso administrativo, o n.º 1, do artigo 51.º, do CPTA estabelece que, ainda que inseridos num procedimento administrativo, são impugnáveis os actos administrativos com eficácia externa, especialmente aqueles cujo conteúdo seja susceptível de lesar direitos ou interesses legalmente protegidos.

ria[7], assenta numa estrutura bipartida. Na verdade, a fim de contestar os actos praticados pela Autoridade Tributária, poderá o contribuinte lançar mão, fundamentalmente, de dois meios processuais distintos, consoante o tipo de acto que tenha produzido efeitos na sua esfera jurídica: a impugnação judicial, por um lado e a acção administrativa especial, por outro.

2.1. Do processo de impugnação judicial

2.1.1. Quanto ao objecto

Socorrendo-se do processo de impugnação judicial, poderá o contribuinte, nos termos definidos pelas alíneas a) a g), do artigo 97.º, do CPPT, contestar: (i) actos de liquidação dos tributos – incluindo os parafiscais e os actos de autoliquidação, retenção na fonte e pagamento por conta (cfr. artigos 131.º, 132.º e 133.º, do CPPT); (ii) actos de fixação da matéria tributável quando não dêem origem à liquidação de qualquer tributo (cfr. alínea c), do n.º 2, do artigo 95.º, da LGT); (iii) actos de indeferimento total ou parcial das reclamações graciosas[8] dos actos tributários (cfr. alínea d), do n.º 2, do artigo 95.º, da LGT); (iv) actos administrativos em matéria tributária[9] que comportem a apreciação da legalidade do acto de liquidação[10]; (v) actos que impliquem o agravamento à colecta aplicado, nos casos previstos na lei, em virtude da apresentação de reclamação ou recurso hierárquico sem qualquer fundamento razoável (cfr. alínea e), do n.º 2, do artigo 95.º, da LGT e n.ºs 1 e 3, do artigo 77.º, do CPPT e n.ºs 9 e 10, do artigo 91.º, da LGT); (vi) actos de fixação de valores patrimoniais (cfr. alínea b), do n.º 2, do artigo 95.º, da LGT e n.ºs 1 e 2, do artigo 134.º,

---

[7] Deixaremos, por ora, de parte a litigiosidade emergente da instauração de processos de execução fiscal.
[8] As reclamações graciosas encontram-se reguladas nos artigos 68.º e seguintes, do CPPT.
[9] Sobre as diversas modalidades que podem revestir os actos tributários praticados pela Autoridade Tributária, cfr. JOSÉ CASALTA NABAIS, *Direito Fiscal*, 3.ª edição, Coimbra, Almedina, 2005, pp. 374-377.
[10] Pense-se no caso do indeferimento do pedido de revisão oficiosa do acto tributário: caso comporte a apreciação do acto de liquidação poderá ser contestado através da impugnação judicial; doutro modo, terá de ser discutido em sede de acção administrativa especial – neste sentido, cfr. Acórdão do Supremo Tribunal Administrativo, de 06.11.2008, processo n.º 0357/08, disponível em *www.dgsi.pt*, bem como os restantes Arestos a que se fizer menção de ora em diante.

do CPPT); (vii) providências cautelares adoptadas pela Autoridade Tributária (artigos 135.º e seguintes, do CPPT); e (viii) actos de apreensão (cfr. n.º 2, do artigo 135.º e artigo 143.º, do CPPT).

Este meio processual integra, ainda que não em termos absolutos, o contencioso de mera anulação, o que significa que as decisões proferidas neste âmbito se dirigem, essencialmente, à declaração de nulidade ou de inexistência ou anulação dos actos tributários impugnados. A decisão proferida pelo Tribunal assumirá, deste modo, um carácter meramente *cassatório*, eliminando, em caso de procedência da impugnação, o acto impugnado da ordem jurídica. Não poderá já, porém, condenar a Autoridade Tributária à prática de um acto tributário substitutivo daquele. Doutro modo, e atendendo aos actuais contornos do contencioso tributário, assistiríamos a uma ingerência da função judicial na administrativa e consequente desrespeito pelo princípio da separação dos poderes, constitucionalmente consagrado nos artigos 2.º e 111.º, da Constituição da República Portuguesa[11]. Não obstante serem estas as linhas que estruturalmente definem a impugnação judicial, é de realçar que este meio processual situar-se-á, em boa verdade, a meio caminho entre o contencioso de mera anulação[12] *stricto sensu* e o contencioso de plena jurisdição[13], uma vez que poderá o Tribunal condenar a Autoridade Tributária ao pagamento de juros indemnizatórios[14] (nos termos do artigo 43.º, da LGT) e,

---

[11] Adiante, "CRP".

[12] Caracterizado pelos limites de pronúncia do Tribunal, que poderá apenas emitir sentenças declarativas da nulidade ou inexistência do acto contestado e constitutivas da anulação do mesmo. Eram estes os traços caracterizadores do modelo clássico do contencioso administrativo, no âmbito do qual não se reconhecia ao juiz, contrariamente ao que sucede hoje, poderes de condenação da Administração no exercício de poderes de autoridade – cfr. MÁRIO AROSO DE ALMEIDA, *O Novo Regime do Processo nos Tribunais Administrativos*, 4.ª edição, Coimbra, Almedina, 2005, p. 19.

[13] Em sentido diverso, veja-se a posição de SALDANHA SANCHES, que defende que se praticará um contencioso de plena jurisdição nos casos em que, em face da suficiência dos elementos probatórios carreados para os autos, o Tribunal decide pela anulação parcial do acto tributário impugnado – cfr. SALDANHA SANCHES, *O contencioso tributário como contencioso de plena jurisdição*, in Fiscalidade, n.º 7/8, Julho/Outubro 2001, pp. 66-68.

[14] Assim, cfr. JORGE LOPES DE SOUSA, *Código de Procedimento e de Processo Tributário Anotado e Comentado*, vol. II, 6.ª edição, 2011, Lisboa, Áreas Editora, p. 29. Vários acórdãos aludem igualmente a este traço distintivo do processo de impugnação judicial: cfr. Acórdão do Supremo Tribunal Administrativo, de 01.06.2011, processo n.º 058/11; Acórdão do Supremo

bem assim, ao pagamento de indemnização por prestação de garantia indevida (ao abrigo do disposto pelos artigos 53.º, da LGT e 171.º, do CPPT).

2.1.2. A tramitação do processo de impugnação judicial

O contribuinte poderá lançar mão da impugnação judicial no prazo de 3 meses[15] após a ocorrência dos seguintes eventos, elencados pelas várias alíneas n.º 1, do artigo 102.º, do CPPT: (i) o termo do prazo para pagamento voluntário das prestações tributárias legalmente notificadas ao contribuinte – devendo-se, neste caso, atender ao que especialmente dispõe o n.º 4, do artigo 140.º, do Código do Imposto sobre o Rendimento das Pessoas Singulares[16]; (ii) a notificação dos restantes actos tributários, mesmo quando não originem qualquer liquidação; (iii) a citação dos responsáveis subsidiários, os quais têm a possibilidade de debater não apenas a exigibilidade da dívida, por via da dedução de oposição à execução, nos termos da alínea a), do n.º 1, do artigo 203.º, do CPPT, como igualmente a legalidade da mesma, ao abrigo do disposto pelo n.º 4, do artigo 22.º, da LGT; (iv) a formação da presunção de indeferimento tácito, a qual ocorrerá decorridos que estejam quatro meses desde o início do procedimento tributário, tal como resulta dos n.ºs 1 e 5, do artigo 57.º, da LGT[17]; (v) a notificação dos restantes actos que possam ser objecto de impugnação, nos termos do CPPT; e (vi) o conhecimento dos actos lesivos dos interesses legalmente protegidos não abrangidos nas alíneas anteriores.

Tribunal Administrativo, de 02.11.2011, processo n.º 0620/11; Acórdão do Tribunal Central Administrativo Sul, de 26.10.2004, processo n.º 02465/99.

[15] Este prazo era, antes da alteração introduzida pela Lei n.º 66-B/2012, de 31 de Dezembro (Lei do Orçamento do Estado para 2013), de 90 dias.

[16] Adiante, "CIRS". No que se refere às impugnações judiciais apresentadas relativamente a liquidações de Imposto sobre o Rendimento das Pessoas Singulares (adiante, "IRS"), haverá que atender ao preceito citado, porquanto o prazo de 30 dias após a notificação da liquidação previsto na alínea a), a partir do qual tem início a contagem do prazo de três meses para apresentação da impugnação judicial, poderá não coincidir com o termo do prazo para pagamento voluntário referido na alínea a), do n.º 1, do artigo 102.º, do CPPT.

[17] Este é o prazo regra. Existem, porém, situações em que a lei prevê expressamente um prazo de decisão distinto. Veja-se, por exemplo, o caso do recurso hierárquico, o qual deve ser decidido em 60 dias, nos termos do n.º 5, do artigo 66.º, do CPPT.

Outras situações há em que o prazo de impugnação é diverso daquele previsto pelo n.º 1, do artigo 102.º, do CPPT. Assim, em conformidade com o preconizado pelo n.º 2, do artigo 102.º, do CPPT, caso seja expressamente indeferida a reclamação graciosa, e não sendo interposto recurso hierárquico[18], o prazo de impugnação judicial será de apenas 15 dias[19]. A impugnação judicial deverá ser também instaurada no prazo de 15 dias se em causa estiverem actos de apreensão de bens (contando-se o prazo desde o levantamento do auto, de acordo com o n.º 1, do artigo 143.º, do CPPT) e também se se tratar de providências cautelares[20] adoptadas pela Autoridade Tributária (caso em que o prazo deverá contar-se desde a realização das mesmas ou do conhecimento pelo contribuinte, quando posterior, nos termos do n.º 1, do artigo 144.º, do CPPT). Já nos casos de indeferimento da reclamação graciosa de actos de autoliquidação, de retenção na fonte e de pagamento por conta e, bem assim, estando em causa a recusa da correcção de inscrições matriciais, o prazo para apresentação de impugnação judicial será de 30 dias[21], nos termos, respectivamente, do n.º 2, do artigo 131.º, do n.º 5, do artigo 132.º, do n.º 3, do artigo 133.º e do n.º 3, do artigo 134.º, todos do CPPT[22]. O prazo para a

---

[18] O que poderá suceder no prazo de 30 dias, de acordo com o preceituado pelo n.º 1, do artigo 76.º e n.º 2, do artigo 66.º, ambos do CPPT.

[19] Desta disposição resulta uma solução causadora de alguma estranheza em face do prazo superior de interposição do recurso hierárquico e que foi já qualificada de *"lamentável"* por JORGE LOPES DE SOUSA, *Código de Procedimento...*, vol. II, *ob.cit.*, p. 150.

[20] As quais não serão, nesta sede, analisadas.

[21] Este prazo deverá contar-se, no caso da autoliquidação, do pagamento por conta e da retenção na fonte, do indeferimento das reclamações graciosas necessárias prévias, cujo prazo de apresentação é diverso do prazo geral de 120 dias previsto no n.º 1, do artigo 70.º, do CPPT. No entanto, esta é uma matéria que extravasa a temática de que ora nos ocupamos.

[22] Tratando-se de actos de autoliquidação e de retenção na fonte, o prazo de 30 dias será contado desde o indeferimento da reclamação graciosa, que poderá ser expresso ou tácito (no caso de, decorridos quatro meses desde a apresentação daquela, não ter sido proferida decisão), nos termos conjugados do n.º 2, do artigo 131.º, do n.º 5, do artigo 132.º, ambos do CPPT e dos n.ºs 1 e 5, do artigo 57.º da LGT. Já no caso de pedidos de correcção de inscrições matriciais, o indeferimento tácito forma-se, nos termos do n.º 3, do artigo 134.º, do CPPT sempre que decorram 90 dias desde a apresentação do pedido, sem que o mesmo tenha sido objecto de decisão. Estando em causa actos de pagamento por conta, o prazo de 30 dias para impugnação contar-se-á desde o indeferimento expresso, nos termos do n.º 3, do artigo 133.º, do CPPT, sendo que, de acordo com o n.º 4 da mesma norma, se decorrerem 90 dias desde a apresentação de reclamação graciosa sem que a mesma haja sido indeferida, considerar-se-á a mesma tacitamente deferida.

propositura da impugnação judicial será já de 60 dias, em consonância com o n.º 4, do artigo 16.º, do Regime Geral das Taxas das Autarquias Locais[23], se o contribuinte pretender contestar o indeferimento, expresso ou tácito[24], de reclamações graciosas de actos de liquidação de taxas devidas a autarquias locais. Acresce que, tratando-se de actos de fixação dos valores patrimoniais, poderão os mesmos ser impugnados, no prazo de 90 dias desde a respectiva notificação ao contribuinte, nos termos do n.º 1, do artigo 134.º, do CPPT.

No que concerne à petição inicial da impugnação judicial, deverá ser respeitado, na respectiva elaboração, um conjunto de pressupostos referenciados pelo artigo 108.º, do CPPT. Com efeito, esta disposição reporta-se, no seu n.º 1, à necessidade de dirigir a petição ao juiz do tribunal competente, de identificar o acto impugnado e a entidade que o praticou e, ainda, de expor as razões de facto e de direito que fundamentam o pedido. O valor do processo ou a forma como se pretende a sua determinação constarão também, necessariamente, da petição inicial, em observância do n.º 2 do *supra* citado artigo do CPPT. O impugnante deverá, ainda, proceder à junção dos documentos de que dispuser[25], arrolar testemunhas e requerer as demais provas – tudo na petição da impugnação, a qual deverá ser elaborada em triplicado, nos termos do n.º 3, do artigo 108.º, do CPPT.

---

[23] Aprovado pela Lei n.º 53-E/2006, de 29 de Dezembro. Adiante, "RGTAL".

[24] O indeferimento tácito forma-se, neste caso, uma vez decorrido o período de 60 dias sem que haja decisão da reclamação graciosa – cfr. n.º 3, do artigo 16.º, do RGTAL; cfr. nota de rodapé n.º 68.

[25] A junção de documentos poderá ter lugar mais tarde no processo, sendo neste caso configuráveis duas situações diversas: a primeira, em que se não logra demonstrar não ter sido possível apresentar os documentos com a petição, sendo a junção admitida até ao encerramento da discussão em primeira instância – a qual ocorre após as alegações referentes à matéria de facto, nos termos conjugados do n.º 5, do artigo 652.º e do n.º 1, do artigo 653.º, ambos do CPC e do artigo 120.º, do CPPT – e o impugnante é condenado ao pagamento de multa, nos termos do n.º 2, do artigo 523.º, do CPC; a segunda, em que os documentos tardiamente juntos se destinam a provar factos posteriores à petição ou cuja apresentação apenas se revelou necessária em resultado de acontecimento subsequente à petição, sendo a sua junção admitida em qualquer fase do processo, ao abrigo do n.º 2, do artigo 524.º, do CPC. Acerca desta questão, cfr. Acórdão do Tribunal Central Administrativo Sul, de 21.02.2012, processo n.º 05329/12; Acórdão do Supremo Tribunal Administrativo, de 02.04.2009, processo n.º 0685/08.

Apresentada a petição inicial junto do tribunal competente[26-27], será a mesma recebida pela secretaria, que poderá, porém, recusá-la, verificada que esteja alguma das seguintes condições, enunciadas pelo artigo 80.º, do CPTA: (i) falta de endereço ou endereçamento a outro tribunal ou autoridade; (ii) falta de identificação dos contra-interessados[28], caso existam; (iii) omissão do nome e residência do impugnante, do domicílio profissional do mandatário judicial, do órgão que praticou ou devia ter praticado o acto, ou a pessoa colectiva de direito público, ou o ministério a que pertence esse órgão, falta de indicação do valor da causa[29], da forma do processo e, ainda, de identificação dos documentos que acompanham a petição; (iv) falta de junção do documento comprovativo do prévio pagamento da taxa de justiça ou do documento que ateste a concessão de apoio jurídico; (v) redacção da petição em língua distinta da portuguesa; (vi) falta de assinatura. Da recusa pela secretaria – que tem, nos termos do n.º 2, do artigo 80.º, do CPTA, os efeitos e consequências previstos pela lei processual civil – poderá o impugnante reagir de uma de

---

[26] Ou junto do serviço periférico local onde haja sido ou deva legalmente considerar-se praticado o acto. Para este efeito, os actos tributários consideram-se sempre praticados na área do domicílio ou sede do contribuinte, da situação dos bens ou da liquidação – cfr. n.ºs 1 e 2, do artigo 103.º, do CPPT. De todo o modo, ainda que a impugnação seja *apresentada* junto do serviço periférico local, tem de ser *dirigida* ao tribunal competente, sob pena de recusa pela secretaria, nos termos do disposto pela alínea a), do n.º 1, do artigo 80.º, do CPTA.

[27] A competência do tribunal tributário encontra-se regulada pelo artigo 12.º, do CPPT. Este preceito estabelece, no seu n.º 1, a regra que é competente o tribunal da área do serviço periférico local no qual se praticou o acto objecto de impugnação ou onde deva instaurar-se a execução. Tratando-se já de actos praticados por outros serviços da Autoridade Tributária, que não o periférico local, será competente, nos termos do n.º 2 do mesmo normativo, o tribunal da área do domicílio ou sede do contribuinte, da situação dos bens ou da transmissão.

[28] Os contra-interessados consubstanciam uma categoria processual a que alude o CPTA no seu artigo 57.º e no n.º 2, do artigo 68.º, e que representa o carácter complexo e multipolar que podem assumir as relações jus-administrativas. Assim, não raras vezes poderá um mesmo acto administrativo afectar um conjunto de particulares, podendo uns ter interesse na eliminação daquele da ordem jurídica e na condenação da Administração à prática do acto devido, enquanto outros pretenderão a sua manutenção nos termos em que foi praticado. Da existência de contra-interessados decorre a imposição legal de litisconsórcio necessário passivo. Para mais, cfr. MÁRIO AROSO DE ALMEIDA, *O Novo Regime do Processo nos Tribunais Administrativos*, 4.ª edição, Coimbra, Almedina, 2005, p. 60.

[29] A cominação de recusa pela secretaria apenas deverá operar se nenhuma referência for feita ao valor da causa, nem no final da petição, nem ao longo de toda a peça, de tal forma que não seja possível apurá-lo – neste sentido, cfr. Acórdão do Tribunal Central Administrativo Sul, de 17.12.2009, processo n.º 03599/09.

duas formas: apresentando nova petição expurgada das anteriores omissões ou juntando comprovativo do pagamento da taxa de justiça inicial, no prazo de 10 dias contados da recusa de recebimento ou de distribuição daquela, ao abrigo do artigo 476.º, do CPC (caso em que se considerará a impugnação apresentada na data em que a primeira petição deu entrada em juízo); ou reclamando para o juiz, conforme o disposto pelo n.º 1, do artigo 475.º, do CPC, afigurando-se a decisão que confirme a recusa da petição igualmente recorrível, nos termos gerais dos artigos 280.º e seguintes, do CPPT, aos quais *infra* nos reportaremos em maior detalhe.

Inexistindo motivos que originem a recusa da petição inicial, prosseguirão os autos, procedendo o juiz à prolação de despacho liminar. Nesta fase, caso o juiz detecte irregularidades ou deficiências da petição inicial, e sendo estas susceptíveis de sanação, poderá, ao abrigo do n.º 2, do artigo 110.º, do CPPT, convidar o impugnante, no prazo que para esse efeito designar, a suprir aquelas. Trata-se de uma prerrogativa que vai de encontro, por um lado, aos princípios constitucionais de acesso ao direito e aos tribunais e da proporcionalidade, consagrados no n.º 1, do artigo 20.º e no n.º 2, do artigo 18.º, ambos da CRP e, por outro, ao espírito da reforma processualista civil de 1995/1996, que procurou assegurar que as posições substantivas das partes não seriam comprometidas por meras questões formais[30].

Não obstante, circunstâncias há cuja verificação se assevera insuprível, conduzindo ao indeferimento liminar da petição inicial. Tal sucederá em caso de ineptidão da petição inicial[31], falta de personalidade ou de capacidade judiciária do impugnante, inimpugnabilidade do acto contestado, falta de legitimidade do impugnante ou da entidade demandada, extemporaneidade da petição inicial, litispendência ou caso julgado e falta de identificação dos contra-interessados[32] – situações enumeradas no n.º 1, do artigo 89.º, do CPTA – e, bem assim, em face da manifesta improcedência do pedido e da

---

[30] Neste sentido, cfr. JORGE LOPES DE SOUSA, *Código de Procedimento...*, vol. II, *ob. cit.*, p. 98.
[31] Geradora da nulidade de todo o processo, nos termos do n.º 1, do artigo 193.º, do CPC. Verifica-se existir esta ineptidão sempre que (i) falte ou seja ininteligível a indicação do pedido ou da causa de pedir; (ii) o pedido esteja em contradição com a causa de pedir; e (iii) se cumulem causas de pedir ou pedidos substancialmente incompatíveis – cfr. n.º 2, do artigo 193.º, do CPC.
[32] Veja-se, a este propósito, a nota de rodapé n.º 27.

verificação, de forma evidente, de outras excepções dilatórias[33] insupríveis, nos termos e para os efeitos do artigo 234.º-A, do CPC. De todo o modo, mesmo em face de despacho de indeferimento liminar da petição, poderá o impugnante socorrer-se da faculdade prevista pelo já mencionado artigo 476.º, do CPC aplicável *ex vi* n.º 1, do artigo 234.º-A, do mesmo diploma, apresentando uma nova petição nos 10 dias subsequentes à notificação daquele[34].

Encontrando-se afastado o indeferimento liminar da petição inicial, será notificada, por determinação do juiz, a Fazenda Pública – que figura em juízo através do respectivo representante[35], de acordo com o n.º 4, do artigo 9.º e com o artigo 15.º, ambos do CPPT – para contestar e solicitar a produção de prova adicional, no prazo de 90 dias, em cumprimento do que dispõe o artigo 110.º, do CPPT. Com a contestação, caso seja apresentada, deve o representante da Fazenda Pública observar o fixado pelo n.º 3, do artigo 110.º, do CPPT, *i.e.*, solicitar o processo administrativo ao órgão periférico local, para depois remetê-lo aos autos, nos termos do n.ºˢ 3 e 4 do mesmo preceito legal. Nesta fase do processo e, nos termos dos n.ºˢ 6 e 7, do artigo 110.º, do CPPT, não obstante a notificação para o efeito, poderá a Fazenda Pública não contestar a petição inicial apresentada, daí não decorrendo a confissão dos factos alegados pelo impugnante, muito embora possa o juiz valorar livremente a falta de apresentação daquela. Já na hipótese em que se verifique a omissão da remessa do processo administrativo aos autos e, caso a mesma haja tornado a prova impossível ou de considerável dificuldade, serão tidos por pro-

---

[33] Cfr. artigo 494.º, do CPC.

[34] Esta é a solução que cremos ser aplicável, na esteira do entendimento de JORGE LOPES DE SOUSA, *Código de Procedimento...*, vol. II, *ob.cit.*, p. 234. Em sentido divergente, o Supremo Tribunal Administrativo e o Tribunal Central Administrativo Norte têm sustentado, em alguns Arestos, que os artigos 476.º e 234.º-A, do CPC não terão aplicação no contencioso tributário, uma vez que o n.º 2, do artigo 89.º, do CPTA – diploma de aplicação subsidiária prevalecente em face do CPC, nos termos da alínea c), do artigo 2.º, do CPPT – contém a solução para esta questão, relativamente à qual o CPPT é omisso – neste sentido, cfr. Acórdão do Supremo Tribunal Administrativo, de 05.07.2007, processo n.º 0358/07; Acórdão do Tribunal Central Administrativo Norte, de 29.03.2012, processo n.º 02213/10.8BEBRG.

[35] O representante da Fazenda Pública não deve ser considerado como mandatário judicial para efeitos da aplicação do artigo 229.º-A, do CPC – neste sentido, cfr. JORGE LOPES DE SOUSA, Código de Procedimento..., vol. II, *ob. cit.*, pp. 395-397. Perfilhando esta tese, cfr., p.e., Acórdãos do Supremo Tribunal Administrativo, de 25.05.2005, processo n.º 0195/05 e de 30.11.2005, processo n.º 0212/05.

vados os factos alegados pelo impugnante, conforme estabelece o n.º 5, do artigo 84.º, do CPTA[36].

O processo administrativo deverá, de acordo com o n.º 1, do artigo 111.º, do CPPT, ser organizado pelo órgão periférico local da situação dos bens ou da liquidação no prazo de 30 dias contados desde o pedido do representante da Fazenda Pública. No mesmo prazo, poderá a Autoridade Tributária proceder à revogação total ou parcial do acto impugnado, nos termos do artigo 112.º, do CPPT: caso o valor do processo não exceda o valor de € 6.250,00[37], a revogação do acto impugnado competirá ao dirigente do órgão periférico regional da Autoridade Tributária (cfr. n.º 1, do artigo 112.º, do CPPT); caso o valor do processo seja superior a € 6.250,00, a revogação do acto impugnado caberá ao dirigente máximo do serviço (cfr. n.º 2, do artigo 112.º, do CPPT)[38].

Na hipótese de o acto ser totalmente revogado, após ser o representante da Fazenda Pública notificado de tal revogação, deverá promover a extinção do processo judicial, conforme prevê o n.º 4, do artigo 112.º, do CPPT; sendo o acto apenas parcialmente revogado, o órgão responsável pela revogação notifica o impugnante para, em 10 dias, se pronunciar. Se o impugnante nada disser ou declarar que mantém a impugnação, esta prosseguirá, de acordo com o n.º 3 daquela disposição, quanto à parte não revogada.

Se em sede de contestação, suscitar a Fazenda Pública questão que obste ao conhecimento da causa, será o impugnante notificado para se pronunciar, no prazo geral de 10 dias, nos termos do n.º 1, do artigo 153.º, do CPC *ex vi*

---

[36] A Fazenda Pública poderá ainda ver-se atingida, na sua própria esfera patrimonial, pelo incumprimento do dever de remessa do procedimento administrativo, sempre que o mesmo não seja susceptível de "*justificação aceitável*", caso em que, nos termos do n.º 4, artigo 84.º, do CPTA, poderá ser sujeita à aplicação de sanções pecuniárias compulsórias.

[37] Este é o valor de referência a que se reportam os n.ºs 1 e 2, do artigo 112.º, do CPPT e corresponde ao quíntuplo da alçada do tribunal tributário de 1.ª instância. Esta por sua vez, é de € 1.250,00, nos termos conjugados do n.º 2, do artigo 6.º, do Estatuto dos Tribunais Administrativos e Fiscais (adiante, "ETAF") e do n.º 1, do artigo 31.º, da Nova Lei de Organização e Funcionamento dos Tribunais Judicias (adiante, "NLOFTJ" – Lei n.º 52/2008, de 28 de Agosto).

[38] A redacção desta norma foi alterada pela Lei do Orçamento do Estado para 2013. Até Dezembro de 2012, o n.º 1, do artigo 112.º, do CPPT, estabelecia como pressupostos da revogação do acto impugnado (i) a manifesta simplicidade da questão a resolver e (ii) o facto de o órgão competente dispor dos elementos necessários para o efeito.

n.º 2, do artigo 20.º, do CPPT[39]. Esta resposta do impugnante apenas poderá incidir, em face da letra do n.º 2, do artigo 113.º, do CPPT, sobre as excepções dilatórias, por serem estas que, em consonância com o disposto pelo n.º 2, do artigo 493.º, do CPC, obstam ao conhecimento do mérito da causa e dão lugar à absolvição da instância. Afastadas do objecto desta resposta ficarão, assim, as excepções peremptórias eventualmente aduzidas pela Fazenda Pública e que consistem na invocação de factos impeditivos, modificativos ou extintivos do efeito jurídico dos factos articulados pelo impugnante, originando a absolvição total ou parcial do pedido[40].

Após a apresentação da contestação ou decorrido o prazo para a mesma, se a questão for apenas de direito ou se, sendo também de facto, o processo fornecer os elementos necessários, o juiz conhecerá, de imediato, o pedido, nos termos do n.º 1, do artigo 113.º, do CPPT. Doutro modo, iniciar-se-á a fase de instrução, na qual o juiz ordenará as diligências probatórias necessárias, tal como prevê o artigo 114.º, do CPPT.

Ao abrigo do n.º 1, do artigo 115.º, do CPPT, são admitidos os meios gerais de prova, a saber: a prova documental[41] – sendo a genuinidade de qualquer documento impugnável no prazo de 10 dias contados da sua apresentação ou junção ao processo, tal como prevê o n.º 4, do artigo 115.º, do CPPT –, a prova por confissão[42], a prova pericial[43], a prova por inspecção[44] e a prova testemunhal[45] – sendo de realçar que o número de testemunhas não poderá exceder três por cada facto, nem dez por acto tributário impugnado e que os depoi-

---

[39] Para uma comparação entre a resposta à contestação prevista pelo CPPT e a réplica, cfr. Acórdão do Supremo Tribunal Administrativo, de 25.11.2009, processo n.º 0761/09.

[40] Enquanto da absolvição da instância resulta a formação de caso julgado formal, permitindo-se a posterior renovação do pedido, entre as mesmas partes, com a mesma causa de pedir, já a absolvição do pedido, configurando uma decisão sobre o mérito da causa, dá origem a caso julgado material, impedindo a prolação de posterior decisão sobre o mesmo pedido – para mais, cfr. JOSÉ LEBRE DE FREITAS, ANTÓNIO MONTALVÃO MACHADO e RUI PINTO, *Código de Processo Civil Anotado*, vol. I, Coimbra, Coimbra Editora, p. 517.

[41] Cfr. artigos 523.º a 551.º-A, do CPC e artigos 362.º a 387.º, do Código Civil (adiante, "CC") e n.ºs 2 a 4, do artigo 115.º, do CPPT.

[42] Cfr. artigos 552.º a 567.º, do CPC e artigos 352.º a 361.º, do CC.

[43] Cfr. artigos 568.º a 591.º, do CPC, artigos 388.º e 389.º, do CC e artigo 116.º, do CPPT.

[44] Cfr. artigos 612.º a 615.º, do CPC e artigos 390.º e 391.º, do CC.

[45] Cfr. artigos 616.º a 645.º, do CPC, artigos 392.º a 396.º, do CC e artigos 118.º e 119.º, do CPPT.

mentos serão prestados em audiência contraditória, nos termos dos n.ᵒˢ 1 e 2, do artigo 118.º, do CPPT.

Na sequência da fase de instrução, são os interessados notificados, conforme prevê o artigo 120.º, do CPPT, para apresentarem, por escrito, em prazo não superior a 30 dias, alegações finais, as quais, embora configurando um trâmite processual de cariz facultativo, poderão revestir especial importância no que respeita à análise da prova produzida, nomeadamente a testemunhal, e, ainda, à contradição da posição vertida pela Fazenda Pública na contestação. Assim, na sequência da sua apresentação ou do simples decurso do respectivo prazo, estabelece o artigo 121.º daquele diploma que será dada vista ao Ministério Público para, querendo, se pronunciar acerca das questões de legalidade que hajam sido suscitadas no processo ou sobre outras que possa suscitar no âmbito das suas competências legais, às quais se reporta o artigo 14.º, do CPPT. Por regra, não poderão o impugnante, nem o representante da Fazenda Pública, pronunciar-se sobre o parecer emitido pelo Ministério Público, a não ser que, nos termos do n.º 2, do artigo 121.º, do CPPT, naquele se suscite questão que obste ao conhecimento do pedido.

Subsequentemente são os autos conclusos para prolação da sentença, nos termos do disposto pelo n.º 1, do artigo 122.º, do CPPT. Na esteira do que estabelece o n.º 1, do artigo 123.º, do CPPT, da sentença constará a identificação dos interessados e os factos objecto de litígio, a síntese da pretensão do impugnante, bem como os respectivos fundamentos, a posição do representante da Fazenda Pública e do Ministério Público, e ainda, as questões que ao tribunal cumpre dar solução. Acresce que, de acordo com o n.º 2 da mesma disposição legal, deverá o juiz discriminar a matéria de facto provada e não provada, fundamentando as suas decisões. Do mesmo modo, e no que não se encontrar especialmente previsto para o contencioso tributário, deverá a sentença nesta sede proferida respeitar o disposto pelos artigos 659.º e seguintes, do CPC.

Na elaboração da decisão que recair sobre a pretensão do impugnante, deverá o juiz atender igualmente, no que contende com a ordem de conhecimento dos vícios, ao teor do artigo 124.º, do CPPT. Estabelece este dispositivo, no seu n.º 1, que terão prioridade, na apreciação judicial, os vícios que conduzam à declaração de inexistência ou nulidade do acto impugnado e, depois, os vícios arguidos que conduzam à sua anulação. Mais estabelece o n.º 2 do mesmo normativo que, no âmbito do primeiro daqueles grupos de vícios, deverá a apreciação do Tribunal debruçar-se, prioritariamente, sobre aqueles cuja procedência determine, segundo o prudente critério do julgador, mais estável ou eficaz tutela dos interesses ofendidos – o que sucederá, com maior probabilidade, se o reconhecimento de determinado vício por decisão judicial impedir a renovação do acto objecto de impugnação[46-47]. Já no que respeita ao segundo dos referidos grupos, atinente aos vícios determinantes da anulabilidade do acto contestado, deverá o tribunal seguir a ordem indicada pelo impugnante, sempre que este estabeleça entre os vícios invocados uma relação de subsidiariedade – a qual é permitida pelo artigo 101.º, do CPPT – e não sejam arguidos outros vícios pelo Ministério Público. Nos restantes casos, designadamente se tiver o Ministério Público arguido outros vícios, deverá, no seguimento do que sucede relativamente ao primeiro grupo de vícios, dar-se prioridade ao conhecimento daqueles cuja procedência origine, segundo o prudente critério do julgador, mais estável ou eficaz tutela dos interesses ofendidos.

---

[46] Assim, em face de um vício que, embora gerador da nulidade do acto tributário, admite a respectiva renovação, e outro determinante da anulação do acto mas impeditivo da renovação do mesmo, deve conhecer-se de ambos. Neste sentido, cfr. JORGE LOPES DE SOUSA, *Código de Procedimento...*, vol. II, *ob. cit.*, pp. 341-342. Perfilhando a tese sustentada por JORGE LOPES DE SOUSA, cfr. Acórdãos do Supremo Tribunal Administrativo, de 07.12.2010, processo n.º 0569/10; de 06.07.2011, processo n.º 0355/11; de 07.09.2011, processo n.º 023/11.

[47] A renovação do acto tributário resulta possível sempre que, uma vez proferida decisão judicial de declaração de nulidade ou de inexistência ou de anulação daquele, a Autoridade Tributária pratique, no reexercício do poder tributário, um novo acto, de conteúdo idêntico, dirigido ao mesmo destinatário, expurgado do vício que determinou a eliminação do anterior acto da ordem jurídica. O mesmo será afirmar que apenas no caso de a decisão anulatória se alicerçar no reconhecimento de vício formal do acto tributário é que será admissível a renovação deste, uma vez que, tratando-se de vícios substantivos, a repetição do conteúdo do acto implicaria, necessariamente, a repetição do vício – cfr. DIOGO FREITAS DO AMARAL, *A Execução das Sentenças dos Tribunais Administrativos*, 2.ª edição, Coimbra, Almedina, 1997, p. 58.

2.1.3. Da sindicabilidade da decisão proferida por tribunal administrativo e fiscal de primeira instância

2.1.3.1. Do pedido de aclaração da sentença

Em face da notificação da sentença proferida por tribunal tributário de primeira instância, a parte vencida poderá apresentar, nos termos da alínea a), do n.º 1 e do n.º 3, do artigo 669.º, do CPC, pedido de aclaração da mesma, *i.e.*, requerer o esclarecimento de alguma obscuridade ou ambiguidade da decisão ou dos seus fundamentos. Na esteira do Supremo Tribunal Administrativo, no seu Acórdão de 05.07.2012, processo n.º 0327/10, "(...) *a decisão só é obscura quando contém algum passo cujo sentido seja ininteligível e ambígua quando alguma passagem se preste a interpretações diferentes e sentidos porventura opostos. Ou seja, o requerimento de aclaração/esclarecimento só pode ser atendido no caso de se constatar a existência de um vício que prejudique a compreensão do acórdão e não para obter uma fundamentação mais desenvolvida ou pormenorizada*". Em conformidade com o disposto pelo n.º 3, do citado artigo 669.º, do CPC, cabendo recurso da decisão, o pedido de aclaração deverá incluir-se nas alegações[48].

Mais se refere o n.º 2, do artigo 669.º, daquele diploma à possibilidade de, não cabendo recurso da decisão, ser requerida a reforma da sentença quando, por manifesto lapso do juiz, (i) tenha ocorrido erro na determinação da norma aplicável ou na qualificação jurídica dos factos; ou (ii) constem do processo documentos ou outro meio de prova plena que, só por si, impliquem necessariamente decisão diversa da proferida.

2.1.3.2. Da recorribilidade da sentença

Da decisão judicial proferida em primeira instância, poderá ser interposto recurso, mediante a verificação de alguns requisitos legalmente estipulados nos artigos 279.º e seguintes, do CPPT. Assim, em primeiro lugar, terá

---

[48] Esta determinação legal, adaptada à regra vigente no contencioso tributário nos termos do artigo 282.º, do CPPT, deverá entender-se no sentido em que o pedido de aclaração deverá constar, nos casos em que num primeiro momento, apenas se interponha recurso da decisão proferida (ficando a apresentação de alegações relegada para uma fase posterior à da prolação de despacho de admissão do recurso) do requerimento de interposição deste.

de tratar-se, em face do disposto pelo n.º 4, do artigo 280.º, do CPPT, de um processo de impugnação judicial cujo valor seja superior a um quarto das alçadas fixadas para os tribunais de primeira instância. Ora, de acordo com o teor do artigo 31.º, da NLOFTJ, a alçada dos tribunais judiciais de primeira instância ascende a € 5.000,00, pelo que a sindicabilidade da sentença proferida em processo judicial tributário dependerá de ser o valor da causa superior a € 1.250,00.

Confirmando-se o preenchimento desta primeira condição de recorribilidade da decisão, o recurso poderá ser interposto, conforme preceitua o n.º 1, do artigo 280.º, do CPPT, no prazo de 10 dias, pelo impugnante, pelo Ministério Público, pelo representante da Fazenda Pública e por qualquer outro interveniente que no processo fique vencido, *i.e.*, que não tenha obtido a satisfação cabal dos seus interesses na causa.

A tramitação dos recursos no âmbito do contencioso tributário é a mesma prevista para os recursos de agravo[49] do processo civil, nos termos do artigo 281.º, do CPPT. Em conformidade com o estabelecido pelo artigo 282.º, do CPPT, deverá o recorrente, em primeiro lugar, apresentar requerimento no qual declara a intenção de recorrer, sendo, nessa sequência, notificado de despacho que admite ou rejeita o recurso. Do despacho de rejeição do recurso, caberá reclamação para o relator do tribunal superior, nos termos conjugados dos n.º 1 a 4, do artigo 688.º, do CPC, no prazo de 10 dias contados da notificação da decisão. Sendo o recurso admitido, deverá o recorrente apresentar as alegações de recurso perante o tribunal recorrido – embora dirigidas ao tribunal superior –, nos 15 dias seguintes àquela notificação[50], podendo o

---

[49] Com a reforma do processo civil, operada pela entrada em vigor do Decreto-Lei n.º 303/2007, de 24 de Agosto, foi suprimido o recurso de agravo, tendo sido adoptado um regime monista de recursos e reformulado o recurso de apelação. Assim, na esteira de JORGE LOPES DE SOUSA, "[r]*elativamente aos processos iniciados a partir de 1-1-2008 (...), a remissão para o regime dos recursos de agravo (...) deve considerar-se efectuada para o regime do recurso de apelação previsto no CPC, no que concerne aos recursos de decisões de 1.ª instância, e para o regime do recurso de revista, previsto no mesmo Código, quanto aos recursos interpostos de decisões proferidas em 2.ª instância*" – cfr. JORGE LOPES DE SOUSA, *Código de Procedimento e de Processo Tributário Anotado e Comentado*, vol. IV, 6.ª edição, Lisboa, Áreas Editora, 2011, p. 428.

[50] As alegações incluirão conclusões, as quais devem conter as referências elencadas no n.º 2, do artigo 685.º-A, do CPC, se estiver em causa matéria de direito e os aspectos enunciados no n.º 1, do artigo 685.º-B, do CPC, tratando-se de matéria de facto. Sendo as conclusões deficientes, obscuras ou complexas, deverá o relator convidar o recorrente a completá-las,

recorrido contra-alegar no prazo de 15 dias contados do termo do prazo para as alegações do recorrente[51]. Seguidamente, o processo subirá ao tribunal superior, mediante simples despacho do juiz ou, em caso de o fundamento assentar em oposição de julgados, do relator, tal como prevê o n.º 1, do artigo 286.º, do CPPT.

De acordo com o preceituado pelo n.º 2, do artigo 286.º, do CPPT, o efeito dos recursos será, em regra, meramente devolutivo, revestindo, porém, carácter suspensivo, sempre que haja sido prestada garantia ou a utilidade do recurso resulte afectada pelo efeito meramente devolutivo.

O recurso deverá, tal como estabelece o n.º 1, do artigo 280.º, do CPPT, ser dirigido a uma de duas instâncias distintas: o Tribunal Central Administrativo, se em causa estiver matéria de facto e de direito; e o Supremo Tribunal Administrativo, Secção de Contencioso Tributário, quando a matéria for exclusivamente de direito[52].

(i) Do recurso per saltum

O mesmo artigo 280.º, do CPPT prevê, ainda, no seu n.º 5, a possibilidade de sindicância da decisão de primeira instância, directamente pelo Supremo Tribunal Administrativo, caso aquela perfilhe solução oposta à sustentada por três sentenças do mesmo ou de outro tribunal de igual grau ou por decisão de tribunal hierarquicamente superior, quanto ao *"mesmo fundamento de direito"* e na *"ausência substancial de regulamentação jurídica"*. Necessária será, assim, a verificação da identidade dos factos subjacentes e, bem assim, do quadro legal aplicado, tanto na decisão recorrida, como na decisão funda-

---

esclarecê-las ou sintetizá-las, no prazo de cinco dias, sob pena de não se conhecer do recurso, na parte afectada, nos termos do n.º 3, do artigo 685.º-A, do CPC. A não apresentação das conclusões consubstancia fundamento de indeferimento do requerimento, conforme preceitua a alínea b), do n.º 2, do artigo 685.º-C, do CPC.

[51] A tramitação do recurso será diversa no caso dos processos urgentes, tal como prevê o artigo 283.º, do CPPT, o que não se aplica à impugnação judicial, de que ora nos ocupamos.

[52] O disposto pelo n.º 1, do artigo 280.º, do CPPT está em consonância com a competência de cada um daqueles Tribunais, prevista pelo n.º 5, do artigo 12.º e pelo n.º 3, do artigo 31.º, ambos do ETAF.

mento[53]. Esta via de recurso afigura-se possível, mesmo nos casos em que, o valor da acção não permitiria, à partida a recorribilidade da respectiva decisão. De realçar é o facto de a regulamentação deste recurso fundado em *oposição de julgados* constar dos artigos 280.º a 283.º, do CPPT, havendo assim que distingui-lo do tipo de recurso consagrado pelo artigo 284.º, do CPPT e baseado em *oposição de acórdãos*[54]. Não obstante, será o artigo 284.º, do CPPT analogicamente aplicável nos seus n.ᵒˢ 1 e 2[55] ao recurso por *oposição de julgados*, pelo que deverá o recorrente indicar, no requerimento de interposição de recurso, o fundamento previsto pelo n.º 5 do mencionado artigo 280.º, bem como o lugar em que hajam sido publicadas ou registadas as decisões, sendo que ao juiz será possível ordenar a junção de certidões para efeito de prosseguimento do recurso, sob pena de rejeição do mesmo.

(ii) Do recurso por oposição de acórdãos

Sendo o recurso da decisão de primeira instância apreciado pelo Tribunal Central Administrativo, o acórdão por este proferido poderá ainda ser objecto de recurso para o Supremo Tribunal Administrativo, no caso de se verificar oposição de acórdãos, nos termos do n.º 2, do artigo 280.º, do CPPT. A tramitação deste recurso seguirá o disposto pelo artigo 284.º, do CPPT, bem como as regras gerais previstas pelos artigos 280.º e 282.º do mesmo diploma. Assim, e nos termos do n.º 1, do artigo 284.º, do CPPT, do requerimento de interposição de recurso deverá constar a declaração da vontade de recorrer, bem como a indicação, com a necessária individualização, do acórdão anterior[56] que esteja em oposição com o acórdão recorrido, bem como o lugar em que

---

[53] Cfr. Acórdão do Supremo Tribunal Administrativo, de 23.11.2011, processo n.º 0945/10. O mesmo Aresto defende que o recurso interposto nos termos do n.º 5, do artigo 280.º, do CPPT não poderá contrapor à sentença recorrida, acórdão do Tribunal Constitucional.
[54] Neste sentido, cfr. JORGE LOPES DE SOUSA, *Código de Procedimento...*, vol. IV, *ob. cit.*, p. 421.
[55] Cfr. IDEM, *ibidem*, *loc. cit.*. Assim também, cfr. Acórdão do Supremo Tribunal Administrativo, de 31.03.2004, processo n.º 01736/03.
[56] Na esteira de JORGE LOPES DE SOUSA, "(...) *apenas pode ser invocado como fundamento do recurso um só acórdão anterior que esteja em oposição com o recorrido, relativamente à mesma questão jurídica*". Assim, "(...) *as referências a acórdãos, no plural, que são utilizadas nos n.ᵒˢ 1 e 2 deste artigo 284.º deverão ser entendidas como reportando-se aos casos em que existam duas ou mais decisões decididas no acórdão recorrido relativamente às quais o recorrente entende que este está em oposição com arestos anteriores*" – cfr. JORGE LOPES DE SOUSA, *Código de Procedimento...*, vol. IV, *ob. cit.*, p. 468.

tenha sido publicado ou registado, sob pena de rejeição do recurso. Sendo este admitido[57], exige o n.º 3, do artigo 284.º, do CPPT que o recorrente apresente, nos 8 dias subsequentes à notificação do despacho de admissão, alegação tendente a demonstrar que entre os acórdãos existe a oposição exigida[58]; doutro modo, será o recurso julgado deserto, conforme prevê o n.º 4, do artigo 284.º, do CPPT. Caso seja produzida a aludida alegação, poderá o recorrido responder, no mesmo prazo[59], contado do termo do prazo da alegação do recorrente. Uma vez apresentada a resposta do recorrido, poderá o relator entender que inexiste oposição de acórdãos – caso em que considerará o recurso findo – ou que, pelo contrário, a mesma se confirma, notificando o recorrente para alegar[60] e o recorrido para contra-alegar, sobre o mérito do recurso, ao abrigo do n.º 3, do artigo 282.º aplicável *ex vi* n.º 5, do artigo 284.º, ambos do CPPT.

(iii) Do recurso de revisão

O CPPT regula, ainda, no seu artigo 293.º, um recurso extraordinário de revisão da sentença, o qual poderá, de acordo com o n.º 1 daquela disposição

---

[57] O recurso poderá, nesta fase, ser rejeitado, caso, nos termos da alínea a) do n.º 2, do artigo 685.º-C, do CPC, seja inadmissível, intempestivo ou se verifique existir falta de legitimidade do recorrente.

[58] Neste contexto, será, porventura, ajustado sublinhar a exigência dos pressupostos de que depende o reconhecimento da oposição de acórdãos e que se traduzem, essencialmente, na (i) contradição entre o acórdão recorrido e aquele invocado como fundamento do recurso, (ii) sobre a mesma questão fundamental de direito e, bem assim, na (iii) inexistência de sintonia entre a decisão impugnada e a jurisprudência mais recentemente consolidada pelo Supremo Tribunal Administrativo. Acresce que, a fim de apurar se estaremos ou não em face de uma contradição, importará ainda indagar se as questões de facto e de direito são idênticas em ambos os casos, se a regulamentação jurídica foi objecto de alteração substancial, se se fixou, nos acórdãos identificados, soluções opostas e, ainda, se a oposição decorre de decisões expressas ou meramente implícitas (não se admitindo, neste último caso, a princípio, o recurso por oposição de acórdãos) – neste sentido, cfr. Acórdão do Supremo Tribunal Administrativo, de 16.11.2011, processo n.º 0460/11; Acórdão do Pleno da Secção de Contencioso Tributário do Supremo Tribunal Administrativo, de 26.09.2007, processo n.º 0452/07.

[59] Cfr. JORGE LOPES DE SOUSA, *Código de Procedimento...*, vol. IV, *ob. cit.*, p. 474.

[60] No âmbito desta alegação, que deverá ter por objecto a questão de fundo – e já não a simples existência de uma contradição jurisprudencial – o recorrente deverá atacar a decisão recorrida quanto aos seus fundamentos de facto e de direito – cfr. JORGE LOPES DE SOUSA, *Código de Procedimento...*, vol. IV, *ob. cit.*, p. 485.

legal, ser interposto relativamente a uma decisão[61] transitada em julgado, no prazo de quatro anos. Este recurso apenas será admitido, em conformidade com o que preceitua o n.º 2, do referido artigo 293.º, em caso três situações distintas: (a) prolação de decisão judicial transitada em julgado que declare a falsidade do documento; (b) surgimento de documento novo que o interessado não tenha podido nem devia apresentar no processo e que seja suficiente para a destruição da prova feita[62]; ou (c) falta ou nulidade da notificação do requerente quando tenha dado causa a que o processo corresse à sua revelia.

O recurso de revisão é interposto mediante a apresentação de requerimento junto do tribunal que proferiu a decisão a rever, no prazo de 30 dias contados da verificação de um dos factos elencados no n.º 3, do artigo 293.º, do CPPT, juntamente com a documentação necessária.

Sendo admitida, a revisão seguirá, de acordo com o estabelecido pelo n.º 5, do artigo 293.º, do CPPT, os mesmos termos do processo em que tiver sido proferida a decisão revidenda.

(iv) Do recurso dos despachos interlocutórios

A susceptibilidade de recurso não consubstancia uma característica exclusiva das decisões proferidas a final. Também os despachos interlocutórios, produzidos ao longo do processo de impugnação judicial, que não versam sobre o mérito da causa, serão sindicáveis pelo impugnante ou pela Fazenda Pública perante um tribunal superior, nos termos do artigo 285.º, do CPPT. Este recurso, *i.e.*, requerimento de interposição e alegações, deve ser apresentado no prazo de 10 dias, sendo a regra aqui aplicável a da subida nos próprios autos e a final, com o recurso interposto da sentença. O regime regra de subida dos recursos de despachos interlocutórios pode, no entanto, conhe-

---

[61] Em causa poderá estar uma sentença ou um acórdão – assim, cfr. JORGE LOPES DE SOUSA, *Código de Procedimento...*, vol. IV, ob. cit., p. 544.

[62] A este respeito, entendeu já o Tribunal Central Administrativo Norte, em Acórdão de 09.06.2010, processo n.º 00159/08.9BEMDL-A, que *"[s]e os documentos apresentados como fundamento do pedido de revisão, apesar de terem sido emitidos com data ulterior à da sentença cuja revisão se pretende, se reportam a factos anteriores à data em que foi proferida a sentença e nada obstava a que o recorrente os tivesse obtido até essa data (sendo, aliás, que o recorrente nada alegou no sentido dessa impossibilidade), só não tendo feito por determinação sua ou negligência, não se verifica um dos requisitos enunciados no citado n.º 2 do art. 293.º do CPPT, motivo por que o pedido de revisão não pode proceder".*

cer desvios. Por um lado, cumulando-se a impugnação do despacho interlocutório, com fundamento em matéria de facto ou de facto e de direito, e a impugnação judicial da decisão final com fundamento exclusivamente em matéria de direito, o recurso do despacho interlocutório é processado em separado, conforme determina o n.º 3, do artigo 285.º, do CPPT. Por outro lado, na esteira do n.º 2, do artigo 285.º, do CPPT, poderá este recurso subir em separado, de imediato, caso seja o seu efeito útil afectado pela subida a final, nos próprios autos[63] e, bem assim, nos casos em que o recurso não respeite ao objecto do processo (o que incluirá o indeferimento de impedimentos opostos pelas partes).

Tanto o impugnante como a Fazenda Pública poderão socorrer-se de outro tipo de recursos que não os especialmente disciplinados pelo CPPT. Refira-se, a título de exemplo, o recurso de revista que, não obstante encontrar a sua disciplina no CPTA, é também passível de interposição em sede de impugnação judicial, por força da remissão constante da alínea c), do artigo 2.º, do CPPT. Por facilidade de exposição, reportar-nos-emos a este e a outros recursos previstos pelo CPTA no ponto *infra*, a propósito da sindicância da decisão proferida em sede de acção administrativa especial.

2.2. Da acção administrativa especial

2.2.1. Quanto ao objecto

Confrontado com actos da autoria da Autoridade Tributária, que não comportem a apreciação da legalidade do acto de liquidação, ou com o indeferimento, total ou parcial, ou revogação de isenções ou outros benefícios fiscais, quando dependentes de reconhecimento daquela, poderá o contribuinte, conforme

---

[63] Terá de se tratar de uma situação em que a subida a final torne o efeito do recurso *absolutamente* inútil, o que não se verificará, por exemplo, no caso do despacho de dispensa da produção de prova testemunhal – cfr. JORGE LOPES DE SOUSA, *Código de Procedimento...*, vol. IV, *ob. cit.*, p. 496. Diversamente, no âmbito da acção administrativa especial, em face do despacho que indefira a realização da inquirição de testemunhas, poderá ser interposto recurso com subida imediata, nos termos conjugados do n.º 5, do artigo 142.º, do CPTA e da alínea i), do n.º 2, do artigo 691.º e do n.º 2, do artigo 691.º-A, ambos do CPC.

preconizam a alínea p), do n.º 1 e o n.º 2, do artigo 97.º, do CPPT[64], contestar a sua legalidade através da instauração de acção administrativa especial, a qual é regulada pelas normas do CPTA[65].

Enquanto meio processual inserido no contencioso administrativo, que é de plena jurisdição, a acção administrativa especial diferencia-se, em diversos aspectos, da impugnação judicial. Desde logo, trata-se de um tipo de processo que não se dirige, em exclusivo, à mera eliminação do acto impugnado da ordem jurídica, através da sua anulação, declaração de nulidade ou de inexistência. Assim, tendo a Autoridade Tributária praticado um acto de indeferimento ou omitido a pronúncia a que se encontrava legalmente vinculada, o pedido a formular pelo contribuinte, no âmbito da acção administrativa especial, deve ser de condenação à prática do acto devido. Ora, à luz do n.º 2, do artigo 66.º e do n.º 1, do artigo 71.º, ambos do CPTA, no processo de condenação à prática de acto devido, o juiz apreciará, não a validade do acto de indeferimento[66], mas antes a própria pretensão material do interessado, não se limitando, por isso, a devolver a questão ao órgão administrativo competente, uma vez analisada a validade do acto. Deste modo, em face do indeferimento de um benefício fiscal ou, bem assim, no caso em que o peticionado pelo contribuinte não haja sequer sido objecto de pronúncia[67], o Tribunal não se limitará, em sede de acção administrativa especial, a avaliar a (i)legalidade do acto praticado pela Autoridade Tributária, declarando a sua validade ou invalidade e mantendo-o ou removendo-o da ordem jurídica, como sucederá em sede de impugnação judicial. Pelo contrário, terá o Tribunal de aferir se, perante as circunstâncias do caso submetido a juízo e em face do direito correspondentemente aplicável, deveria o benefício fiscal

---

[64] Onde, neste preceito, se lê *recurso contencioso* deve ler-se *acção administrativa especial*, conforme determina o artigo 191.º, do CPTA.

[65] Os actos praticados pela Autoridade Tributária que podem ser contestados em sede de acção administrativa especial, não poderão, contudo ser objecto de arbitragem tributária, nos termos do artigo 2.º, do Decreto-Lei n.º 10/2011, de 20 de Janeiro.

[66] O qual existirá tanto no caso da recusa de apreciação, como de recusa de emissão de decisão favorável ao contribuinte – cfr. MÁRIO AROSO DE ALMEIDA e CARLOS ALBERTO FERNANDES CADILHA, *ob. cit.*, p. 395.

[67] Assim, cfr. MÁRIO AROSO DE ALMEIDA e CARLOS ALBERTO FERNANDES CADILHA, *ob. cit.*, pp. 424-425.

ter sido atribuído, condenando a Autoridade Tributária, caso conclua pela positiva, à prática do acto devido.

2.2.2. A tramitação da acção administrativa especial

Em face do exposto, afigura-se possível, no âmbito da acção administrativa especial, a dedução de pedidos distintos, nomeadamente, de anulação de um acto administrativo ou de declaração da sua nulidade ou inexistência jurídica e de condenação à prática de acto legalmente devido (cfr. alíneas a) e b), do n.º 2, do artigo 46.º, do CPTA), cumuláveis nos termos da alínea c), do n.º 2, do artigo 4.º e da alínea a), do n.º 2, do artigo 47.º, do CPTA. No que concerne à pretensão a formular, importa ressalvar que, em face da prática, pela Autoridade Tributária, de actos de conteúdo positivo, responsáveis pela introdução de modificações jurídicas na esfera do respectivo destinatário – como sucederá através da emissão do acto de revogação de isenções ou benefícios fiscais, determinante da extinção dos efeitos produzidos pelo acto revogado – será adequado o pedido de impugnação, nos termos do n.º 1, do artigo 50.º, do CPTA; já se estivermos perante um acto de conteúdo negativo[68], que consiste na recusa de introdução da alteração jurídica requerida pelo contribuinte, ou numa omissão, deverá pugnar-se pela condenação da Autoridade Tributária à prática do acto devido, nos termos do n.º 4, do artigo 51.º, do CPTA[69], pois que a eliminação do acto da ordem jurídica decorre, nestes casos, da própria pronúncia condenatória, tal como resulta do n.º 2, do artigo 66.º, daquele diploma[70]. A instauração de um processo condenatório à prática do acto devido dependerá, assim, da ocorrência de alguma das circunstâncias previstas nas três alíneas do n.º 1, do artigo 67.º, do CPTA, impondo-se que: ou não haja a Autoridade Tributária proferido qualquer decisão dentro do prazo legalmente estabelecido, apesar de o contribuinte ter apresentado

---

[68] Não obstante se trate, em termos substantivos, de um acto administrativo, a verdade é que, do ponto de vista processual, não pode o mesmo ser impugnado – neste sentido, cfr. Acórdão do Tribunal Central Administrativo Norte, de 05.11.2010, processo n.º 00558/09.9BEBRG.
[69] Cfr. MÁRIO AROSO DE ALMEIDA, Novo Regime..., ob. cit., p. 150.
[70] Referindo-se a este concreto aspecto caracterizador das acções administrativas especiais de condenação à prática de acto devido, cfr. Acórdão do Supremo Tribunal Administrativo, de 18.01.2012, processo n.º 0574/10.

requerimento que constituiu o órgão competente no dever de decidir, [alínea a)][71]; ou haja sido recusada a prática do acto devido [alínea b)]; ou tenha a Autoridade Tributária recusado a apreciação do requerimento dirigido à prática do acto [alínea c)].

A acção administrativa especial deverá ser proposta, tratando-se da impugnação de actos tributários, de acordo com o previsto pelos n.os 1 e 2, do artigo 58.º, do CPTA, a todo tempo, caso o acto padeça de vício determinante da respectiva nulidade ou inexistência jurídica e, no prazo de três meses, se se tratar de acto anulável[72]. Para além deste último prazo, e caso ainda não tenha decorrido o prazo de um ano, a impugnação será admitida, nos termos do n.º 4, do artigo 58.º, do CPTA, caso se demonstre, com respeito pelo princípio do contraditório, que no caso concreto, a tempestiva apresentação da petição não era exigível a um cidadão normalmente diligente, por se verificar uma de três situações distintas: (i) a conduta da Administração ter induzido o interessado em erro; (ii) o atraso dever ser considerado desculpável, em face da ambiguidade do quadro normativo aplicável ou das dificuldades de identificação ou qualificação do acto administrativo; ou (iii) ter-se verificado uma situação de justo impedimento.

No que respeita aos processos de condenação à prática de acto devido, é de notar, a propósito das situações de inércia da Autoridade Tributária, que o n.º 1, do artigo 69.º, do CPTA estabelece um prazo de caducidade do direito de acção, de um ano contado desde o termo do prazo legal estabelecido para

---

[71] Com a entrada em vigor do CPTA, eliminou-se, no contencioso administrativo, a figura do indeferimento tácito enquanto ficção legal necessária para o exercício do direito de impugnação judicial do acto administrativo. Contudo, estando em causa actos praticados por órgãos pertencentes à Autoridade Tributária, mantém-se a formação do acto de indeferimento tácito para efeitos de contagem do prazo de propositura da acção administrativa especial, ao abrigo do disposto pelo n.º 5, do artigo 57.º, da LGT, nos casos previstos pela alínea p), do n.º 1 e n.º 2, do artigo 97.º, do CPPT – assim, cfr. Diogo Leite Campos, Benjamim Silva Rodrigues e Jorge Lopes de Sousa, *Lei Geral Tributária Anotada e Comentada*, 4.ª edição, Lisboa, Encontro da Escrita, 2012, p. 483. Sugerindo que medida idêntica à adoptada no contencioso administrativo seja implementada no processo tributário, a fim de penalizar a Autoridade Tributária pelas situações em que ilegalmente se assume silente, cfr. J. L. Saldanha Sanches, *O indeferimento tácito em matéria fiscal: uma garantia do contribuinte?*, in Fiscalidade, n.º 11, Julho 2002, p. 94.

[72] Nesta mesma hipótese, sendo o Ministério Público a instaurar a acção, poderá fazê-lo no prazo de um ano, também nos termos da alínea a), do n.º 2, do artigo 58.º, do CPTA.

a emissão do acto ilegalmente omitido. Deste modo, sendo o prazo máximo do procedimento tributário de quatro meses, tal como determina o n.º 1, do artigo 57.º, da LGT, decorrido um ano sobre aquele período, perde o contribuinte o direito de contestar contenciosamente o silêncio da Autoridade Tributária, muito embora esta mantenha dever de pronúncia. Assim, poderá o contribuinte optar por aguardar pela pronúncia expressa da Autoridade Tributária ou, em alternativa, renovar a pretensão anteriormente deduzida através da apresentação de novo requerimento, deste modo fazendo renascer a possibilidade de impugnação contenciosa[73]. Já se em causa estiver um acto de indeferimento, prevê o n.º 2, do artigo 69.º, do CPTA que seja a acção administrativa especial proposta no prazo de três meses.

A petição inicial da acção administrativa especial, tal como a da impugnação judicial, deverá observar um conjunto de requisitos, que são enumerados pelo artigo 78.º, do CPTA. Entre estes, encontra-se a identificação da entidade demandada, nos termos da alínea e) daquela disposição. A este respeito, importará salientar, por nos ocuparmos, nesta sede, da instauração da acção administrativa especial enquanto meio de reacção a um acto da autoria da Autoridade Tributária, este particular aspecto: muito embora a legitimidade passiva pertença, à luz do n.º 2, do artigo 10.º, do CPTA, ao ministério a cujos órgãos seja imputável o acto impugnado ou sobre cujos órgãos recaia o dever de praticar os actos jurídicos ou observar os comportamentos pretendidos – em princípio, ao Ministério de Estado e das Finanças –, não estará impedida a intervenção, em juízo, do representante da Fazenda Pública. Na verdade, não só inexiste qualquer norma legal que o proíba de, neste meio processual, representar a Autoridade Tributária, como por outro lado, há que atender à atribuição justamente dessa competência, ao abrigo da alínea a), do n.º 1, do artigo 15.º, do CPPT e dos artigos 53.º e 54.º, do ETAF[74].

---

[73] Note-se que não terá aplicação, nesta situação concreta, o disposto pela alínea a), do n.º 2, do artigo 56.º, da LGT, porquanto não obstante haja identidade de sujeito, de objecto e fundamentos, não houve ainda qualquer pronúncia da Autoridade Tributária.

[74] Neste sentido, cfr. JORGE LOPES DE SOUSA, *Código de Procedimento...*, vol. II, *ob. cit.*, p. 209. De notar, contudo, que o n.º 2, do artigo 11.º, do CPTA, prevê a possibilidade de serem as pessoas colectivas de direito público ou os ministérios representados em juízo por licenciado em direito com funções de apoio jurídico, expressamente designado para o efeito. A respectiva actuação, de acordo com aquela disposição, fica adstrita ao cumprimento dos mesmos deveres deontológicos que obrigam o mandatário da contraparte, motivo pelo qual se considera

De todo o modo, o incumprimento daquele, como de algum dos restantes pressupostos contidos no n.º 2, do artigo 78.º, do CPTA, poderá fundamentar a recusa da petição pela secretaria do tribunal competente, com base no disposto pelo artigo 80.º daquele diploma. À semelhança do que sucede em sede de impugnação judicial, também no âmbito da acção administrativa especial, recusando a secretaria a petição inicial, poderá o autor, ao abrigo do preceituado pelos artigos 475.º e 476.º, do CPC aplicáveis *ex vi* n.º 2, do artigo 80.º, do CPTA, reclamar para o juiz, ou apresentar nova petição, ou juntar documento comprovativo do pagamento de taxa de justiça inicial, no prazo de 10 dias após a recusa de recebimento ou de distribuição, ou após a notificação da decisão judicial que haja confirmado a da secretaria – caso em que se terá a acção por proposta na data em que a primeira petição foi apresentada em juízo.

Sendo a petição inicial regularmente apresentada e aceite pela secretaria, procederá esta, oficiosamente, à citação da entidade pública demandada para, querendo, contestar a acção no prazo de 30 dias, nos termos do n.º 1, do artigo 81.º, do CPTA. Não haverá aqui lugar, atendendo à letra da lei, ao despacho liminar do juiz[75] que ainda caracteriza o processo de impugnação judicial. Juntamente com a contestação[76], caso seja esta apresentada, ou não sendo, no respectivo prazo, deve ser junto aos autos o processo administrativo, bem como os demais documentos respeitantes à matéria do processo de que seja detentora a entidade demandada. A par do que nesta matéria prevê o CPPT, o facto de não ser apresentada contestação ou de, sendo, nela não se proceder a uma impugnação especificada, não implicará, de acordo com o n.º 4, do artigo 83.º, do CPTA, que se tenham por provados os factos alegados pelo contribuinte. Do mesmo modo, nos termos do n.º 5, do artigo 84.º, do

---

aplicar-se, nestes casos, a regra do artigo 229.º-A, do CPC, relativamente às notificações entre mandatários – cfr. JORGE LOPES DE SOUSA, *Código de Procedimento e de Processo Tributário*, vol. I, 6.ª edição, Lisboa, Áreas Editora, 2011, p. 397.

[75] A eliminação deste despacho é uma das grandes inovações da regulamentação da acção administrativa especial – cfr. MÁRIO AROSO DE ALMEIDA, *O Novo Regime...*, ob. cit., p. 248.

[76] Acompanhando a contestação deverá ainda estar, nos termos do n.º 3, do artigo 83.º, do CPTA, o despacho de designação do licenciado em Direito com funções em apoio jurídico, caso seja a entidade demandada por aquele representada, nos termos do n.º 2, do artigo 11.º, do CPTA. No entanto, caso não seja o referido despacho junto aos autos, e verificando-se falta ou irregularidade da designação do licenciado, poderá a falta ser suprida e o processado ratificado, ao abrigo do preceituado pelo artigo 40.º, do CPC.

CPTA, a falta de junção do processo administrativo não obsta a que a causa prossiga, embora implique que se considerem provados os factos alegados pelo contribuinte, caso tal omissão torne a prova impossível ou de considerável dificuldade[77].

Aquando da citação da entidade demandada, acede o Ministério Público, de acordo com o n.º 1, do artigo 85.º, do CPTA, a cópia da petição e dos documentos que a instruem, podendo solicitar a realização de diligências instrutórias e pronunciar-se sobre o mérito da causa – se o fizer em defesa de direitos fundamentais dos cidadãos, de interesses públicos especialmente relevantes ou de algum dos interesses difusos plasmados no n.º 2, do artigo 9.º, do CPTA. Tratando-se de processos impugnatórios, prevê ainda o CPTA, nos n.ºs 3 e 4, do citado artigo 85.º, a possibilidade de o Ministério Público invocar causas de invalidade diversas das apontadas na petição e suscitar questões que determinem a nulidade ou inexistência do acto impugnado. Tais poderes de intervenção deverão, nos termos do n.º 5, do artigo 85.º, do CPTA, ser exercidos no prazo de 10 dias após a notificação da junção do processo administrativo aos autos ou, não havendo lugar a esta, da apresentação da contestação, disso sendo notificadas as partes.

Importa igualmente referir, a propósito dos articulados admissíveis na acção administrativa especial, a possibilidade, concedida pelo artigo 86.º, do CPTA, de apresentação de articulados supervenientes, até à fase de alegações, sempre que em causa estiverem factos constitutivos, modificativos ou extintivos do direito invocado que revistam carácter superveniente. Aos olhos da lei, serão supervenientes os factos que, devendo ser aduzidos pelo autor, hajam ocorrido após o termo do prazo para apresentação da petição ou que, no caso de ser a invocação feita pela entidade demandada, tenham ocorrido depois de findo o prazo para dedução de contestação. A superveniência verifica-se, ainda, quanto aos factos que ocorreram em momento anterior ao termo destes prazos, mas apenas após o seu decurso foram conhecidos pela parte com interesse na respectiva alegação, o que deverá, de resto, ser pela mesma demonstrada, conforme determina o n.º 2, do artigo 86.º, do CPTA. Uma vez apresentado o articulado superveniente, a secretaria notifica as outras partes para que, no prazo de 10 dias, apresentem resposta, nos termos do n.º 4,

---

[77] Cfr. nota de rodapé n.º 35.

do artigo 86.º, do CPTA. As provas oferecidas, tanto com o articulado, como com a resposta e, bem assim, os factos articulados que importem à decisão da causa devem, nos termos do n.º 5, do citado artigo 86.º, ser incluídos na base instrutória.

Segue-se a fase do saneamento, a qual se afigura, pelo menos nos termos em que se encontra regulada para a acção administrativa especial, integralmente alheia ao processo de impugnação judicial, no qual não há lugar à prolação de despacho saneador.

Nos termos previstos pelo CPTA, antes mesmo de proferir despacho saneador, o juiz deve assegurar a correcção dos articulados, bem como o suprimento de excepções dilatórias. Como ensinam MÁRIO AROSO DE ALMEIDA e CARLOS ALBERTO FERNANDES CADILHA, "[a] *intervenção do juiz (...) assume a natureza de um despacho pré-saneador – em plena correspondência com o estabelecido no artigo 508.º do CPC (...)*"[78]. Assim, no cumprimento do dever de suscitar e de resolver todas as questões que possam obstar ao conhecimento do objecto do processo, cabe ao juiz corrigir oficiosamente as deficiências e irregularidades[79] de carácter formal de que padeçam as peças processuais, em observância do estabelecido pelo n.º 1, do artigo 88.º, do CPTA. Em alternativa, não se demonstrando possível a correcção oficiosa, nos termos do n.º 2 daquele preceito legal, será proferido despacho de aperfeiçoamento, dirigido ao suprimento das excepções dilatórias e ao convite da parte à correcção das irregularidades de que padeça o articulado, no prazo de 10 dias. Em ambos os casos – de correcção oficiosa e de despacho de aperfeiçoamento –, serão objecto de anulação, nos termos do n.º 3, do artigo 88.º, do CPTA, os actos processuais entretanto praticados que se revelem insusceptíveis de aproveitamento, nomeadamente porque deste resultaria uma diminuição das garantias da entidade demandada. A falta de suprimento ou correcção das deficiências ou irregularidades da petição determinará a absolvição da instância, em conformidade com o preceituado pelo n.º 4, do artigo 88.º, do CPTA.

---

[78] Cfr. MÁRIO AROSO DE ALMEIDA e de CARLOS ALBERTO FERNANDES CADILHA, *ob. cit.*, p. 526.
[79] Deficiências serão "*insuficiências ou imprecisões na exposição ou concretização da matéria de facto alegada*" e irregularidades consistirão "*na falta do requisitos legais, mormente os previstos, para a petição inicial, no artigo 78.º, n.º 1, ou na falta de documento que imperativamente devia ser junto com a peça processual*" – cfr. MÁRIO AROSO DE ALMEIDA e CARLOS ALBERTO FERNANDES CADILHA, *ob. cit.*, p. 527.

Supridas as excepções dilatórias e aperfeiçoados os articulados, procederá o juiz à prolação do despacho saneador, nos termos do n.º 1, do artigo 87.º, do CPTA, sempre que deva (i) conhecer obrigatoriamente, ouvido o autor no prazo de 10 dias, de todas as questões que obstem ao conhecimento do processo (cfr. artigo 89.º, do CPTA e artigos 288.º e 494.º, do CPC) e que não poderão, nos termo do n.º 2, do referido artigo 87.º, ser suscitadas nem decididas em momento posterior; (ii) conhecer total ou parcialmente do mérito da causa, quando, tendo o autor requerido, sem oposição da entidade demandada, a dispensa de alegações finais, o estado do processo permita, sem necessidade de mais indagações, a apreciação dos pedidos ou de algum dos pedidos deduzidos ou, ouvido o autor no prazo de 10 dias, de alguma excepção peremptória; e (iii) determinar a abertura de um período de produção de prova quando tenha sido alegada matéria de facto ainda controvertida e o processo haja de prosseguir.

Por via da aplicação do n.º 2, do artigo 511.º, do CPC, tanto o autor como a entidade demandada poderão reclamar da selecção da matéria de facto, com base em deficiência, excesso ou obscuridade. Do despacho que recair sobre as referidas reclamações contar-se-á o prazo de 15 dias previsto pelo n.º 1, do artigo 512.º, do CPC, para apresentar o rol de testemunhas, requerer outras provas ou alterar requerimentos probatórios que hajam sido feitos nos articulados e requerer a gravação da audiência[80].

Caso não seja possível ao juiz conhecer do mérito da causa no despacho saneador, poderá ordenar, ao abrigo do n.º 1, do artigo 90.º, do CPTA, as diligências de prova que repute necessárias ao apuramento da verdade, sendo admissíveis, nesta sede, nos termos dos artigos 513.º a 645.º, do CPC, os mesmos meios de prova admitidos no processo civil. Acresce que, entendendo ser claramente desnecessária a produção de prova sobre determinados factos ou a utilização de certos meios de prova, poderá o juiz indeferir, mediante despacho fundamentado, requerimentos apresentados com aquele propósito, nos termos do n.º 2, do artigo 90.º, do CPTA. Ter-se-á pretendido, com este regime, *"obviar ao risco de, em processos em que domina a prova documental, o requerimento de outro tipo de prova, em especial, a prova testemunhal, vir a ser utilizado como expediente dilatório, sendo essa solução plenamente justificável, em ordem*

---

[80] Cfr. MÁRIO AROSO DE ALMEIDA e CARLOS ALBERTO FERNANDES CADILHA, *ob. cit.*, p. 520.

aos elementares princípios da economia e celeridade processuais"[81]. No mais, será de aplicar a disciplina processualista civil atinente à produção de prova[82].

Subsequentemente à fase instrutória, de acordo com o n.º 1, do artigo 91.º, do CPTA, o juiz ou relator poderá ordenar oficiosamente, sempre que a complexidade da matéria o justifique, a realização de uma audiência pública tendo em vista a discussão da matéria de facto. Esta audiência poderá igualmente ser requerida por qualquer uma das partes, as quais poderão, contudo, ser confrontadas com a recusa da sua realização, vertida em despacho devidamente fundamentado, caso o juiz considere que a matéria de facto, encontrando-se fixada em documentos juntos aos autos, não é controvertida – assim o preconiza o n.º 2, do artigo 91.º, do CPTA. Se, por outro lado, houver lugar a audiência pública por requerimento das partes, nela serão deduzidas oralmente as alegações que versem sobre matéria de direito, como determina o n.º 3 daquele preceito legal. Sempre que a audiência pública se realize oficiosamente e as partes não tenham renunciado à apresentação de alegações escritas, são notificados o autor e a entidade demandada para, no prazo de 20 dias, querendo, as apresentarem, em cumprimento do disposto pelo n.º 4, do artigo 91.º, do CPTA.

O processo será, nesta sequência, e em conformidade com o n.º 1, do artigo 92.º, do CPTA, concluso ao relator e, quando não deva o mesmo ser julgado por juiz singular, será dada vista simultânea aos juízes-adjuntos, a qual poderá ser dispensada pelo relator em caso de manifesta simplicidade da causa.

A sentença ou acórdão proferidos na sequência do julgamento deverão, em cumprimento do previsto pelo n.º 1, do artigo 94.º, do CPTA, identificar as partes e o objecto do processo, fixando as questões de mérito que devem

---

[81] Cfr. Acórdão do Tribunal Central Administrativo Sul, de 25.11.2009, processo n.º 02814/07. De todo o modo, o facto de poder o juiz indeferir a realização de determinadas diligências probatórias, não é sinónimo da insusceptibilidade de sindicância da decisão de indeferimento, desde logo por se afigurar o direito à prova uma tutela fundamental num tipo de acção como a administrativa especial. Neste sentido, cfr. Acórdão do Supremo Tribunal Administrativo, de 18.01.2012, processo n.º 0574/10 e Acórdão do Tribunal Central Administrativo Sul, de 03.02.2009, processo n.º 02087/07.

[82] Atente-se, apenas, na diferença quanto ao número de testemunhas admitido em sede de impugnação judicial (três por facto e dez no total, nos termos do n.º 1, do artigo 118.º, do CPPT) e de acção administrativa especial (cinco por facto e vinte no total, nos termos do n.º 1, do artigo 632.º e do artigo 633.º, ambos do CPC aplicáveis *ex vi* n.º 2, do artigo 90.º, do CPTA).

ser objecto de solução pelo tribunal, apresentando os fundamentos e a decisão final.

O dever do juiz de, oficiosamente, conhecer de determinadas questões define-se, na sua extensão, por referência a três regras fundamentais, explicitadas pelo n.º 1, do artigo 95.º, do CPTA: (i) na sentença ou acórdão deve o juiz conhecer todas as questões que as partes tenham submetido à sua apreciação[83]; (ii) do conhecimento oficioso são exceptuadas as questões cuja decisão seja prejudicada pela solução dada a outras; (iii) não poderá o juiz ocupar-se senão das questões suscitadas, salvo quando a lei lhe permita ou imponha o conhecimento oficioso de outras[84]. Não obstante, estabelece o n.º 2 do mesmo dispositivo que, estando em causa processos impugnatórios – e diversamente do que sucede no seio do contencioso tributário – o tribunal deve pronunciar-se sobre todas as causas de invalidade invocadas contra o acto impugnado[85], excepto quando não possa dispor dos elementos indispensáveis para o efeito. Do mesmo modo, deverá o juiz identificar a existência de causas de invalidade diversas das que tenham sido alegadas, ouvidas as partes para alegações complementares no prazo comum de 10 dias, quando assim o exija o princípio do contraditório.

---

[83] O que reflecte a aplicabilidade, no contencioso administrativo, do princípio do dispositivo, consagrado no n.º 2, do artigo 264.º, do CPC, de acordo com o qual ao tribunal compete a resolução de litígios nos termos em que estes lhes forem submetidos pelas partes – assim, cfr. MÁRIO AROSO DE ALMEIDA e CARLOS ALBERTO FERNANDES CADILHA, ob. cit., pp. 568-569. Comparando o processo tributário e o processo civil, justamente com base no facto de ao primeiro presidir o princípio do dispositivo, e ao segundo o princípio do inquisitório, cfr. JOSÉ LUÍS SALDANHA SANCHES, *Princípios do Contencioso Tributário*, Lisboa, Fragmentos, 1987, p. 20.

[84] Veja-se, por exemplo, a nulidade do acto administrativo, nos termos do n.º 2, do artigo 134.º, do CPA – cfr. MÁRIO AROSO DE ALMEIDA e CARLOS ALBERTO FERNANDES CADILHA, ob. cit., p. 570.

[85] Deste modo pretendeu o legislador prevenir que pudesse a Administração vir a renovar o acto "*com base nalguns dos argumentos que já tivessem sido considerados na sentença anulatória*" – cfr. MÁRIO AROSO DE ALMEIDA e CARLOS ALBERTO FERNANDES CADILHA, ob. cit., p. 571. O projecto de lei de adaptação do contencioso tributário à reforma do contencioso administrativo, cuja entrada em vigor foi prevista – sem nunca se ter, porém, concretizado – para 01.01.2004, consagrava a introdução de norma idêntica no âmbito do processo de impugnação judicial. Criticando esta solução, por se tratar de uma actividade que se revela, à data de prolação da sentença, *presumivelmente inútil*, cfr. JORGE LOPES DE SOUSA, *Reflexões sobre...*, ob. cit., pp. 77-78.

2.2.3. Da sindicabilidade da decisão proferida por tribunal administrativo e fiscal de primeira instância

2.2.3.1. Do pedido de aclaração da sentença

No que concerne à possibilidade de deduzir pedido de aclaração, remete-se para tudo quanto se referiu no ponto 2.1.3.1.

2.2.3.2. Da recorribilidade da decisão

Da decisão final proferida no âmbito da acção administrativa especial que conheça do mérito da causa[86], poderá ser interposto recurso jurisdicional, cujas disposições gerais se encontram plasmadas nos artigos 140.º a 148.º, do CPTA. Com efeito, muito embora nos reportemos à contestação de um acto praticado pela Autoridade Tributária – o que fará com que a acção administrativa especial instaurada se situe no âmbito do contencioso tributário – a verdade é que, nas palavras de JORGE LOPES DE SOUSA, *"aos recursos jurisdicionais em todos os meios processuais aplicáveis no contencioso tributário que são comuns à jurisdição administrativa e fiscal e que não são regulados no CPPT será aplicável o regime previsto para os meios processuais administrativos"*[87].

Nos termos do n.º 1, do artigo 141.º, do CPTA, tem legitimidade para interpor recurso a parte que na decisão haja ficado vencida. O conceito de parte vencida assume, neste contexto, contornos distintos daqueles que o definem no contencioso tributário, o que se justifica pelo facto de, em sede de acção administrativa especial, recair sobre o juiz, em observância do preceituado pelo artigo 95.º, do CPTA, o dever de conhecer de todas as causas de invalidade imputáveis ao acto administrativo impugnado. Assim, ter-se-á por vencido, de acordo com o n.º 2, do artigo 141.º, do CPTA, o contribuinte que, tendo instaurado a acção administrativa especial e assacado diversas causas de invalidade ao mesmo acto administrativo, tenha decaído em relação à verificação de alguma delas. Impõe-se, porém, para que seja o recurso admissível, que o reconhecimento da referida causa de invalidade pelo tribunal de recurso

---

[86] E, bem assim, daquelas que, não tendo conhecido do mérito da causa, puseram termo ao processo (cfr. alínea d), do n.º 3, do artigo 142.º, do CPTA).
[87] Cfr. JORGE LOPES DE SOUSA, *Código de Procedimento...*, vol. IV, *ob. cit.*, p. 321.

impeça ou limite a possibilidade de renovação do acto anulado. Por outro lado, determina o n.º 3 da mesma disposição legal que, ainda que o acto impugnado haja sido anulado com base no reconhecimento de diferentes causas de invalidade, a sentença poderá ser contestada, desta feita pela Autoridade Tributária, com fundamento na inexistência de apenas uma dessas causas de invalidade, na medida em que do reconhecimento daquela dependa a possibilidade de o acto anulado vir a ser renovado.

O CPTA prevê igualmente outras restrições quanto à admissibilidade dos recursos, designadamente no que respeita ao valor dos processos em que são proferidas as decisões que se visa contestar, o qual deve, em primeiro grau de jurisdição, ser superior à alçada do tribunal de que se recorre[88], tal como determina o n.º 1, do artigo 142.º, do CPTA.

Preceitua o n.º 1, do artigo 143.º, do CPTA, que os recursos têm, salvo o disposto em lei especial, efeito suspensivo da decisão objecto de impugnação e devem, em respeito do disposto pelo n.º 1, do artigo 144.º, do mesmo diploma, ser interpostos no prazo de 30 dias contados desde a notificação daquela. A interposição do recurso efectua-se, ao abrigo do n.º 2, do citado artigo 144.º, mediante a apresentação, perante o tribunal recorrido, de requerimento que inclui a respectiva alegação[89], bem como a invocação dos vícios que se apontam à sentença. Uma vez recebido o requerimento, a secretaria promoverá oficiosamente a notificação do recorrido para alegar no prazo de 30 dias, conforme prevê o n.º 1, do artigo 145.º, do CPPT.

Na linha dos comentários de MÁRIO AROSO DE ALMEIDA e CARLOS ALBERTO FERNANDES CADILHA, e ainda que se trate de um aspecto que não decorre expressamente da disciplina contida no CPTA, o despacho de admissão do recurso interposto terá lugar apenas na sequência da apresentação

---

[88] Ascendendo a dos tribunais administrativos e fiscais a € 1.250,00, nos termos do n.º 2, do artigo 6.º, do ETAF.
[89] As alegações de recurso devem incluir motivação e conclusões. Caso sejam as alegações apresentadas sem as respectivas conclusões ou, ainda, se estas, tendo sido formuladas, não permitirem deduzir quais os concretos aspectos de facto que se têm por incorrectamente julgados ou quais as normas jurídicas que se considera terem sido violadas pelo tribunal *a quo*, deve a parte ser convidada a apresentar, completar ou esclarecer as conclusões, nos termos do n.º 4, do artigo 146.º, do CPTA, sob pena de não se conhecer do recurso na parte afectada.

das contra-alegações[90]. Caso não seja o recurso recebido, poderá o recorrente reclamar para o tribunal com competência para dele conhecer, segundo o disposto pelo n.º 3, do artigo 144.º, do CPTA, conjugado com o n.º 1, do artigo 688.º, do CPC. Assim, como referem aqueles Autores, a reclamação deve ser apresentada perante o Tribunal Central Administrativo, quando se trate de recurso de apelação para este tribunal, ou perante o Supremo Tribunal Administrativo, quando se trate de recurso de revista, recurso *per saltum* ou para uniformização de jurisprudência, sendo directamente apreciada pelo relator do tribunal *ad quem*[91].

As decisões proferidas no âmbito da acção administrativa especial são sindicáveis através de diferentes tipos de recursos, sendo que a regra é a de existência de um único grau de recurso jurisdicional. Situações há, porém, em que verificados determinados pressupostos, poderá existir um duplo grau de recurso.

(i) Do recurso de apelação

Em face de sentença proferida em primeira instância, no âmbito de uma acção administrativa especial, e estando em causa exclusivamente matéria de facto, ou esta cumulada com matéria de direito, qualquer uma das partes poderá interpor recurso de apelação, o qual deve ser apreciado pelo Tribunal Central Administrativo, nos termos conjugados dos artigos 149.º, do CPTA e da alínea a), do artigo 38.º, do ETAF. É de notar que, assumindo-se o recurso de apelação, nos termos do n.º 1, do artigo 149.º daquele diploma, como um recurso *substitutivo* e não *cassatório*[92], deverá o tribunal de recurso julgar novamente o mérito da causa, conhecendo de facto e de direito, ainda que declare nula a sentença recorrida. Já se o recurso for interposto com base em matéria exclusivamente de direito, deverá ser apreciado pela Secção de Contencioso Tributário do Supremo Tribunal Administrativo, nos termos da alínea b), do artigo 26.º, do ETAF.

---

[90] Neste sentido, cfr. Mário Aroso de Almeida e Carlos Alberto Fernandes Cadilha, *ob. cit.*, p. 834. Para mais sobre este ponto, cfr. Mário Aroso de Almeida, *O Novo Regime...*, *ob. cit.*, p. 349.
[91] Cfr. Mário Aroso de Almeida e Carlos Alberto Fernandes Cadilha, *ob. cit.*, p. 946.
[92] Cfr. Mário Aroso de Almeida e Carlos Alberto Fernandes Cadilha, *ob. cit.*, p. 850.

(ii) Do recurso per saltum

O artigo 151.º, do CPTA, prevê a possibilidade de interposição de recurso de sentença proferida em primeira instância, directamente para o Supremo Tribunal Administrativo, reunidos que estejam determinados pressupostos: estar em causa matéria de direito ou tratar-se de causas de valor superior a € 3.000.000,00 ou de valor indeterminável. A este respeito, dir-se-á, com JORGE LOPES DE SOUSA, que, atendendo à repartição de competências entre os Tribunais Administrativos Centrais e o Supremo Tribunal Administrativo, estabelecida nos *supra* citados artigos 26.º e 38.º, do ETAF, parece não colocar-se a necessidade, no âmbito do contencioso tributário, da verificação dos requisitos impostos pelo artigo 151.º, do CPTA, para a admissibilidade do recurso *per saltum* para o Supremo Tribunal Administrativo[93]. Entendendo o Supremo Tribunal Administrativo que não se encontram reunidos os requisitos necessários à admissão do recurso, determinará, nos termos do n.º 3, do artigo 151.º, do CPTA, por meio de decisão definitiva, que o processo baixe ao Tribunal Central Administrativo, para que o recurso aí seja julgado como apelação; já se admitir o recurso, poderá, de acordo com o n.º 4 daquela disposição, haver reclamação para a conferência, nos termos gerais, do n.º 2, do artigo 27.º, do CPTA.

(iii) Do recurso de revista

O CPTA prevê, ainda, a possibilidade de interposição de um outro tipo recurso de revista para o Supremo Tribunal Administrativo, o qual se encontra regulado pelo artigo 150.º, do CPTA: o recurso de revista. Com efeito, qualquer uma das partes poderá dele lançar mão na sequência de decisão do Tribunal Central Administrativo, mediante a verificação de um de dois requisitos amplamente exigentes: estar em causa a apreciação de uma questão que, pela sua relevância jurídica ou social,[94] se revista de importância fundamental; ou

---

[93] Cfr. JORGE LOPES DE SOUSA, *Código de Procedimento...*, vol. IV, ob. cit., pp. 389-390.
[94] Esta resultará, na esteira do Supremo Tribunal Administrativo, da utilidade jurídica deste tipo de recurso, a qual, por sua vez, deverá aferir-se em função da capacidade de expansão da controvérsia em termos que se ultrapasse o mero caso concreto – neste sentido, cfr. Acórdão do Supremo Tribunal Administrativo, de 17.03.2011, processo n.º 030/11.

ser a admissão do recurso claramente necessária a uma melhor aplicação do direito[95]. Na verdade, não obstante se integrar a revista nos recursos jurisdicionais ordinários, é o seu carácter excepcional que estruturalmente a caracteriza, estando por isso configurada como uma *válvula de escape do sistema*[96].

(iv) Do recurso para uniformização de jurisprudência

Constitui uma outra espécie de recurso jurisdicional ordinário, o recurso para uniformização de jurisprudência, que se encontra regulado pelo artigo 152.º, do CPTA, sendo susceptível de interposição pelas partes e pelo Ministério Público, perante o Supremo Tribunal Administrativo, no prazo de 30 dias contados do trânsito em julgado do acórdão impugnado, sempre que sobre a mesma questão fundamental de direito se constate existir tratamento jurisprudencial contraditório. Esta contradição, de acordo com as alíneas a) e b), do n.º 1, do artigo 152.º, do CPTA, poderá verificar-se entre acórdão do Tribunal Central Administrativo e acórdão anteriormente proferido pelo mesmo Tribunal ou pelo Supremo Tribunal Administrativo ou, entre dois acórdãos do Supremo Tribunal Administrativo. Coloca-se a questão de saber, a este respeito, como se afere se sobre uma mesma questão fundamental haverá ou não contradição. Dando resposta a esta questão, esclarecem MÁRIO AROSO DE ALMEIDA e CARLOS ALBERTO FERNANDES CADILHA que deverá haver identidade da questão de direito sobre a qual versou o acórdão em oposição, sendo que aquela pressupõe a identidade do quadro factual; a oposição deverá nascer de decisões expressas e não implícitas; o facto de os acórdãos serem proferidos na vigência de diplomas distintos não impedirá o reconhecimento da

---

[95] A verificação do pressuposto da melhor aplicação do direito "*há-de resultar da possibilidade de repetição num número indeterminado de casos futuros, em termos de garantia de uniformização do direito*" – cfr. Acórdão do Supremo Tribunal Administrativo, de 17.03.2011, processo n.º 030/11. Considerou este Aresto estarem reunidos os requisitos exigidos para a admissão da revista quanto à questão de saber se será possível a modificação objectiva da instância, *i.e.*, a alteração do pedido e da causa de pedir, em sede de processo de impugnação judicial. Diversamente, negando a admissão do recurso de revista, cfr. Acórdão do Supremo Tribunal Administrativo, de 16.11.2011, processo n.º 0740/11.

[96] Como ensina MÁRIO AROSO DE ALMEIDA, é deste modo que este recurso surge referenciado na Exposição de Motivos do CPTA – cfr. MÁRIO AROSO DE ALMEIDA, *O Novo Regime...*, ob. cit., p. 354.

contradição, desde que se trate de regulamentação essencialmente idêntica; a natureza das normas aplicadas poderá ser substantiva ou adjectiva; poderá invocar-se mais do que um acórdão fundamento, desde que as questões antagónicas sejam diferentes[97]. De acordo com o n.º 2, do artigo 152.º, do CPTA, a petição de recurso é acompanhada de alegação em que o recorrente identifique, de forma precisa e circunstanciada, os aspectos de identidade determinantes da contradição invocada, bem como a infracção imputada à sentença. Este recurso não será, porém, admitido, no caso de a orientação perfilhada no acórdão impugnado ser consonante com a jurisprudência mais recentemente consolidada pelo Supremo Tribunal Administrativo, conforme preceitua o n.º 3, do citado artigo 152.º.

(v) Do recurso de revisão

Como recurso extraordinário, prevê o CPTA a revisão de sentença transitada em julgado, a qual pode ser requerida, ao abrigo do disposto pelo n.º 1, do artigo 154.º, do CPTA, ao tribunal que a tenha proferido, nos termos previstos pelo CPC. Segundo a regra aplicável aos recursos, uma vez transitada em julgado a decisão sobre o mérito da causa, a decisão sobre a relação material controvertida fica a ter força obrigatória dentro do processo e fora dele, nos termos do n.º 1, do artigo 671.º e dos artigos 497.º e 498.º, do CPC, assim se dando cumprimento à directriz constitucional consagrada no n.º 2, do artigo 205.º, da CRP. Contudo, admite esta disposição legal a sindicância das decisões – quer dos Tribunais Administrativos de Círculo, quer do Tribunal Central Administrativo e do Supremo Tribunal Administrativo – mesmo após o trânsito em julgado, com os fundamentos previstos pelo artigo 771.º, do CPC[98]. De acordo com o n.º 2, do artigo 772.º, do CPC, o recurso não poderá já ser interposto, contudo, se tiverem decorrido mais de cinco anos sobre o trânsito

---

[97] Cfr. MÁRIO AROSO DE ALMEIDA e CARLOS ALBERTO FERNANDES CADILHA, *ob. cit.*, p. 884.
[98] Exceptuar-se-á, contudo, o fundamento previsto na alínea d), deste preceito, no que respeita à nulidade ou anulabilidade da confissão e da transacção, uma vez que não são as mesmas admitidas no âmbito do contencioso tributário. É que, por um lado, nos termos do n.º 1, do artigo 299.º, do CPC, não é permitida a transacção nem a confissão que importe a afirmação da vontade das partes quanto a direitos indisponíveis e, por outro, enuncia o n.º 2, do artigo 30.º, da LGT, a indisponibilidade do crédito tributário – no mesmo sentido, cfr. JORGE LOPES DE SOUSA, *Código de Procedimento...*, vol. IV, *ob. cit.*, p. 387.

em julgado da decisão, sendo o prazo de interposição de 60 dias contados dos factos elencados nas diversas alíneas daquela disposição legal. A legitimidade para requerer a revisão de decisão transitada em julgado cabe, nos termos do artigo 155.º, do CPTA, ao Ministério Público e às partes e, bem assim, a quem, devendo obrigatoriamente ser citado no processo, não o tenha sido e a quem, não tendo tido oportunidade de participar no processo, tenha sofrido ou esteja em vias de sofrer a execução da decisão a rever. Não obstante o n.º 2, do artigo 155.º, do CPTA, conceder esta legitimidade alargada para a interposição do recurso de revisão, deverá, ainda assim, resultar demonstrada a existência de interesse em agir, devendo o recorrente comprovar a verificação, quanto a si, das situações previstas naquela norma[99]. Sendo admitido o recurso, o juiz ou relator ordenará a sua apensação, conforme determina o n.º 1, do artigo 156.º, do CPTA, ao processo a que respeita, bem como a notificação de todos aqueles que hajam intervindo no processo em que foi proferida a decisão objecto de revisão.

(vi) Do recurso dos despachos interlocutórios

A recorribilidade dos despachos interlocutórios, por seu turno, encontra-se regulada pelo n.º 5, do artigo 142.º, do CPTA, de acordo com o qual deverão aqueles ser impugnados no recurso que vier a ser interposto da decisão final, excepto nos casos de subida imediata previstos no CPC. Nos termos do n.º 2, do artigo 691.º-A, deste diploma, sobem em separado e, portanto de imediato, as apelações não compreendidas no n.º 1 da mesma disposição, ou seja, quando em causa esteja: (i) decisão que aprecie o impedimento do juiz; (ii) decisão que aprecie a competência do tribunal; (iii) decisão que aplique multa; (iv) decisão que condene no cumprimento de obrigação pecuniária; (v) decisão que ordene o cancelamento de qualquer registo; (vi) decisão que seja proferida depois da decisão final; (vii) despacho saneador que, sem pôr termo ao processo, decida do mérito da causa; (viii) despacho que admita ou rejeite meios de prova; e (ix) decisão cuja impugnação com o recurso da decisão final seria absolutamente inútil.

---

[99] Cfr. MÁRIO AROSO DE ALMEIDA e CARLOS ALBERTO FERNANDES CADILHA, *ob.cit.*, p. 893.

IV – Conclusão

A dicotomia fundamental em que assenta o contencioso tributário constitui apenas uma das manifestações do carácter disseminado do quadro normativo que disciplina esta matéria. Numa tentativa de ultrapassar as dificuldades colocadas pelo constante esforço de articulação que implica a prática deste tipo de direito processual – seja do ponto de vista do contribuinte, da Fazenda Pública, ou dos próprios tribunais –, a doutrina tem já avançado soluções que procuram imprimir ao processo judicial tributário a uniformidade de que ele hoje carece[100].

Com efeito, as diferenças existentes entre o processo de impugnação judicial e a acção administrativa especial poderão levar a que se questione, nomeadamente, se o facto de o contribuinte ter ao seu dispor meios processuais que, ora integram um contencioso de mera anulação, ora estão compreendidos num contencioso de plena jurisdição, não implicará uma diminuição injustificada das suas garantias. Ou, por outro lado, que sentido fará, em face de decisões em toda a linha idênticas, ser o regime de recurso distinto conforme o contribuinte tenha contestado um acto de liquidação ou um acto de indeferimento do reconhecimento da caducidade da garantia prestada no âmbito do processo de execução fiscal[101].

Não obstante sejam em grande número as questões que se poderão levantar quanto à tutela efectiva dos interesses do contribuinte em face desta dualidade, a verdade é que, por ora, e até que seja implementada uma eventual

---

[100] A este respeito, veja-se a posição de MARTA REBELO, que sugere a reformulação do processo de impugnação judicial, de modo a que aí se passe a admitir a contestação, não só dos actos cuja anulação, declaração de nulidade ou de inexistência pode já ser peticionada nessa sede, como ainda daqueles em relação aos quais o meio de reacção adequado é ainda a acção administrativa especial – cfr. MARTA REBELO, *O acto tributário está perdido? – Implicações da reforma do processo administrativo no acesso à justiça tributária*, in Cadernos de Justiça Administrativa n.º 54, Novembro/Dezembro 2005, pp. 58-59.

[101] Pense-se, por exemplo, no regime de subida do recurso de uma decisão de dispensa da produção de prova testemunhal, que no âmbito da impugnação judicial terá subida a final (cfr. n.º 1, do artigo 285.º, do CPPT), e em sede de acção administrativa especial subirá de imediato (cfr. n.º 2, do artigo 691.º-A, do CPC aplicável *ex vi* n.º 5, do artigo 142.º, do CPTA).

reforma do contencioso tributário, importará ter presentes os trâmites que compõem um e outro meio processual, assim se diluindo a complexidade inerente à necessária articulação entre o direito processual tributário e o direito processual administrativo.

Embargos de Terceiro: Posse e Direito Incompatível*

ISABEL SOUSA CASTRO
Mestre em Direito, Escola de Direito de Lisboa da Universidade Católica Portuguesa
Advogada Estagiária AB

> *"A vida do direito não tem sido a lógica; tem sido a experiência. (...) Para sabermos o que ele é temos de saber o que ele foi e o que ele tem tendência a ser no futuro."*
> Oliver Wendell Holmes Jr., *The Common Law*

Sumário

Com o presente estudo, pretende-se analisar a problemática inerente ao âmbito objectivo dos embargos de terceiro partindo dos dois requisitos alternativos: a posse e o direito incompatível.

Na primeira parte, analisaremos a evolução histórica dos embargos de terceiro, por entendermos que o enquadramento histórico é uma importante ferramenta de um intérprete. Seguidamente, procuraremos tratar dos fundamentos dos embargos de terceiro, com o intuito de enquadrar a questão no panorama processual.

---

* O presente texto corresponde à dissertação de Mestrado em Direito, apresentada no âmbito do Curso de Mestrado Profissionalizante Forense, ministrado na Faculdade de Direito – Escola de Lisboa da Universidade Católica Portuguesa. As respectivas provas públicas tiveram lugar no dia 7 de Janeiro de 2012, perante um júri composto pelo Doutor Carlos Sardinha (Presidente), Dr. António Montalvão Machado (orientador) e Dra. Ana Taveira da Fonseca (arguente).

Na segunda parte, iremos tratar do âmbito objectivo dos embargos de terceiro, partindo da análise da posse. Feita a delimitação da posse, veremos quais os direitos que, por serem susceptíveis de posse, podem fundamentar o uso dos embargos de terceiro. Iremos tratar criticamente as situações mais discutíveis entre nós, nomeadamente: o penhor, o direito de retenção (inclusivamente, o direito de retenção do promitente-comprador) e os direitos pessoais de gozo.

Por fim, faremos uma análise crítica das concepções apresentadas pela doutrina para delimitar o conceito de direito incompatível.

Introdução

Os embargos de terceiro *"são o meio próprio para reagir ou evitar a realização de diligências judicialmente ordenadas que, por importarem a actual ou eventual apreensão ou entrega de bens, lesam ou possam vir a lesar a posse ou qualquer direito incompatível com essa actuação, de que seja titular quem não é parte na causa em que é ordenada a diligência judicial"*[1].

Como meio de oposição à penhora[2] ou à realização ou âmbito de qualquer diligência, os embargos de terceiro encontram-se consagrados nos arts. 351º e seguintes do CPC, no capítulo que se reporta aos "Incidentes de Instância", nomeadamente na secção referente à "Intervenção de Terceiros".

No entanto, e acessoriamente, podem assumir natureza cautelar, pois o embargante pode requerer a restituição provisória da posse dos bens penhorados (art. 356º do CPC).

No âmbito da acção executiva são um meio de oposição à penhora (art. 863º-A do CPC), concretizando-se, no regime substantivo, num dos meios de defesa possessória (art. 1285º do CC), relativamente a uma penhora ou qualquer acto judicialmente ordenado ou entrega de bens, e de qualquer direito incompatível com a realização ou âmbito da diligência.

---

[1] Ac. do TRP, processo n.º 0643413 de 21/09/2006, disponível em www.dgsi.pt.

[2] A penhora é o acto judicial fundamental do processo de execução, na medida em que para satisfazer o direito do exequente mediante a transmissão de direitos do executado, é necessário, em primeiro lugar, efectuar uma apreensão judicial de bens do executado. Neste sentido, FREITAS, José Lebre, *Acção Executiva, depois da reforma da reforma*, Coimbra, Coimbra Editora, 2009, p. 205.

Inicialmente eram um meio de defesa, exclusivamente possessório, consubstanciando um processo especial incluído no capítulo denominado "Meios Possessórios", nos arts. 1037º a 1043º do CPC.

Contudo, com a reforma de 95/96, operada pelo DL n.º 329-A/95, de 12 de Dezembro, cujo art. 3º revogou o capítulo referente aos arts. 1037º a 1043º, os embargos de terceiros foram introduzidos no capítulo dos "Incidentes de Instância" (na parte geral do CPC), o que se justifica pelo alargamento operado de modo a defender não só a posse, mas qualquer outro "direito incompatível com a realização ou âmbito da diligência".

Naturalmente, o incidente insere-se no processo de execução, ou de processo que comporte diligências executivas, *"porquanto é neste tipo de processual que ocorre a agressão patrimonial susceptível de ofender uma situação de posse ou um direito incompatível"*[3].

Dita o n.º1 do art. 351º o fundamento dos embargos de terceiro, o qual pressupõe não só a ofensa da posse ou de qualquer direito incompatível com a realização ou âmbito da diligência, mas também que o titular dessa posse ou do direito incompatível não seja parte na causa.

Não procuraremos tratar a noção de "terceiro", apesar de interessante e objecto de grande controvérsia. Propomo-nos desenvolver a problemática inerente ao âmbito objectivo dos embargos de terceiro, nomeadamente a questão da posse susceptível de defesa por embargos e se efectivamente o alargamento operado pelo legislador através da introdução da locução "direito incompatível" pretendeu englobar o mero detentor, não sendo a lei muito clara a este respeito.

Atentos, ao regime legal previsto no Código de Processo Civil no respeitante aos embargos de terceiro, bem como aos princípios e finalidades da acção executiva, em consonância com o regime substantivo do Código Civil, pretendemos, face à doutrina e Jurisprudência, proceder a uma análise crítica das posições adoptadas.

---

[3] LOPES DO REGO, Carlos, *Comentário ao Código de Processo Civil*, Volume I, 2ª Edição, Coimbra, Almedina, 2004, p. 324.

Capítulo I
Enquadramento histórico e legal

1. Evolução histórica

A origem dos embargos de terceiro é muito antiga, já estavam consagrados em 1603 nas Ordenações Filipinas, tendo por base a propriedade e não a posse.

Pela Lei de 23 de Dezembro de 1761, os embargos de terceiro eram reconhecidos e regulados como um meio de defesa possessória contra o esbulho resultante de um acto judicial. Diziam-se então de *"terceiro senhor e possuidor e, embora lhes fosse marcada uma natureza possessória, não se excluía o conhecimento do domínio, pois que se exigia até que ajuntassem os títulos"*[4].

Daí, os embargos de terceiro passaram para a Novíssima Reforma Judiciária, diploma que entrou em vigor em 1841. Neste período, os embargos de terceiro não tinham a autonomia nem a independência de uma acção propriamente dita, sendo antes considerados como um incidente do processo de execução ou, como um meio de oposição nos casos expressamente previstos na lei[5]. Eram exclusivamente um meio de tutela possessória, que só podiam ter como fundamento uma posse efectiva.

No Código de Processo Civil de 1876, os embargos de terceiro consubstanciavam um incidente do processo executivo. Contudo, eram admissíveis como meio de oposição taxativamente imposta, nomeadamente na posse judicial avulsa (processo especial, que hoje não existe na ordem jurídica portuguesa), bem como em outros processos regulados nesse código e em legislação posterior[6]. Permaneceram como meio de tutela da posse contra um acto judicial de penhora, arresto ou entrega judicial da coisa. Não obstante esta evolução,

---

[4] FIGUEIREDO, Maria Júlia Correia de Magalhães, *"Os Embargos de Terceiro: estudo de direito processual civil"*, Tese de Licenciatura em Ciências Jurídicas apresentada na Faculdade de Direito da Universidade de Lisboa, Lisboa, 1937.

[5] ROSADO, João de Barros Couto, *Embargos de terceiros no Código de Processo Civil*, Lisboa: Dep. Livraria Portugalia, 1941, p. 11 a 13.

[6] Nomeadamente, pelo Decreto de 15 de Setembro de 1892 e pelo Decreto n.º 21.287 os embargos tornaram-se um meio de oposição à posse judicial e ao arrolamento. Por outro lado, o Decreto n.º 5411 de 17 de Abril de 1919 admitiu os embargos contra o despejo.

como refere Manuel Rodrigues[7], *"subsistia o motivo que levara o legislador a criar os embargos de terceiro, julgava-se que a estes se deveria recorrer, mesmo nos casos não especialmente previstos. Contudo, oponha-se um obstáculo de ordem processual: o emprego de um processo especial num caso em que a lei não o admite.".*

Com o Código de Processo Civil de 1939 os embargos de terceiro continuavam a ser um meio de tutela possessória, regulados nos arts 1036º e seguintes, na secção das acções denominadas "Dos Meios Possessórios".

De um incidente do processo executivo, passaram a constituir um processo especial que, finalmente, assumia uma natureza independente e autónoma com uma dupla finalidade: preventiva e repressiva[8,9]. A este propósito, João Rosado[10] definia-os como *"uma acção concedida ao possuidor de certos bens ou direitos, e, em certos casos, ao executado e à mulher casada, para serem restituídos ou para acautelar a violação da sua posse, quando esta for ou estiver para ser ofendida por qualquer acto ou diligência judicial, ordenado em processo onde esse possuidor não tenha intervindo, nem represente quem foi condenado nela ou quem nela se obrigou, ou ainda, quando se trate de bens que não podem legalmente ser afectados por esse acto ou diligência judicial".*

No Código de Processo Civil de 1961, o regime jurídico dos embargos de terceiro vinha regulado nos art.s 1037º e seguintes, o qual vigorou até à reforma de 1995. Foi com este Código, como refere Antunes Varela[11], que

---

[7] RODRIGUES, Manuel, *A posse: estudo de Direito Civil Português*, 3ª Edição, revista, anotada e prefaciada por Fernando Luso Soares, Coimbra, Almedina, 1980, p. 368.

[8] Na esteira de REIS, José Alberto dos, *Código de Processo Civil Anotado*, Vol. I, 2ª Edição, Coimbra, Coimbra Editora, 1940, p. 720, esta dupla finalidade advém da admissibilidade de dedução de embargos quando a posse fosse ofendida por *"qualquer outra diligência ordenada judicialmente".*

[9] Para Antunes Varela as acções possessórias destinavam-se, por um lado, a remover as ameaças ou perturbações da posse, provenientes de actos dos particulares ou da administração pública, e, por outro lado, os embargos de terceiro visavam as providências emanadas dos órgãos judiciais: ANTUNES VARELA, José António, *Parecer ao Acórdão do Supremo Tribunal de Justiça de 20/10/1988*, in ROA, ano 53, II, 1993.

[10] ROSADO, João de Barros Couto, *Ob. Cit.*, p. 13.

[11] Quanto a este ponto, acrescenta que *"(...) enquanto os procedimentos especiais (acções de prevenção, manutenção ou restituição da posse) sistematicamente previstos e regulados na secção precedente (art. 1033º a 1036º) visam prevenir ou combater os actos de ameaça ou perturbação da posse situados na área do direito substantivo (quer emanem de particulares, quer de pessoas colectivas públicas, sujeitas ao império do direito privado) os embargos de terceiro constituem uma arma ou instrumento de tutela possessória especialmente virado contra os actos judiciais capazes de ameaçar ou perturbar os poderes do*

"os embargos de terceiro tomaram a forma de verdadeiras acções de posse servindo a sua manutenção ou restituição" porque tal como naquelas acções, permitiam a excepção da questão da propriedade, destacando-se daquelas pelo facto de o esbulho ou ameaça serem consequência de um acto judicial[12].

Com a reforma operada pelo DL n.º 329-A/95, de 12 de Dezembro, o corpo do artigo foi alterado, passou de uma acção exclusivamente possessória para uma "porta aberta" através da locução "direito incompatível".

Como é salientado no Acórdão do Tribunal da Relação de Évora[13], «*os embargos de terceiro, que antes da reforma operada pelo Dec. Lei n.º 329-A/95, de 12 Dez ao Cód Proc Civil do Dec. tinham por finalidade a defesa da posse, não podiam ser deduzidos contra o arresto de créditos. Mas com essa reforma passaram a considerar-se "... uma espécie da oposição espontânea, caracterizada por se inserir num processo que comporta diligências de natureza executiva (penhora ou qualquer outro acto de apreensão de bens) judicialmente ordenadas, opondo o terceiro embargante um direito próprio, incompatível com a subsistência dos efeitos de tais diligências" (v. preâmbulo cit Dec Lei n.º 329-A/95) e deixaram de se integrar nas acções possessórias, de que se distinguiam na medida em que a ofensa da posse cujo acto ofensivo visavam repelir resultava de uma decisão judicial*».

A verdade é que este alargamento não resolveu de forma clara as problemáticas suscitadas no âmbito do regime anterior, deixando em aberto a grande discussão doutrinal e jurisprudencial que até então se verificava, centrada na qualidade de posse alegada pelo embargante: era apenas causal, efectiva ou material e em nome próprio ou poderia ser também formal, civil ou jurídica e em nome alheio. Além disso, deixa antever a possibilidade de outras tantas situações poderem ser enquadradas naquele segmento[14].

---

possuidor": ANTUNES VARELA, José António, *Anotação ao Acórdão do Supremo Tribunal de Justiça de 21/12/1982*, in RLJ, ano 119, 1987/1987, n.º 3749.

[12] Neste sentido, PARREIRA, Isabel Ribeiro, *Embargos de Terceiro Preventivos deduzidos a uma penhora de imóveis*, in Revista da Ordem dos Advogados, ano 61, II, Abril 2001, p. 880.

[13] Ac. do TRE, processo n.º 591/06.2TBPTG-B.E1, de 14/05/2009, disponível em www.dgsi.pt.

[14] A doutrina e a jurisprudência dividiam-se, havendo quem considerasse admissível embargar de terceiro aquele que fosse titular de uma posse jurídica, mesmo que não tivesse a posse efectiva, utilizando um argumento histórico, a eliminação da locução "posse efectiva" contida na Novíssima Reforma Judiciária, a qual não passou para o Código de 1876. Este será um dos temas aprofundados nos pontos seguintes.

Por fim, o DL n.º 88/2003 de 8 de Março teve como objectivo principal a necessidade de assegurar uma maior celeridade processual no concernente à tramitação da acção executiva. A Reforma de 2003 ficou marcada pela Jurisdicionalização, ao atribuir ao agente de execução a iniciativa e a prática dos actos necessários à realização da função executiva. Como consequência, o art. 351º do CPC foi alterado devido à necessidade de adaptação às competências atribuídas ao agente de execução, para a realização da penhora de bens do executado. Assim, autonomizou-se a diligência da penhora relativamente aos actos judicialmente ordenados de apreensão ou entrega de bens. Esta alteração teve como efeito uma modificação do correspondente art. do regime substantivo (art. 1285º do CC). Outra alteração, relevante nesta sede, foi a operada no art. 819º do CC, ao consagrar a regra da inoponibilidade à execução dos " actos de disposição, oneração ou arrendamento dos bens penhorados".

Esta última Reforma na acção executiva, não resolveu os problemas que se colocavam antes do DL n.º 329-A/95, de 12 de Dezembro, nem as questões que se colocaram após a entrada em vigor daquele diploma, deixando novamente "tudo em aberto".

2. Fundamentos dos Embargos

Os embargos de terceiro, como meio de oposição, podem ser opostos à penhora por um terceiro quer antes da sua efectivação (art. 359º, n.º1 do CPC), quer após a realização da penhora (art. 353º, n.º2 CPC), podendo assumir uma natureza preventiva ou repressiva, respectivamente.

Como resulta do art. 351º do CPC, fundamentam-se numa posse ou num direito incompatível de um terceiro. Daqui retiram-se dois âmbitos distintos: o âmbito subjectivo e o âmbito objectivo.

O primeiro pressupõe que só pode embargar quem seja terceiro, ou seja, quem não seja parte na acção executiva (art. 351º, n.º1 CPC).

O âmbito objectivo é precisamente a primeira parte do n.º1 do art. 351º do CPC " ofender a posse ou qualquer direito incompatível". É esta a matéria que será analisada.

Antes de tratar deste âmbito objectivo, é necessário fazer uma breve alusão ao conceito de *"penhora ou qualquer acto judicialmente ordenado de apreensão ou entrega de bens*" porque, tal como refere Alberto dos Reis[15], "*o fundamento de facto dos embargos é a diligência judicial que tenha privado ou ameace privar da posse o terceiro possuidor (...)*".

Os embargos de terceiro "*visam (...) reagir contra a penhora, a entrega judicial, o arresto, o arrolamento, (...) o mandado de despejo ou qualquer diligência judicialmente ordenada, de apreensão, de entrega dos bens*"[16].

A penhora é o acto por excelência do processo executivo, previsto nos arts. 821º e seguintes do CPC, "*que tem por efeito a afectação de uma coisa à satisfação de um crédito ou conjunto de créditos*"[17].

Em sentido amplo, "*é um procedimento enxertado no processo e que se extingue no momento em que atinge o seu objectivo último: vinculação dos bens do processo, assegurando a viabilidade dos futuros actos executivos*"[18].

Num sentido estrito, é o acto de apreensão dos bens. É precisamente este acto que pode lesar a posse ou a detenção, exercida por terceiros sobre determinada coisa[19].

A penhora não interfere no direito de propriedade existente sobre os bens penhorados, apenas afectando os poderes directos do executado ou de terceiros exercidos sobre o bem, acarretando uma indisponibilidade material ou, na expressão da doutrina italiana, o efeito do bloqueio material dos bens[20].

No fundo, é um acto que tem como móbil principal a afectação de determinados bens integrantes do património do devedor à realização das finalidades da execução. Assim, consiste numa oneração do direito do titular da coisa penhorada da qual pode vir a resultar a extinção deste e constitui a favor do exequente o direito de ser pago com preferência em relação a qualquer outro credor que não tenha uma garantia real anterior (art. 822º do CC)[21].

---

[15] REIS, José Alberto dos, *Processos Especiais*, Vol. I, Coimbra, Coimbra Editora, 1982, p. 408 a 411.

[16] Ac. do TRP, processo n.º 0643413 de 21/09/2006, disponível em www.dgsi.pt.

[17] PINTO DUARTE, Rui, *Curso de Direitos Reais*, Cascais, Principia, 2002, p. 245.

[18] MESQUITA, Luís Miguel de Andrade, "*Apreensão de bens em Processo Executivo e Oposição de terceiro*", Coimbra, Almedina, 1998, p. 58.

[19] Nos termos do n.º 2 do art. 821º do CPC, é apenas permitida a penhora de bens de terceiro nos casos especialmente previsto na lei e desde que a execução tenha sido movida contra ele.

[20] CASTRO, Artur Anselmo de, *A acção executiva singular, comum e específica*, 3ª Edição, Coimbra, Coimbra Editora, 1977, p. 155.

[21] GONÇALVES, Marco Carvalho, *Embargos de Terceiro na Acção Executiva*, Coimbra, Coimbra Editora, 2010, p. 35.

Do art. 821º do CPC resulta que os bens susceptíveis de penhora são todos os bens do devedor, sendo apenas admissível a penhora de bens de terceiro nos casos consagrados na lei. Na verdade, comporta apenas duas excepções: *"quando sobre eles incida direito real constituído para garantia do crédito exequendo; quando tenha sido julgada procedente impugnação pauliana de que resulte para terceiro a obrigação de restituição dos bens ao credor"*[22].

A expressão *"qualquer acto judicialmente ordenado de apreensão ou entrega de bens"* pressupõe actos judiciais que por si só constituam uma privação do exercício de um direito sobre determinada coisa (móvel ou imóvel). Como refere, Miguel Mesquita[23], estes actos têm, portanto, uma função preliminar e fundamental, são eles que, nos termos da lei, podem ofender a posse ou qualquer direito incompatível com a realização ou o âmbito da diligência de que seja titular um terceiro[24]. São disso exemplo: o arresto, o arrolamento, a acção de despejo[25].

---

[22] FREITAS, José Lebre, *A Acção Executiva (...)*, *Ob. Cit.*, p. 208.
[23] MESQUITA, Luís Miguel de Andrade, *Ob. Cit.*, p. 60.
[24] A Jurisprudência ainda vai mais longe, considerando " *como certo que os embargos de terceiro hão-de fundamentar-se na existência de uma diligência judicial, já efectuada ou apenas ordenada, ofensiva da posse ou de direito incompatível com a sua realização, de que seja titular o respectivo interessado, para tanto não bastando, de forma a caracterizar aquele fundamento a possibilidade teórica ou abstracta de aquela diligência sustentada*", vide Ac. do TRP, processo n.º 0643413, de 21/09/2006, disponível em www.dgsi.pt. No mesmo sentido, Ac. do TRL, processo n.º 18.780/068YYLSB-A.L1-8 de 11/2/2010, disponível em www.dgsi.pt.
[25] Porém, exceptua-se a apreensão de bens em processo de falência ou de insolvência, pois em tais processos pode acontecer serem apreendidos para a massa de bens, aqueles bens que não pertencem ao falido. A lei concede em tal hipótese um meio especialíssimo de defesa, diverso dos embargos, para fazer separar da massa de bens, os indevidamente apreendidos e ser o titular restituído.

Capítulo II
Âmbito objectivo dos Embargos de Terceiro

1. Posse

1.1. Posse e Detenção

O que fundamenta os embargos de terceiro na situação possessória terá de decorrer da noção legal de posse.

O Livro III do Código Civil respeita ao Direito das Coisas, recaindo o seu Titulo I sobre a Posse.

No Direito Romano a posse era conhecida pelo seu significado usual como *"o poder físico de alguém sobre a coisa corpórea"*[26]. Hoje o âmbito da posse é muito mais abrangente, admitindo-se a posse sobre direitos.

A noção de posse consagrada no art. 1251º tem por base duas teorias: objectivista e subjectivista. Ambas as concepções têm como ponto de partida dois elementos essenciais: o *corpus* e o *animus*. O primeiro representa o acto material do agente sobre coisa ou direito possuído, enquanto o segundo é representado pela intenção com que esse agente exerce esse acto material. A concepção subjectivista delineada por Savigny, considera que para existir posse, no sentido jurídico, digna de protecção possessória facultada pela lei é indispensável a concorrência destes dois elementos, contudo, o elemento dominante da posse é o *animus*. Existindo apenas o elemento *corpus*, seria mera detenção[27].

Por outro lado, a teoria objectivista, concebida por Jhering, considerava como elemento preponderante o *corpus*. Para esta concepção toda a detenção é posse. O elemento *animus* apenas contribuía para distinguir entre posse em nome próprio e posse em nome alheio, mas qualquer uma delas é posse digna de protecção jurídica[28],[29].

---

[26] ROSADO, João de Barros Couto, *Ob. Cit.*, p. 15.
[27] Concebia apenas três excepções, as quais concedia tutela possessória: credor pignoratício, ao precarista e ao fiel depositário.
[28] Eram excepções à teoria, não sendo considerados possuidores, o locatário, o precarista, o depositário e o mandatário.
[29] Apesar da inequívoca relevância do tema, por o limite não permitir e por razões de objectividade, não é possível abordar este tema exaustivamente, apesar da sua relevância teórica.

A doutrina não é consensual quanto à teoria presente no regime jurídico da posse, havendo quem entenda que é marcadamente subjectivista[30] e havendo quem considere predominantemente objectivista[31], admitindo como excepção o art. 1253º, n.º1, alínea a) do CC[32].

O art. 1252º do CC dispõe que a posse pode ser exercida por intermédio de outrem, e no caso de dúvida presume-se que a posse continua naquele que a começou (remissão do n.º2 do art. 1252º para o n.º2 do art. 1257º, ambos do CC).

As situações de detenção estão consagradas no art. 1253º do CC, artigo determinante, pois esta delimitação aparente tem como *"efeito a subtracção das situações que são qualificadas como situações meramente detentórias ao regime jurídico da posse e, dentro dele, à tutela possessória"*[33].

Posse e detenção não se distinguem pelo elemento material, ou seja, pelo poder de facto sobre a coisa, mas sim pelo elemento *animus*. O *animus detinendi* *"caracteriza-se pela circunstância de o detentor reconhecer que, sobre a coisa, existe um direito prevalecente de terceiro"*[34]-[35].

---

[30] Neste sentido, MESQUITA, Manuel Henrique, *Direitos Reais*, Coimbra, 1967, p. 68; MOTA PINTO, Carlos Alberto da, *Direitos Reais*, por Álvaro MOREIRA e Carlos FRAGA, Coimbra, Almedina, 1971, reimp., p. 189; PIRES LIMA, Fernando e ANTUNES VARELA, José António, *Código Civil Anotado*, Vol. III, 4ª Edição, Coimbra Editora, Coimbra, 1987, p. 5 e 6; CARVALHO, ORLANDO, *Introdução à posse*, RLJ 122 (1989), pp. 65-69; ASCENSÃO, Oliveira, *Direito civil: reais*, 5ª Edição, revista e ampliada, Coimbra, Coimbra Editora, 1993, p. 249 (numa primeira fase); MESQUITA, Luís Miguel Andrade, *Ob. Cit.*, p. 42; PINTO DUARTE, Rui, *Ob. Cit.*, pp. 271 e seguintes; NETO, Abílio, *Código de Processo Civil Anotado*, 22ª Edição, Lisboa, 2009, p. 520.

[31] Posteriormente, neste sentido, ASCENSÃO, OLIVEIRA, *Ob. Cit.*, p. 86 e seguintes. Ainda, entre outros, CORDEIRO, Menezes, *A posse: perspectivas dogmáticas actuais*, 3ª Edição, Coimbra, Almedina, 1999, p. 55 e seguintes, FERNANDES, Luís A. Carvalho, *Lições de Direitos Reais*, 5ª Edição, Lisboa, Quid Juris, 2003, p. 271-276, SEVIVAS, João, *Posse e meios Processuais*, Viseu, 2009, pp. 16-17.

[32] Ciente da relevância dos argumentos de cada uma das teorias, não nos é possível elencá--los e discuti-los pelo curto espaço de discussão e daí a necessidade de sermos objectivos.

[33] PALMA RAMALHO, Maria do Rosário, *Sobre o fundamento possessório dos embargos de terceiro deduzidos pelo locatário, parceiro pensador, comodatário e depositário*, Lisboa, 1989, Relatório, disponível na Faculdade de Direito da Universidade de Lisboa, p. 8.

[34] MESQUITA, Luís Miguel de Andrade, *Ob. Cit.*, p. 48.

[35] Além disso, atendendo ao teor do art. 1251º do CC, pode concluir-se que substancialmente a posse limita-se apenas ao exercício desses direitos sobre coisas, não podendo exercer-se sobre direitos de crédito, porquanto estes são considerados coisas incorpóreas. Veja-se, neste

As alíneas do art. 1253º do CC dizem respeito a aspectos da situação de detenção e não propriamente a aspectos típicos[36].

É neste artigo, nomeadamente nas alíneas a) e c), por meio de dois critérios utilizados pelo legislador, que se inserem, em geral, os possuidores precários e, especificamente, os direitos pessoais de gozo, comummente designados como possuidores em nome alheio.

Daí a sua relevância para a discussão posterior.

Assim, para aferir da posse susceptível de legitimar os embargos de terceiro, é necessário conjugar o art. 351º do CPC com o regime substantivo do Código Civil, nomeadamente com os art.s 824º, 1251º, 1252º e 1253º do CC.

Premente é fazer referência às classificações de posse, não só pelo seu contexto histórico, mas precisamente pelas dúvidas que ainda hoje são suscitadas pela doutrina e jurisprudência, notando-se uma restrição resultante da teoria que seja adoptada quanto à noção de posse e pela sua conjugação com o regime processual.

1.2. Classificações de posse[37]

O art. 1258º do CC dá-nos quatro espécies de posse, as quais são explanadas nos artigos seguintes, nomeadamente: titulada ou não titulada (art. 1259º CC), de boa ou má fé (art. 1260º CC), pacífica ou violenta (art. 1261º) e pública ou oculta (art. 1262º CC)[38].

Além destas, atendendo aos critérios da necessidade, da relação e do reconhecimento a doutrina desenvolveu outras tantas classificações de posse, que aqui assumem derradeira relevância[39].

---

sentido, PIRES DE LIMA, Fernando e ANTUNES VARELA, José António, *Ob. Cit.*, p.1, e Ac. do TRE, processo n.º 591/06.2TBPTG-B.E1 de 14/05/2009, disponível em www.dgsi.pt.

[36] PIRES DE LIMA, Fernando e ANTUNES VARELA, José António, *Ob. Cit.*, pp. 9 e seguintes.

[37] Será uma abordagem sucinta, a qual seguirá a linha de Menezes Cordeiro, maioritariamente aceite.

[38] Ciente da importância do desenvolvimento destas classificações legais no tocante ao regime substantivo da posse, atende-se somente aos conceitos desenvolvidos pela doutrina, pois estes assumem relevância para o tratamento do tema.

[39] Seguiu-se a linha de distinção de PALMA RAMALHO, Maria do Rosário, *Ob. Cit*, pp. 8-12, e de CORDEIRO, António Menezes, *A posse (...)*, *Ob. Cit.*, pp. 85-101.

Atendendo a um critério de necessidade ou desnecessidade de uma situação directa do sujeito sobre o bem, distingue-se posse efectiva ou material e posse jurídica ou civil. Quanto à primeira, *"implica um controlo material sobre a coisa – objecto, no momento considerado"*[40], ou seja, a posse tem de decorrer do efectivo exercício de poderes materiais sobre um bem. Por oposição a posse não efectiva, conserva-se por via meramente jurídica, sem qualquer controlo corpóreo.

A posse civil ou jurídica resulta de previsão legal, sem necessidade de qualquer actuação física do agente sobre o bem. A este respeito, Menezes Cordeiro[41] faz a destrinça entre posse civil e posse interdictal. A primeira confere a plenitude dos efeitos possessórios, enquanto a segunda apenas as defesas possessórias, podendo conferir outras possibilidades (como a fruição) mas não a usucapião.

O critério da relação estabelecida entre a titularidade do direito real sobre o bem e o exercício dos poderes materiais correspondentes ao título, opõe a posse causal, na qual o possuidor *"é, em simultâneo, titular do direito em cujos termos se processe o exercício possessório"*[42], da posse formal, na qual apesar de ter o exercício material, não é titular do direito real sobre ele.

Finalmente, o critério do reconhecimento da titularidade do direito real pelo possuidor implica a destrinça entre posse em nome alheio e possuidor em nome próprio. Na primeira situação, a pessoa que exerce poderes materiais sobre o bem, reconhece outra pessoa como titular do direito real sobre ele, possuindo em nome desse titular. A posse em nome próprio é aquela em que a posse se baseia em direito real próprio.

1.3. Direitos susceptíveis de posse

1.3.1. Direitos reais de gozo

É indiscutível que sejam direitos passíveis de posse, pois pode haver posse em termos de direito de propriedade, uso e habitação, superfície e em regra, servidão (com excepção das servidões não aparentes, conforme art. 1280º

---

[40] CORDEIRO, Menezes, *Ob. Cit.*, p. 86.
[41] CORDEIRO, Menezes, *Ob. Cit.*, p. 86.
[42] CORDEIRO, Menezes, *Ob. Cit.*, p. 85.

CC). Evidentemente, *"o conteúdo possessório é proporcional aos poderes reais caracterizantes do direito respectivo"*[43].

1.3.2. Direitos reais de aquisição

Carvalho Fernandes[44] salienta que estes direitos *"identificam-se pela modalidade de afectação da coisa sobre que recaem."*, pois *"a atribuição da coisa não respeita às suas utilidades, ou mesmo ao seu valor, mas sim à coisa, em si mesma, enquanto objecto do direito a adquirir pelo seu titular"*.

Acrescenta que o direito a adquirir por efeito do exercício do direito real de aquisição não tem necessariamente de ser real, pode ser pessoal (por exemplo, o arrendamento, para quem entende que é um direito obrigacional)[45].

São direitos reais de aquisição: a preferência real (art. 414º do CC) e a promessa real (art. 413º do CC).

Não são direitos susceptíveis de posse por se extinguirem no momento em que são exercidos, não podendo originar situações de exercício duradouro, pressuposto da posse. Consequentemente, não são susceptíveis de fundamentar os embargos de terceiro, por meio da posse.

1.3.3. Direitos reais de garantia

Os direitos reais de garantia *"conferem ao respectivo titular a faculdade de realizar à custa da coisa um determinado valor"*[46].

O elenco dos direitos reais de garantia compreende a consignação de rendimentos, o penhor, a hipoteca, os privilégios creditórios e o direito de retenção, e encontra-se previsto no Livro II do Código Civil, conforme o art. 656º e seguintes.

Os privilégios creditórios e a hipoteca, pela sua própria natureza, não conferem poderes de facto sobre os objectos pelos quais incidem. Na verdade, a validade destas garantias não exige a entrega da coisa ao garante, como se retira dos arts. 686º e 733º e seguintes do Código Civil.

---

[43] PALMA, Augusta Ferreira, *Embargos de Terceiro*, Coimbra, Almedina, 2001, p. 47.
[44] FERNANDES, Luís A. Carvalho, *Ob. Cit.*, p. 157.
[45] FERNANDES, Luís A. Carvalho, *Ob. Cit.*, p. 157.
[46] PALMA, Augusta Ferreira, *Ob. Cit.*, p. 94.

Excluindo-se, assim, dos direitos passíveis de posse, que possam servir de fundamento aos embargos de terceiro.

2. Magna questão – Preenchimento fáctico-jurídico da expressão normativa constante do n.º1 do art. 351º CPC: "posse"

O n.º 1 do art. 351º do CPC refere-se a *"posse"*, não colocando qualquer limite à sua admissibilidade, no entanto a doutrina e a Jurisprudência não eram unânimes quanto à modalidade de posse ali enunciada, nem aos direitos passíveis de tutela possessória mediante embargos de terceiro.

A primeira questão que urge resolver é se o legislador quis referir-se à posse efectiva ou à posse civil.

Só depois de resolvida aquela, podemos discutir quais são os direitos que, susceptíveis de posse, podem servir de fundamento aos embargos de terceiro.

1.1. Posse efectiva e posse civil ou legal

O art. 635º da Novíssima Reforma, que se reportava aos embargos de terceiro, exigia a prova da posse efectiva sobre a coisa ou direito sobre que esses embargos incidiam.

Este artigo foi expressamente revogado pelo art. 3º da Carta de Lei que aprovou o Código de Processo Civil de 1876, não sendo exigida (nem posteriormente nas sucessíveis alterações) a posse efectiva, apenas constando a "posse".

No entanto, se até então era discutível a admissibilidade da posse civil ou legal (aquela que era atribuída por previsão expressa da lei) de *iure condendo*, passou a poder defender-se de *iure constituto*. Apesar deste aparente alargamento, continuaram a surgir vozes a defender que só apenas a posse efectiva era susceptível de embargos, não obstante já não ter apoio legal.

Castro Mendes[47] defendia que só podia embargar de terceiro, com fundadas esperanças de êxito, em regra, quem fosse proprietário e possuidor, ou seja, quem tivesse posse efectiva. No entanto, admitia que o embargante

---

[47] MENDES, João Castro, *Direito Processual Civil: acção executiva*, Lisboa, AAFDL, 1971, pp. 115-122.

com posse meramente formal pudesse deduzir embargos, mas advertia que poderia encontrar um obstáculo: o embargado opor a *exceptio dominii*. Como salientou, ao ser admissível a *exceptio dominii* na nossa ordem jurídica processual, a única garantia de procedência dos embargos de terceiro era invocação da posse causal[48].

Do lado oposto, deparamo-nos com Alberto dos Reis[49], o qual considerava que a questão era mal colocada. Dava mesmo o exemplo de um indivíduo que, tendo posse real e efectiva de uma coisa, transmitisse esta a outrem a título oneroso (ou gratuito), por venda (ou doação). A coisa transmitida era penhorada antes de o comprador (ou o donatário) poder exercer, sobre ela, actos materiais de retenção. Nesta situação, segundo o entendimento de Castro Mendes, o adquirente não poderia deduzir embargos de terceiro, porque a sua posse era exclusivamente jurídica, era um efeito operado pela compra (ou doação). Alberto dos Reis[50] considerava que *"por virtude do acto jurídico da transmissão, ele acha-se colocado no lugar do vendedor ou do doador; aproveita-lhe, portanto a retenção ou fruição que este exercera. Quer dizer o adquirente, tendo sucedido na posse do transmitente achava-se investido na posse real e efectiva da coisa penhorada, e não unicamente numa posse jurídica ou civil."*

Couto Rosado[51] aproximava-se de Alberto dos Reis, invocando um argumento histórico (revogação da locução "posse efectiva" do art. 635º da Novíssima Reforma Judiciária) e um argumento sistemático, concluindo que a *"lei admite a presunção legal de que essa posse, que chamamos civil ou legal, é em tudo idêntica à posse efectiva, até mesmo na efectividade"*[52].

Contudo, havia ainda quem considerasse que a discussão não tinha fundamento, nomeadamente Guerra da Mota[53], pois *"[q]uando o proprietário faz*

---

[48] Neste sentido, Ac. do TRL, processo n.º 0034302, de 15-11-1990, Ac. do TRL, processo n.º 0013232, de 31-05-1990, Ac. do TRL, processo n.º 0017176, de 07-06-1990, Ac. do TRL, processo n.º 0098912, de 06-07-1995, disponíveis em www.dgsi.pt.
[49] REIS, Alberto, *Código de Processo (...)*, Ob. Cit., pp. 399-408.
[50] REIS, Alberto, *Código de Processo (...)*, Ob. Cit., pp. 399-408.
[51] ROSADO, João de Barros Couto, Ob. Cit., p. 27 e seguintes.
[52] Neste sentido, PINHEIRO, Jorge Duarte, *Fase Introdutória dos Embargos de Terceiro*, Coimbra, Almedina, p. 38-39. Na Jurisprudência, vide Ac. do TRL, processo n.º 0018201, de 14-05-1991, Ac. do TRL, processo n.º 0101792, de 09-11-1995, disponíveis em www.dgsi.pt.
[53] MOTA, Guerra da, *Manual da Acção Possessória*, Volume I, *Acção Possessória e Embargos de Terceiro*, Porto, Athena Editora, 1980, pp. 233 e seguintes.

valer a sua posse jurídica, faz igualmente valer a sua posse efectiva. Na realidade as duas espécies coincidem".

2.1.1. Posição adoptada

A posição defendida por Castro Mendes, e largamente defendida pela Jurisprudência, é passível de críticas.

A primeira reporta-se ao contexto histórico, aliada à presunção de que o "legislador consagrou as soluções mais acertadas e soube exprimir o seu pensamento em termos adequados" (n.º3 do art. 9º do CC). Na verdade, ao ter sido retirada a locução "efectiva", apenas constando "posse", parece que o legislador quis acabar com a discussão. Além disso, trata-se de uma presunção que não foi ilidida nas sucessivas alterações do CPC.

O regime substantivo também parece indicar o contrário, na medida em que concede aos denominados "possuidores em nome alheio" a possibilidade de utilizarem as acções possessórias, onde se incluem os embargos de terceiro (art. 1037º, n.º2, art. 1125º, n.º2, art. 1133º, n.º2 e art. 1188º, n.º2, os quais remetem para o art. 1285º do CC).

No tocante, à alusão que faz à oposição do embargado da *exceptio dominii*, trata-se de um risco que corre por quem deduz embargos de terceiro, de ser invocada a propriedade (ou seja, o direito de fundo). Não fazia sentido que se fundasse numa perspectiva muito restrita, prejudicando os direitos daqueles que nada têm a ver com a execução.

Na verdade, para o acto (judicial) ser considerado ofensivo da posse não basta, evidentemente, que ele prive o possuidor da relação de facto que exerce sobre a coisa. Para que haja ofensa da posse, é indispensável que o possuidor seja injustificadamente perturbado no exercício do poder.

Assim, temos sempre de atender ao facto de o conceito de posse partir sempre do *corpus* e do *animus*, mas em certos casos o corpus é pressuposto ou mesmo ficcionado. Ora, nos casos em que os embargos de terceiro visem, em geral, tutelar o possuidor, a lei processual não impõe limitações destes embargos às situações de posse efectiva[54].

---

[54] MESQUITA, Luís Miguel de Andrade, *Ob. Cit.*, p. 108.

A posição defendida por Mota Guerra não parece vingar. Na verdade, no exemplo do proprietário podem coincidir as duas modalidades de posse, mas nem sempre isso acontece.

A questão é sem dúvida pertinente, mas hoje em dia encontra-se ultrapassada[55], sendo aceite maioritariamente a tese defendida por Couto Rosado e Alberto dos Reis.

2.2. Posse em nome alheio e em nome próprio – Direito de retenção, Penhor e Direitos Pessoais de Gozo

Atentos à distinção *supra* (ponto 1.2.), esta é sem dúvida a situação mais controvertida.

Possuidor em nome próprio é aquele que tem o controlo material sobre a coisa, sobre a qual é titular do direito real. Os possuidores em nome alheio, são aqueles que efectivamente exercem o controlo material sobre a coisa, mas exercem em nome de um terceiro.

A Doutrina e a Jurisprudência são unânimes em aceitar que o possuidor em nome próprio pode fazer valer o seu direito em sede de embargos de terceiro, utilizando como fundamento a posse.

O mesmo já não sucede com a posse em nome alheio. Cumpre notar que a polémica só surge pela circunstância de a lei conceder em determinadas situações o uso das acções possessórias, onde se conta os embargos de terceiro.

Serão esses os casos que serão analisados casuisticamente.

No entanto, antes de mais, é necessário fazer uma análise geral do problema.

2.2.1. Considerações gerais

O art. 1253º do CC, nas suas três alíneas, enuncia os casos de detenção, onde se incluem os possuidores em nome alheio.

---

[55] Conclusão que pode ser retirada, a título de exemplo, do Ac. do TRL, processo n.º 463872006-1 de 24-10-2006, nomeadamente: *"(...)a posse, como se disse, fundamento específico, autónomo genético e, quiçá, eminente, dos embargos de terceiro, demonstrando a factualidade apurada uma situação de posse pública e pacífica, mesmo que não titulada, por parte da embargante, relativamente à Fracção D e não sendo ela parte no processo executivo, é evidente que se pode defender por recurso aos pertinentes embargos"*.

A alínea a) do mesmo artigo consagra, em contraposição ao regime geral da posse, um afloramento da teoria subjectivista. Tem sido debatido pela doutrina a interpretação a dar a esta disposição. Assim, e na linha da tradição portuguesa, a *"única saída para ressalvar o animus (...) é subscrever para ele, a teoria da causa. (...), contemplará, assim, as situações em que o poder de facto foi adquirido em termos tais que a própria lei afasta a posse desde que a situação não caia no âmbito das alíneas b) e c) do mesmo preceito (está última abrangendo praticamente todas as situações privadas)"* [56].

Da alínea b) é forçoso interpretar a locução "tolerância", conceito que tem sido ampliado pela Jurisprudência, na esteira de Henrique Mesquita e Menezes Cordeiro[57], centrando-o no exercício fáctico ou expressamente autorizado pelo proprietário, mas sem a concessão por este último, de um direito.

A referência na alínea c) ao mandatário do possuidor resultou de um lapso das revisões ministeriais, admitindo-se que tenha sido usada fora do seu alcance técnico (retirado dos arts. 1180º, e 1181, n.º1 do CC), traduzindo o mandato com representação e outras situações com *contemplatio dominii*[58].

Naquele normativo são indicados os casos de detenção, contudo cabem nas alíneas as situações em que o legislador concede aos detentores o uso das acções possessórias, nas quais se incluem os embargos de terceiro (art. 1285º CC).

É certo que, tal como refere Augusta Palma[59], *"o termo posse foi utilizado numa acepção rigorosa a mens legislatoris exclui do seu significado os casos de detenção (art. 1251º, art. 1253º e art. 9º n.º2 e 3 do CC). A esta conclusão não obsta o facto de a lei civil substantiva prever o recurso aos meios de protecção da posse e, designadamente, os embargos de terceiro, fora do quadro jurídico possessório, de que são exemplo os artigos 1037º, n.º2, 1185º, n.º2, 1133º, n.º2 e 1138º, n.º2 do CC)"*.

Atentos a esta concessão dada pelo legislador, e tendo em linha de conta que só em casos contados é atribuída tal faculdade (não a todos os detentores), é necessário aferir casuisticamente, em que casos é compreensível embargar de terceiro utilizando como fundamento a posse.

---

[56] CORDEIRO, Menezes, *Ob. Cit.*, p. 65.
[57] CORDEIRO, Menezes, *Ob. Cit.*, p. 58-59.
[58] CORDEIRO, Menezes, *Ob. Cit.*, p. 61.
[59] PALMA, Augusta, *Ob. Cit.*, p. 49.

Em 1910 António Magalhães[60] escrevia que os embargos não podiam ser admitidos senão quando a lei autorizasse, não sendo lícito ao julgador ampliá-los a hipóteses não previstas na lei.

2.2.2. Direitos reais de garantia – Penhor, Direito de Retenção e Consignação de rendimentos

Apesar de *supra* (*vide* ponto 2.2.3.) ter sido referido que os privilégios creditórios, hipoteca não são direitos susceptíveis de posse, o elenco não se esgota.

É discutível se o penhor, o direito de retenção e a consignação de rendimentos, por implicarem o controlo material sobre a coisa, e, assim susceptíveis de posse, podem servir de fundamento para os embargos de terceiro. Vejamos.

a) Penhor e Direito de Retenção

O penhor tem por objecto coisas corpóreas móveis, créditos ou outros direitos não susceptíveis de hipoteca. Consoante o seu objecto, trata-se de um penhor de coisas (consagrado nos artigos 669º e seguintes do CC) ou de um penhor de direitos (previsto nos artigos 679º e seguintes do CC).

Ao contrário do penhor de direitos (art. 680º CC), o penhor de coisas é um verdadeiro direito real de garantia, precisamente por incidir sobre coisas.

No respeitante ao penhor de coisas com desapossamento, do art. 669º, n.º 1 do CC resulta que o penhor só produz efeitos com a entrega do bem ou do documento que confira a exclusiva disponibilidade pelo proprietário do bem ao credor ou a um fiel depositário. Contudo, neste último caso, se a entrega for simbólica, como salientam Romano Martinez e Fuzeta da Ponte[61], a Jurisprudência manifesta-se no sentido de que não se estabelece um contrato de penhor. O n.º 2 da mesma disposição dita, que "a entrega pode consistir na simples atribuição da composse ao credor", mas só se essa atribuição privar o autor do penhor da possibilidade de dispor materialmente da coisa.

É neste tipo de penhor que é conferida a faculdade do credor pignoratício recorrer às acções possessórias (al. a) do art. 670º do CC). Apesar de possuir

---

[60] MAGALHÃES, António Leite de Ribeiro, *Ob. Cit.*, pp. 206 e 207.
[61] ROMANO MARTINEZ, Pedro e Fuzeta da PONTE, *Garantias de Cumprimento*, 5ª Edição, Almedina, Coimbra, 2006, p. 172.

a coisa empenhada em nome de outrem (autor do penhor), trata-se de um simples detentor (como resulta dos art. 670º, a), art. 679º e art. 1253º, al. c) do CC), podendo quanto muito *"admitir-se (...) que o penhor daria origem à posse pignoratícia, dir-se-ia que a posse relativa ao direito real de propriedade mantém-se no autor do penhor"*[62].

O direito de retenção, previsto nos arts. 754º e seguintes do CC, confere ao detentor, que se encontra adstrito a entregar certa coisa e disponha de um crédito sobre o seu credor, a faculdade de não efectuar a sua prestação, mantendo a coisa em seu poder, enquanto o credor não cumprir a obrigação a que está adstrito[63].

Para Antunes Varela e Pires de Lima[64] é fundamental que estejam reunidos três pressupostos para haver lugar ao direito de retenção. Primeiro, o respectivo titular tem de deter (art. 756º do CC) uma coisa que deva ser entregue a outrem, e, simultaneamente, tem de ser credor daquele a quem deve a restituição. Por último, é necessário que entre os dois créditos haja uma relação de conexão, nas condições definidas no art. 756º do CC, com as despesas feitas por causa da coisa ou danos por ela causados.

Tem uma função de particular relevo, idêntica à excepção de não cumprimento, que consiste em compelir ou persuadir o devedor a cumprir a obrigação[65].

Do art. 758º e do n.º3 do art. 759º[66] do CC resulta que o titular goza dos direitos e obrigações do credor pignoratício, nomeadamente de recorrer aos meios de defesa possessórios (art. 1285ºdo CC).

Deste modo, o direito de retenção, enquanto garantia, é invocável quer em sede de execução intentada pelo retentor (munido de título, nos termos do art. 831º do CPC), quer em sede de reclamação de créditos em execução intentada por outrem contra o devedor (art. 865º do CPC).

---

[62] ROMANO MARTINEZ, Pedro e Fuzeta da PONTE, *Ob. Cit.*, p. 173
[63] PIRES DE LIMA, Fernando, e ANTUNES VARELA, José António, *Ob. Cit.*, Vol. I, p. 722.
[64] PIRES DE LIMA, Fernando, e ANTUNES VARELA, José António, *Ob. Cit.*, Vol. I, p. 773.
[65] Como refere PINTO DUARTE, Rui, *Ob. Cit.*, p. 239, diferenciam-se por na *exceptio* nunca haver a faculdade de obtenção de pagamento pelo valor da coisa e só ser invocável perante o outro contraente, ao passo que o direito de retenção é oponível *erga omnes*.
[66] No que respeita às coisas móveis, tais direitos e obrigações do credor pignoratício não se estendem à substituição e reforço da garantia (art. 758º, parte final, do CC). Quanto à retenção de coisas móveis, os direitos e obrigações do credor pignoratício só se aplicam até à entrega da coisa (parte inicial do n.º3 do art. 759º CC).

Há quem afirme que esta posse não é ofendida pela penhora, por ter um fim de garantia de um crédito, e reclamando-o no processo de execução, o credor pignoratício e o retentor verão o seu interesse totalmente satisfeito.

Jorge Duarte Pinheiro[67], apologista desta posição, considera que, *"estando o bem possuído onerado por garantia real, o possuidor não poderá embargar se a sua posse decorrer de penhor ou de direito de retenção. O credor pignoratício e o retentor devem reclamar os respectivos créditos na execução pendente, sob pena dos seus direitos caducarem com a venda"*.

A Jurisprudência[68] maioritária entende que os direitos reais de garantia, embora susceptíveis de posse, não são fundamento para embargar de terceiro. Essencialmente, por três ordens de argumentos: em primeiro lugar, por considerar que a penhora não viola nem o direito de retenção, nem o direito do credor pignoratício; em segundo lugar, por entender que os titulares de uma garantia real podem fazer valer a sua garantia na execução através do concurso de credores (art. 865º do CPC) e por fim, porque todos os direitos de garantia caducarem com a venda judicial (art. 824º, n.º 2 do CC)[69].

Contudo, existe quem entenda[70] que o credor com garantia real, diversamente do titular de direito pessoal de gozo, só é admitido a embargar quando a coisa possuída for penhorada em execução movida contra pessoa diferente do proprietário.

E pode mesmo haver casos em que exista um interesse jurídico do credor em embargar, nomeadamente se o prazo para o cumprimento é estabelecido no interesse, ainda que não exclusivo, do credor pignoratício.

---

[67] PINHEIRO, Jorge Duarte, *Ob. Cit.*, pp. 41-42. Em sentido semelhante, NETO, Abílio, *Código de Processo Civil Anotado*, 22ª Edição, Lisboa, 2009, p. 522.

[68] Neste sentido, conforme os seguintes Acórdãos: do STJ de 21-11-1978, BMJ 291, 420; do TRL de 2-6-1980, CJ, n.º 80/3, p. 243; do STJ de 28-1-1983, BMJ, n.º 323, p. 320; do TRE de 26-1-1986, BMJ, n.º 325, p. 618; do TRP de 26-9-1996, CJ, n.º 96/4, p. 199. Em sentido contrário quanto ao direito de retenção, veja-se o Ac. do TRL, processo n.º 0088501 de 29-11-1994, disponível em www.dgsi.pt.

[69] Neste sentido, veja-se, por exemplo, o sumário do Ac. do TRL, processo n.º 0018201 de 31-05-1990, disponível em www.dgsi.pt.

[70] Cfr. MENDES, João Castro, *Ob. Cit.*, pp. 119 e 121, e REIS, Alberto, em *Processo de Execução*, Vol. II, Coimbra Editora, Coimbra, 1982, p. 404, e, aparentemente, TEIXEIRA DE SOUSA, Miguel, *Estudos sobre o novo Processo Civil*, 2ª Edição., Lisboa, Lex Ed., 1997, p. 308, contudo sem se referir a um direito real de garantia concreto.

Não podemos deixar de estar de acordo com a concepção defendida maioritariamente pela Jurisprudência, na estrita medida em que, no caso específico dos embargos de terceiro, aquela tutela não lhes é concedida, quando o executado é o proprietário do bem. Como garantias reais que são (o penhor e o direito de retenção), o direito do credor pignoratício, caducam com a venda executiva, podem, isso sim, fazer valer-se numa outra fase do processo de execução (arts. 865º e seguintes do CPC).

Contudo, e apesar de pensarmos que a faculdade atribuída àqueles titulares de usar das acções destinadas à defesa da posse não abarcar os embargos de terceiro, atendendo à consagração da lei, sem qualquer tipo de restrições (veja-se o art. 670º, al. a) em conjugação com os arts. 758º, n.º 3 e 759º do CC), e à presunção assente na ideia de que o legislador consagrou as soluções "mais acertadas" (n.º3 do art. 9º do CC), o credor pignoratício e o retentor só podem embargar de terceiro em casos excepcionais. Particularmente, e como foi salientado *supra*, quando a coisa possuída for penhorada em execução movida contra pessoa diferente do proprietário e quando exista um interesse jurídico para embargar.

b) Contrato-promessa de compra e venda – direito de retenção do promitente-comprador

Fazemos especial referência ao direito de retenção do promitente-comprador devido à importância que tem sido dada pela Doutrina e Jurisprudência.

O contrato-promessa é "a convenção pela qual alguém se obriga a celebrar um contrato" (art. 410º do CC), cujo regime está consagrado nos arts. 410º e seguintes, 442º e 830º do CC.

Como salienta Galvão Telles[71], é no fundo um acordo preliminar que tem por objecto uma convenção futura, o contrato prometido. Trata-se de uma *"convenção, pela qual, ambas as partes ou apenas uma delas, se obrigam dentro de certo prazo ou verificados certos pressupostos a celebrar determinado contrato"*[72].

---

[71] TELLES, Inocêncio Galvão, *Direito das Obrigações*, 6ª Edição, Coimbra, Coimbra Editora, 1989, p. 83.
[72] PIRES LIMA, Fernando e ANTUNES VARELA, António, *Ob. Cit.*, p. 301.

O contrato-promessa pode ter eficácia obrigacional e eficácia real. Esta última é atribuída por vontade das partes mediante declaração expressa e inscrição no registo (n.º1 do art. 413º do CC).

A questão surge precisamente quando o promitente-vendedor não cumpre a promessa, tendo havido tradição da coisa a que se refere o contrato prometido. Nesta situação, o promitente-comprador goza do direito de retenção, de acordo com al. f) do n.º 1 do art. 755º do CC. Daqui decorre que o direito de retenção visa garantir um crédito de natureza pecuniária decorrente do incumprimento do contrato promessa, conferindo preferência legal pelo pagamento da dívida de natureza pecuniária (tal resulta das disposições conjugadas dos arts. 442º, 759º e 672º do CC).

Atendendo à posição adoptada *supra*, coloca-se o problema de saber se o direito de retenção do promitente-comprador constitui um caso excepcional.

Neste contexto, Menezes Cordeiro[73] entende que a letra do art. 824º, n.º2 do CC não é conclusiva, deixando em aberto a possibilidade de excepcionar as garantias não sujeitas a registo. Alude a um argumento histórico, por não ter sido dado um tratamento geral no Código de Seabra como hoje é dado pelo Código Civil.

Considera que, na hipótese do promitente-comprador, os aspectos compulsórios são secundários, tendo como objectivo primordial assegurar a posse da coisa. Acrescenta que, através da posse, o promitente-comprador tem o gozo da coisa, sendo uma verdadeira posição real, que não se esgota num direito pessoal de gozo.

Entende que o direito de retenção do promitente-comprador sobrevive à venda executiva, pois onera fortemente a coisa e, além disso, *"Sendo anterior à penhora, não parece razoável que a coisa possa ser vendida em hasta pública como se estivesse livre: seja como garantia dispensada de registo, ou seja como direito de gozo anterior e também dispensado de registo"*[74].

---

[73] CORDEIRO, António Menezes, *Da retenção do promitente na venda executiva*, in ROA, ano 57, 1997, II, p. 560 e seguintes.

[74] CORDEIRO, António Menezes, *Da retenção do promitente (...)*, *Ob. Cit.*, p. 562 e *A posse (...)*, *Ob. Cit.*, p. 77, acrescenta ainda que a *traditio* visou antecipar o cumprimento do próprio contrato definitivo, investindo o promitente adquirente num controlo semelhante ao do proprietário, podendo falar-se em posse em termos de propriedade. Considera ainda que a entrega da coisa consubstanciando um mero favor ao promitente-comprador, aproximar-se-ia do comodato, o qual dá azo às defesas possessórias (art. 1133º, n.º2 do CC). A entrega da coisa, não sendo

Teixeira de Sousa[75] não é da mesma opinião. Apesar de admitir que em certos casos o promitente-comprador, beneficiário da tradição da coisa, pode comportar-se como verdadeiro possuidor em nome próprio (titular do correspondente direito real, a propriedade), considera que o promitente-comprador não pode embargar de terceiro, pois *"tem direito a uma indemnização correspondente ao valor da coisa à data do não cumprimento da promessa, com dedução do preço convencionado, e à restituição do sinal e da parte do preço que tenha pago (art. 445º, n.º2 CC). Para garantia destes créditos, esse promitente goza do direito de retenção sobre a coisa (art. 755/1, al. f) CC), aliás oponível ao próprio adquirente do bem através da venda executiva"*[76].

Em sentido similar, Antunes Varela e Pires Lima[77] entendem que o contrato promessa, só por si, não é susceptível de transferir a posse ao promitente-comprador. O promitente adquirente, com a entrega da coisa, só adquire o corpus, mas não adquire o *animus possidendi*, ficando na situação de mero detentor. No entanto, tal como Teixeira de Sousa, aqueles autores concebem situações excepcionais em que o promitente-comprador preenche todos os requisitos de uma verdadeira posse (por exemplo, quando é paga a totalidade do preço ou mesmo quando as partes não têm o propósito de realizar o contrato definitivo, a coisa é entregue ao promitente comprador como se fosse sua, praticando vários actos materiais correspondentes ao exercício do direito de propriedade. Estes actos são praticados em nome próprio, e não em nome do promitente vendedor)[78].

Lebre de Freitas[79] vai mais longe, ao considerar que o titular do direito de retenção não é ofendido pela penhora, pois tem um mero fim de garan-

---

uma antecipação do cumprimento do contrato definitivo, não surge como mero favor, se por exemplo subsequentemente à *traditio* houver um "reforço do sinal", aproximando-se da locação, a qual também dá lugar às defesas possessórias.

[75] TEIXEIRA DE SOUSA, Miguel, *Estudos sobre o novo Processo (...)*, *Ob. Cit.*, pp. 309 e seguintes.
[76] TEIXEIRA DE SOUSA, Miguel, *Estudos sobre o novo Processo (...) Ob. Cit.*, p. 310. Também apologista daquele entendimento, PARREIRA, Isabel Ribeiro, *Ob. Cit.*, p. 865 e SALVADOR DA COSTA, *Os incidentes de instância*, 3ª Edição, Coimbra, Almedina, 2002, p. 196.
[77] PIRES LIMA, Fernando, ANTUNES VARELA, José António, *Ob. Cit.*, Vol. III, p. 6.
[78] Em sentido semelhante, MATOS, António Andrade, *"Embargos de Terceiro e Penhora de Direitos"*, Relatório de Mestrado, 1998-1999, Faculdade de Direito da Universidade de Lisboa, Lisboa, 1999 e NETO, Abílio, *Código de Processo Civil Anotado, Ob. Cit.*, p. 520.
[79] FREITAS, José Lebre, *Acção Executiva (...), Ob. Cit.*, p. 283. No mesmo sentido, MESQUITA, Manuel Henrique, *Direitos Reais, Ob. Cit.*, p. 80 e MOTA PINTO, Carlos Alberto, *Ob. Cit.*, p. 196.

tia do crédito do possuidor, vendo o seu interesse satisfeito na reclamação de créditos.

Como lembra Guerra da Mota[80], Vaz Serra, em anotação ao acórdão do Supremo Tribunal de Justiça de 28/11/1985, entendia que, na relação entre o promitente-comprador e o promitente-vendedor, não há transferência da propriedade. Considerava que havia uma posse condicional, dependente na sua subtracção, da celebração do contrato definitivo. Se a expectativa do contrato cessasse, a posse seria exercida em nome alheio, não sendo oponível ao proprietário, também não poderia ser ao exequente-embargado. Pelo contrário, Guerra da Mota[81] conclui que se a posse do promitente-comprador revestir as características da lei, é oponível ao vendedor.

Marco Gonçalves[82], referindo-se ao contrato-promessa com eficácia meramente obrigacional de compra e venda de um imóvel, considera que o promitente-comprador que tenha obtido antecipadamente a *traditio* da coisa, assume a qualidade de mero detentor ou possuidor precário. No entanto, chama a atenção para a corrente admissibilidade da possibilidade de dedução de embargos de terceiro pelo promitente-comprador em determinadas situações específicas, nomeadamente quando este beneficie da entrega do imóvel e se comporte como um verdadeiro possuidor em nome próprio, ou seja, quando o *corpus* da posse por si exercido seja acompanhado do respectivo *animus possidendi*. Tal situação ocorre, por exemplo, quando tenha sido requisitada em nome do promitente-comprador a ligação da água, energia eléctrica, telefone ou televisão por cabo, quando tenha procedido a obras de remodelação, instalação de mobiliário, etc.

Já para Calvão da Silva[83] não parece *"possível a priori qualificar-se de posse ou mera detenção o poder de facto exercido pelo promitente-comprador sobre o objecto do contrato prometido entregue antecipadamente. Tudo dependerá do* animus *que acompanhe o* corpus".

---

[80] MOTA, Guerra da, *Ob. Cit.*, p. 238.
[81] MOTA, Guerra da, *Ob. Cit.*, p. 238.
[82] GONÇALVES, Marco, *Ob. Cit.*, pp. 148 a 152
[83] CALVÃO DA SILVA, João, *Sinal e contrato-promessa*, 13ª Edição, Almedina, Coimbra, 2010, p. 91 e seguintes.

A Jurisprudência também não é unânime quanto à admissibilidade de o promitente-comprador utilizar os embargos de terceiro. Essencialmente são quatro as posições defendidas.

Uma corrente, que se revela minoritária na Jurisprudência[84], tem vindo a decidir que os promitentes-compradores que têm a posse podem embargar em execução onde não são partes, isto por considerarem que a penhora da coisa em acção executiva contra o seu dono (promitente-vendedor) afecta sempre o seu direito de retenção e a posse do promitente-comprador.

Em sentido oposto, tem vindo a Jurisprudência[85] a resolver a questão considerando que o direito de retenção e a posse do promitente-comprador não são afectados pelo mero acto de penhora em execução. Alegam [86] que o promitente-comprador é um mero detentor da coisa, exercendo a posse em nome alheio, e como tal não pode embargar de terceiro, pois parte da premissa de que a posse susceptível de embargos é a posse real e efectiva, não constituindo a posse precária fundamento de embargos.

Nesta linha argumentativa, a Jurisprudência[87] aduz ainda o facto de os promitentes-compradores não poderem deixar de reconhecer que o imóvel por si ocupado continua a ser propriedade do promitente vendedor, por não ter havido contrato translativo.

Além disso, ainda há Jurisprudência[88] que, recorrendo à natureza do direito de retenção (e, não propriamente à coisa ou direito subjacente ao contrato-promessa), entende que aquele não pode ser visto como conferindo ao seu titular o direito de subtracção do objecto penhorado, pois visa proporcionar ao retentor a realização do valor de troca da coisa, e por isso, e para isso é que a lei confere ao promitente-comprador esse direito.

---

[84] Ac. TRL, processo n.º 0080085 de 06-06-1995, disponível em www.dgsi.pt, e, no mesmo sentido, Ac. do TRL, BMJ, n.º 411, p. 639.

[85] Ac. do TRL, processo n.º 0043661 de 23-04-1991, Ac. do TRL, processo n.º 0075456 de 15-12-1994 e, igualmente, Ac. do TRL, processo n.º 2211/06.6TBSXL-B.L1, de 17-06-2010.

[86] Utilizando este argumento, vide: Ac. do STJ de 23-01-96, CJ, Vol. I, 1996, p. 70, Ac. TRL, processo n.º 0000721 de 06-06-2000, e Ac. do TRG, processo n.º 250/07-2 de 22/03/2007, disponíveis em www.dgsi.pt.

[87] Como se retira do Ac. do STJ de 11-03-1999, CJ, Vol. I, 1999, p. 137.

[88] Veja-se os Acórdãos: do TRL de 19-01-1995, CJ, Vol. I, 1995, p. 93, TRE de 12-12-1996, CJ, Vol. I, 1996, p. 283. No mesmo sentido, Ac. do STJ de 25-11-99, CJ, Vol. III, 1999, p. 118, Ac. do STJ de 12-02-2004 e de 27-04-2004, in CJ, Vol. I, p. 1 e p. 57, respectivamente.

Uma terceira corrente Jurisprudencial[89] manifesta-se, tal como grande parte da doutrina, quer pela inadmissibilidade da dedução de embargos pelo promitente-comprador por considerarem que o direito de retenção caduca com a venda executiva (nos termos do n.º 2 do art. 824º do CC), quer por entenderem[90] que o promitente-comprador é um mero detentor, já que não age com *animus possidendi*, salvo algumas excepções.

Apontam como excepcionais os seguintes casos:

a) Quando o promitente-comprador passa a agir como um verdadeiro proprietário, ocorrendo em tais casos verdadeira posse, relativa ao direito de propriedade, o qual pode resultar quer de uma inversão do título da posse, quer de acordo entre as partes, pagamento antecipado da totalidade do preço ou parte substancial. Tudo depende do *animus* que acompanha o *corpus* e a forma como ambos são exercidos ou se revelam na concreta realidade[91].

b) No caso do contrato-promessa com eficácia real, o qual, por força do direito de sequela, é incompatível com a penhora efectuada sobre o bem, prevalecendo sobre todas as penhoras efectuadas em data anterior ao respectivo registo, ou registado após o registo da penhora. Se estivermos perante um contrato-promessa com eficácia obrigacional é conferido ao promitente-comprador um mero direito de crédito[92][92].

---

[89] Neste sentido, Ac. do TRL, processo n.º 9862/2003-6 de 16-12-2003, disponível em www.dgsi.pt, e Ac. do STJ, de 27/04/2004, CJ, Vol. I, 2004, p. 57, bem como os Acórdãos: do TRL processo n.º 0075466 de 03/11/2004, do TRG, processo n.º 2196/04.2 de 09-03-2005, do TRL, processo n.º 2396/2005-8 de 28-04-2005, e do TRC, processo n.º 150-D/1996.C1 de 24-11-2009, disponíveis em www.dgsi.pt.

[90] Cfr. Ac. do STJ de 19-11-1996, CJ, Vol. III, 1996 Ano IV, 1996, p. 110, Ac. do TRP, processo n.º 0555999 de 30-01-1996, disponível em www.dgsi.pt, Ac. STJ de 14-03-2000, BMJ, n.º 404, p. 405, Ac. STJ de 14-03-2000, BMJ, n.º 495, p. 310. E ainda os Acórdãos: do TRE, processo n.º 2594/04-3 de 24-02-2005, do TRG, processo n.º 1381/07-1 de 12-07-2007, do TRL, processo n.º 1331/2008-6 de 08-05-2008, do TRL, processo n.º 881/06.4TBPDL.L1 de 23-06-2009, do TRL, processo n.º 2211/06.6TBSXL-B.L1-8 de 17-06-2010, do TRP, processo n.º 2133/06.0TB--VNG.P1 de 18-11-2010 e, finalmente, do TRL, processo 430/07.7TVLSB.L1-2 de 03-03-2011, todos disponíveis em www.dgsi.pt.

[91] Neste sentido, acórdãos citados *supra* (nota de rodapé (83)) e, na doutrina, MESQUITA, Luís Miguel Andrade, *Ob. Cit.*, pp. 167-176.

[92] De acordo com os Acórdãos do STJ de 18-11-1982; 4-12-1984; 16-05-1984; 25-2-1986; 22--06-1989; 21-02-1991; 07-03-1991, BMJ, n.º 321, p. 387, n.º 342, p. 347, n.º 354, p. 349, n.º 387,

Acrescentam[93] que *"solução diversa implicaria um rude golpe à segurança do comércio, pois se fraudaria a expectativa de quem contrata e se torna credor diminuindo-lhe as suas garantias. Não sendo estranha à lei a possibilidade de ocorrerem tais diminuições, as mesmas devem no entanto resultar de situações devidamente publicitadas – através do registo –, ou corresponder a interesses superiores e socialmente aceitáveis."* Além disso, tal seria prejudicar o legítimo interesse do credor exequente, em favor da negligência do promitente-comprador ou da opção tomada de não atribuir eficácia real ao contrato-promessa.

Importa agora tomar uma posição.

A posição maioritária defendida pela doutrina é de todo a mais razoável com o regime em vigor, atendendo ao disposto no art. 824º, n.º 2, e al. f) do art. 775º do CC, e com a posição acima sufragada quando se colocou a questão do direito de retenção, uma vez que o direito de retenção do promitente-comprador visa garantir o crédito e não a posse sobre a coisa. Além disso, não deixa de ser uma garantia real por onerar o promitente-comprador e, como tal, extingue-se com a venda judicial. Contudo, e como já foi salientado em outras ocasiões não podemos esquecer o n.º3 do art. 9º do CC, o qual está na base de qualquer interpretação que se possa fazer da lei. Assim sendo, admitimos a possibilidade do promitente-comprador embargar de terceiro, no entanto somente quando este tenha celebrado um contrato-promessa de compra e venda de um bem imóvel ou móvel (desde que sujeito a registo) com eficácia real, pois só assim fará sentido deduzir oposição à penhora ou a qualquer diligência judicialmente ordenada, manifestando a sua boa fé através do registo e do seu direito legitimamente adquirido.

---

p. 579, n.º 388, p. 437, n.º 404, p. 465 e n.º 405, p. 456, respectivamente. E ainda Ac. do STJ de 19-11-1996, CJ, Vol. III, 1996, p. 109, Ac. do STJ de 11-03-1999, BMJ n.º 485, p. 404. Igualmente, Ac. TRC, processo n.º 495/2000, de 2-5-2000; Acórdãos do STJ: processo n.º 02B3250 de 21-11-2002, processo n.º 03B4296 de 16-02-2004, processo n.º 04B362 de 31-03-2004 e processo n.º 06A1128 de 23-05-2006; Ac. do TRP, processo n.º 0555999 de 30-01-2009; Ac. do TRG, processo n.º 1381/07-1 de 12-07-2007, e do TRP, processo n.º 0724885, de 13-11-2007, disponíveis em www.dgsi.pt.

c) Consignação de rendimentos

A consignação de rendimentos *"consiste na adjudicação dos rendimentos de bens imóveis ou de móveis sujeitos a registo a cumprimento de uma obrigação e respectivos juros ou só da obrigação ou dos juros"*[93] (consagrada no art. 656º e seguintes do CC). Diferentemente do comum dos direitos reais de garantia, garante a afectação dos rendimentos produzidos pela coisa.

O credor consignatário participa nos poderes de gozo da coisa[94], daí a sua classificação como direito real atender essencialmente à sua função

É possível estipular três modalidades de consignação de rendimentos, quanto à posse dos bens, de acordo com o n.º1 do art. 661º do CC.

Todavia, a consignação de rendimentos não incide directamente sobre o bem, mas sobre os rendimentos deste, assim nem a penhora, nem qualquer outra diligência afectará o direito do credor ser pago pelos respectivos rendimentos. Além disso, existe um meio próprio na acção executiva para o credor ser pago pelos seus rendimentos, o qual é, precisamente, a reclamação de créditos (art. 865º do CPC).

2.2.3. Direitos Pessoais de gozo

O primeiro problema que surge é o da qualificação destes direitos, como obrigacionais e reais. Não nos propomos desenvolver a polémica[95], apenas nos cingiremos à " magna questão".

O segundo prende-se com a admissibilidade destes possuidores em nome alheio deduzirem embargos.

A doutrina e a Jurisprudência dividiam-se e o alargamento operado pela Revisão de 95/96, ao contrário de todas as expectativas, não resolveu a questão.

A tutela possessória é concedida ao locatário, ao comodatário, ao depositário e ao parceiro pensador, respectivamente pelos art.s 1037º, n.º 2, 1133º, n.º 2, 1188º, n.º 2 e 1125º, n.º 2 do CC.

---

[93] FERNANDES, Luís A. Carvalho, *Ob. Cit.*, p. 147.
[94] CORDEIRO, António Menezes, *Direitos Reais*, Vol. II, Lisboa, Lex Editora, 1993 (reimp. da ed. de 1979), p. 1096.
[95] Reconheço a sua enorme importância, no entanto trata-se de um problema complexo e que não é determinante para o tema em análise.

2.2.3.1. Doutrina e Jurisprudência

a) Positivistas

Há quem entenda que apesar da posse do embargante ter um valor próprio, que se define por dois elementos (*animus e corpus*), a tutela legal concedida aos possuidores precários habilita-os a deduzirem embargos[96].

No mesmo sentido parecia seguir Alberto dos Reis, apesar de referir-se especificamente ao arrendatário, alarga a " *qualquer outro possuidor em nome alheio. Desde que a penhora ofenda a retenção ou fruição a que esse possuidor tem direito próprio, pode ele servir-se dos embargos de terceiro em defesa da sua retenção ou fruição, a que equivale a dizer, em defesa da sua posse.*[97]"

b) Qualificativas

Antunes Varela e Pires Lima[98] qualificam estes direitos como de natureza obrigacional, o que pressupõe a insusceptibilidade de conferir posse ao respectivo titular[99]. Afirmam expressamente a natureza excepcional da tutela possessória nestes casos, de onde decorre a impossibilidade de tutela genérica dos direitos pessoais de gozo. Contudo, entendem que todos os possuidores em nome alheio são representantes do real possuidor, concluem ser esse nexo de representação que justifica o recurso à tutela possessória.

No concernente ao parceiro pensador, ao depositário e ao comodatário, em anotação aos respectivos artigos, consideram que a tutela possessória estabelecida abrange os embargos de terceiro. Quanto ao parceiro pensador, por estar em melhores condições para defender os animais que detêm, não se tratando, de todo, de um alargamento conceptual da noção de posse. Em relação ao comodatário, justificam a tutela possessória por razões meramente práticas. Apesar de acentuarem o carácter precário da posse do depositário,

---

[96] PALMA, Carlos Adelino da, *Direito Processual Civil: Acção Executiva*, Lisboa, AAFDL, 1970, p. 166.

[97] REIS, Alberto, *Processo de Execução (...)*, *Ob. Cit.*, p. 404.

[98] PIRES LIMA, Fernando e ANTUNES VARELA, José António, *Ob. Cit.*, Vol. III, p. 9 e seguintes.

[99] Também Isabel Ribeiro qualifica os direitos pessoais de gozo como direitos obrigacionais, como tal cedem perante o direito real de garantia concedido ao exequente pela penhora: PARREIRA, Isabel Ribeiro, *Ob. Cit.*, p. 867.

admitem que possa recorrer aos embargos, desde que o depositante não possa ser avisado e agir por si.

Nesta linha argumentativa, deparamo-nos com Oliveira Ascensão[100], o qual não integrando a posse em nome alheio na noção legal do art. 1251º do CC, atendendo à tutela possessória que o legislador concede, e com excepção do locatário (que considera uma situação jurídica real), entende que é necessário interpretar aquela noção legal extensivamente, admitindo a existência da posse nos direitos destes possuidores[101].

Menezes Cordeiro[102] justifica a tutela possessória destes sujeitos ao considerar que os direitos dos possuidores em nome alheio sobre os bens objecto do contrato revestem a natureza de direitos reais de gozo, o que tem como consequência a atribuição da posse causal aos respectivos titulares e, logo, da tutela possessória respectiva, e dentro desta, dos embargos de terceiro[103]. No entanto, exceptua o caso do depositário, pois advoga uma interpretação restritiva do art. 1188º, n.º2 do CC. O depositário apenas poderá recorrer à tutela possessória em defesa do direito do depositante e deve qualificar-se como mero detentor, ao abrigo do critério do art. 1253º, al. c) do CC.

c) Desfavoráveis

Em sentido diverso proclama Castro Mendes. Não vê razão para atribuir ao possuidor em nome alheio legitimidade para defender interesses alheios, somente os interesses do possuidor em nome próprio[104]. Na verdade, acrescenta que o sistema da lei parece ser outro, ao impor ao possuidor em nome alheio o dever de avisar, de qualquer perturbação da posse, o possuidor em nome próprio para que este decida a defesa dos seus interesses. Se se enten-

---

[100] ASCENSÃO, Oliveira, *Ob. Cit.*, pp. 284 e seguintes.
[101] Foi com base nesta concepção que a Jurisprudência admitiu a tutela do direito ao trespasse do estabelecimento comercial.
[102] CORDEIRO, António Menezes, *A posse (...)*, *Ob. Cit.*, pp. 73-76.
[103] ASCENSÃO, Oliveira, *Ob. Cit.*, pp. 284 e seguintes, também vai de encontro a esta concepção, mas somente quanto ao locatário.
[104] Entende que a posse em nome alheio não exclui a posse em nome próprio do titular do direito de fundo. Se A entrega x a B em comodato ou depósito, B tem posse em nome alheio (em nome de A), e A a propriedade e posse causal em nome próprio. Emprestar, ter emprestado é só uma maneira possível de actuar por forma correspondente ao exercício do direito do proprietário.

desse de outra forma, pressuponha que entre os dois possuidores existiria um vínculo de representação para o qual não vê fundamento e pode causar dificuldades.

Ao contrário de parte da doutrina[105], considera que o possuidor em nome alheio não pode defender a sua posse de bens penhorados, de outra forma levaria a admitir que o possuidor em nome alheio poderia embargar de terceiro.

Entende que o art. 1285º do CC ao remeter para a lei de processo, a qual admite a *exceptio dominii*, a solução distribuía-se por um de dois momentos. No plano da legitimidade para a propositura dos embargos, em que o possuidor em nome alheio poderia embargar em defesa da sua posse e, no momento da decisão. Neste, se o embargante tivesse oposto a *exceptio dominii*, os embargos não iriam ser procedentes. Assim sendo, considera que a posse em nome alheio é encarada pelo art. 1253º, al. c) do CC como mera detenção ou posse precária, e, como tal, não vê como esta possa ser ofendida no sentido no art. 351º do CPC ou do art. 1285º do CC.

d) Processualistas

Também Teixeira de Sousa[106] entende que o detentor não pode embargar de terceiro porque não tem legitimidade substantiva, por lhe faltar o título. Nomeadamente, os direitos pessoais de gozo extinguem-se com a venda executiva, portanto o titular desses direitos não pode embargar de terceiro. Exceptua da caducidade a locação ou arrendamento constituídos antes da penhora porque " *segundo o princípio emptio non tollit locatio estabelecido no art. 1057º CC, o adquirente do direito com base no qual foi celebrado o contrato de locação ou de arrendamento sucede nos direitos e obrigações do locador, sem prejuízo das regras do registo, ou seja, da anterioridade de registo incompatível com a locação ou arrenda-*

---

[105] LOPES CARDOSO, Eurico, *Manual da Acção Executiva*, 3ª edição, Coimbra, Almedina, 1992, p. 124.
[106] TEIXEIRA DE SOUSA, Miguel, *"A penhora de bens na posse de terceiro"*, in ROA, Ano 51, Vol. I, Abril 1991, pp. 15-25 e *Acção Executiva Singular*, Lisboa, Lex Editora, 1998, pp. 303 e 311-313. Seguindo a mesma linha argumentativa, Ac. do STJ, processo n.º 07A491 de 27-03-2007, e Ac. do TRL, processo n.º 10086/08-2 de 13-03-2009, disponíveis em www.dgsi.pt. Bem como Ac. do TRL, processo n.º 144-B/2001.ll-2 de 10-01-2011, por considerar que é atribuído ao locador um direito de crédito e, se se adoptasse solução contrária, prejudicar-se-ia o arrendatário, além de não se coadunar com o direito de preferência, disposto no art. 1091º do CC.

mento. Assim, conforme se dispõe no art. 1037º/2 CC, o locatário pode deduzir embargos de terceiro (...)"[107-108].

Quanto aos demais titulares de direitos pessoais de gozo em que a lei remete expressamente para os meios de defesa possessórios, entre os quais os embargos de terceiro, entende que é necessário tecer duas considerações. Se a diligência judicial ofensiva (por exemplo, o arrolamento) não se destinar a preparar a venda executiva dos bens sobre os quais recaem os direitos, e assim não se extinguir por efeito da venda, o titular pode embargar de terceiro. A segunda prende-se com o facto de não puderem substituir-se ao proprietário para defender o seu direito pelo bem penhorado, porque a lei impõe expressamente o dever de avisarem o locador, comodante e o depositante (arts. 1038º, al h), 1135º, al g) e 1187º, al. b) do CC).

Lebre de Freitas[109], sucintamente, considera que a penhora não ofende a posse do locatário, face ao art. 841º do CPC. No tocante aos restantes possuidores em nome alheio, considera que só tem legitimidade para embargar enquanto medida de tutela directa no interesse de terceiro, ou seja, de pessoa diversa do executado, que através dele possui, na medida em que dele depende o interesse do embargante. Se o detentor possuir em nome do executado, os embargos de terceiro não são admissíveis, pois no conflito entre o direito real (constituído através da penhora) e o direito de crédito, este, independente da data da sua constituição, terá de ceder perante o primeiro. Entende que da conjugação do interesse do possuidor e do detentor resulta a legitimação extraordinária destes para embargar, em substituição processual daquele (o

---

[107] Na doutrina também MESQUITA, Luís Miguel de Andrade, *Ob. Cit.*, pp. 177-190, que excepciona o direito de arrendamento, *"se porventura, a penhora, ilegalmente, vier a "desapossar" o arrendatário"*. Neste caso, o embargante arrendatário terá de alegar e provar a oponibilidade da relação de locação. Apenas, *"são oponíveis os arrendamentos registados antes da penhora. Se o arrendamento, embora sujeito a registo, não tiver sido registado, o arrendatário apenas terá um direito oponível pelo prazo, porque o arrendamento podia ser feito sem sujeição a registo"*. Já se for invocado um arrendamento não sujeito a registo, só aquele que foi constituído em data anterior ao registo da penhora é oponível, com fundamento na parte final do art. 824º, n.º2 do CC.

[108] Ac. do TRL, processo n.º 0027786, de 09-5-1991, bem como o Ac. do TRL, processo n.º 44-B/2001.L1-2 de 20-01-2011, ambos disponíveis em www.dgsi.pt. Todavia, este último qualificando o direito de locação como meramente obrigacional.

[109] FREITAS, José Lebre, *"A penhora de bens na posse de terceiros"*, in ROA, ano 52, 1992, e em *Acção Executiva, Ob. Cit.*, pp. 280-282. No mesmo sentido, Ac. do TRE, processo n.º 97/07-2 de 22--03-2007, e Ac. do TRL, processo n.º 10086/08-2 de 12-03-2009, disponíveis em www.dgsi.pt

que considera aplicável também no caso do credor pignoratício, do retentor e do promitente adquirente).

Por fim, Amâncio Ferreira[110] entende que, em princípio, os titulares de direitos pessoais de gozo, não podem embargar de terceiro com fundamento na posse, pois, no entendimento deste autor, só podem embargar de terceiro os possuidores em nome próprio. Como tal, considera que a questão dos direitos pessoais de gozo deve ser analisada no requisito alternativo, ou seja, aferindo se os direitos pessoais de gozo são incompatíveis com a penhora ou com qualquer outra diligência ordenada judicialmente.

e) Tutela do interesse

Maria Palma Ramalho[111] apresenta um conceito inovador, utilizando o critério do interesse tutelável do possuidor[112], o qual reside no reconhecimento, ao lado do interesse do proprietário do bem, de um interesse próprio do possuidor *nomine alieno*. Este refere-se à possibilidade de uso e fruição do bem, objecto do contrato e, realmente, é através deste que se fundamenta a tutela possessória. Tem de ser um interesse bastante, ou seja, para o interesse ser tutelável é necessário que seja próprio daquele possuidor (ou seja, fundado na titularidade de um direito próprio – de natureza real ou obrigacional), tem de ser directo ou imediato (tem de representar uma possibilidade imediata de aproveitamento específico das qualidades do bem pela pessoa que o possui ou detém, que, embora filiado numa situação jurídica obrigacional ou real se individualiza em relação a ela), e, por fim, tem de ser um interesse garantido convencional ou legalmente. Deste último requisito, o possuidor terá de provar, não apenas a sua posse ou detenção, mas também que tem uma efectiva necessidade de recorrer aos meios possessórios para obter o efeito substantivo do reconhecimento dos seus poderes sobre o bem[113].

---

[110] FERREIRA, Fernando Amâncio, *Curso de Processo de Execução*, 12ª Edição, Coimbra, Almedina, 2010, p. 299.
[111] PALMA RAMALHO, Maria do Rosário, *Ob. Cit.*, p. 47-59.
[112] Entendido em sentido amplo e impróprio.
[113] PARREIRA, Isabel Ribeiro, *Ob. Cit.*, p. 867, apesar de partir de uma qualificação dos direitos pessoais de gozo, como direitos de natureza obrigacional, adverte que nem as remissões legais, nem a posição de Maria Palma Ramalho perdem sentido útil, pois considera que aqueles titulares podem embargar em todas as outras situações de diligências judiciais que não impliquem uma transmissão judicial (por exemplo, o arrolamento).

Por outro lado, Ana Paula Costa Ribeiro[114] propõe uma noção de posse, nos termos do art. 351º do CPC, que abstraia da qualificação dada a estes sujeitos (titulares de um direito real ou de um direito obrigacional). Assim, a noção de posse pressupõe quatro elementos. O primeiro respeita a uma utilização efectiva do bem de acordo com o fim a que se destina. O elemento individual consubstancia-se na existência de um interesse próprio do possuidor em manter o bem, em virtude do tipo de actuação que exerce sobre ele, em confronto com a posição estática e inerte do titular do direito. Por seu turno, o elemento económico pressupõe o interesse do possuidor na realização do fim económico a que o bem se destina. E, por último, o elemento social, interesse em tornar o bem produtivo. Em consequência deste entendimento, não é relevante considerar se a posse é titulada ou não, se é formal ou causal, interessa a posse efectiva ou real.

Conclui que " *a concessão da tutela possessória aos possuidores em nome alheio é uma extensão do art. 1251º do CC. Esta extensão representa também um indício de que a posse deve ser autonomizada do direito real correspondente, sem que tal implique uma contradição com o art. 1251º, pois este não exige a submissão da posse ao direito real, mas sim uma semelhança de actuações exteriores ao bem*"[115].

2.2.3.2. Apreciação crítica e posição a adoptar

Reconhecendo o mérito e a excelência destas construções, com a devida vénia são susceptíveis de algumas críticas.

Quanto às concepções positivistas, é de notar que atendem simplesmente ao previsto na lei e não harmonizam a lei substantiva com a lei processual. É verdade que aos titulares dos direitos pessoais de gozo são conferidas as acções possessórias como meio de tutela dos seus direitos, contudo parece-nos forçosa a equiparação destes aos possuidores em nome próprio, só para deduzirem embargos de terceiro com fundamento na posse.

As concepções qualificativas utilizam a qualificação obrigacional ou real destes direitos para encontrarem uma justificação para a tutela dos direitos pessoais de gozo. Reconhecemos o mérito das concepções, mas a verdade é a

---

[114] COSTA RIBEIRO, Ana Paula de, *Ob. Cit.*, p. 15.
[115] COSTA RIBEIRO, Ana Paula da, *Ob. Cit.*, p. 16.

questão não deve ser resolvida dessa forma. A lei quando atribui tutela possessória, fora dos quadros restritos do art.1251º do CC, reconhece um direito próprio dos sujeitos qualificados legalmente como possuidores em nome alheio, pelos arts. 1031º, al. b), art.1037º, n.º1, art. 1121º e 1125º, n.º1, art. 1129º e 1133º, n.º1 do CC. Além disso, independentemente da qualificação jurídica deste direito, ele corresponde a um interesse próprio do titular[116].

Para quem defende que estes possuidores actuam em substituição do proprietário, parte de uma premissa errada: se assim fosse careciam de legitimidade para o efeito, visto que não se encontrarem expressamente mandatados. É verdade que a lei consagra o dever de avisar o proprietário, mas não o de o substituir. Concede-lhes uma tutela própria, no caso de verem o seu direito a ser afectado, trata-se de uma defesa processual directa.

No tocante à posição de Oliveira Ascensão, cabe fazer uma crítica à interpretação extensiva defendida por este autor. O art. 1251º CC ao definir posse limita o âmbito do fenómeno possessório ao domínio das coisas, não podendo defender-se a existência de posse dos direitos destes possuidores[117].

À concepção de Menezes Cordeiro é de apontar a interpretação restritiva feita ao depositário, a qual padece da crítica apontada às teses qualificativas.

A tese desfavorável de Castro Mendes é passível de algumas críticas, na medida em que de acordo com o regime substantivo a tutela possessória abrange todos os meios possessórios. Tal foi considerado pelo legislador, explícito nos sucessivos incisivos normativos que concedem tutela possessória, aos denominados possuidores precários. Além disso, a questão da possibilidade de ser suscitada a *exceptio dominii*, não é exclusiva dos embargos de terceiro outrossim, passível de ser suscitada nas "restantes" acções possessórias. No entanto, quanto a estas, o autor não parece inclinar-se no sentido da sua negação aos possuidores em nome alheio.

No concernente às concepções processualistas, percorrem "caminhos opostos", mas vão de encontro a todas as críticas apontadas em relação às restantes concepções. A defendida por Teixeira de Sousa, advoga como única excepção o locatário, o único com fundamento possessório para embargar, recorrendo ao art. 824º do CC e ao argumento da *exceptio dominii* (que já vimos

---

[116] Cfr. PALMA RAMALHO, Maria do Rosário, *Ob. Cit.*, p. 42.
[117] Cfr. PALMA RAMALHO, Maria do Rosário, *Ob. Cit.*, p. 43.

não vencer) nas restantes situações. Por outro lado, Lebre de Freitas entende que aqueles só podem embargar em substituição processual do possuidor, padecendo das mesmas criticas apontadas *supra*.

A proposta de Ana Paula Costa Ribeiro não parece resolver o problema, visto que surge uma discrepância entre a noção de posse no regime substantivo e no processual. Além disso, volta a deixar uma porta aberta para a velha discussão entre posse efectiva e civil.

Já Maria Palma Ramalho apresenta uma concepção que parece ter em conta o trabalho do intérprete, o qual deve presumir que o legislador consagrou as soluções e soube se exprimir adequadamente (n.º3 do art. 9º do CC).

Numa primeira fase, seríamos levados a seguir este entendimento, na medida em que, através daquela construção, conseguiríamos aferir se o interesse do possuidor é suficientemente tutelável de modo a servir de fundamento da sua posse para embargar.

Contudo, cremos que a reforma de 95/96 ao acrescentar a locução "direito incompatível", teve o mesmo propósito presente na revogação da expressão "posse efectiva" pelo art. 3º da Carta de Lei que aprovou o Código de Processo Civil de 1876, ou seja, quis resolver as problemáticas que envolviam o conceito de posse utilizado no art. 351º do CPC. Por isso, consideramos, na esteira de Amâncio Ferreira, que a problemática deve ser reconduzida ao conceito de direito incompatível. Só desta forma será salvaguardado o art. 9º, n.º3 do CPC, os normativos habilitantes do uso das acções possessórias, onde se incluem os embargos de terceiro, pelos titulares de direitos pessoais de gozo, bem como o regime de cada um dos direitos pessoais de gozo a necessária harmonização do regime substantivo e processual.

3. Direito incompatível

a) Considerações Gerais

Com a revisão operada em 95/96 ao Código de Processo Civil, foi alterado o art. respeitante aos fundamentos dos embargos, não só sistematicamente, como o próprio conteúdo. Foi aditada a expressão "direito incompatível", ao actual n.º1 do art. 351º do CPC.

No âmbito da revisão, Lebre de Freitas[118] constatou que *"a partir do momento em que os embargos de terceiro (...) passam a ser facultados ao titular do Direito de fundo, visto que este é presumido pela posse (art. 1268, n.º1 do CC). A expressão " qualquer outro direito" é literalmente abrangente dos direitos reais e dos direitos de crédito (...). Quer-se mesmo facultar os embargos de terceiro, designadamente a qualquer titular dum direito pessoal de gozo, paralelamente ao que mais explicitamente, se propõe no art. 412º do CPC?"*

Na verdade, a revisão marcou o fim de uma acção exclusivamente possessória, podendo agora aqui encontrar-se um meio de defesa de direitos. Não só apenas de coisas, mas também de direitos.

Como se pode ver pelo exposto no Acórdão do Tribunal da Relação de Lisboa de 11-01-2011, *"Os embargos de terceiro, no CPC revisto, passaram, a constituir o meio processual idóneo para a efectivação de qualquer direito do embargante incompatível com uma diligência de cariz executória, não tendo que ser necessariamente alegada a posse, mas sim um qualquer direito incompatível com a diligência judicialmente ordenada, tendo-se alargado e deliberadamente por via legislativa o âmbito de tal procedimento"*[119].

No entanto, tem o limite consagrado no art. 824º do CC.

b) Do limite do art. 824º do CC

O art. 824º do CC regula os efeitos da venda executiva em relação à caducidade dos direitos reais de garantia e dos demais direitos reais que incidam sobre a coisa alienada. O n.º1 dispõe que com a venda em execução transferem-se para o adquirente os direitos do executado sobre a coisa vendida.

Do n.º2 do art. 824º do CC resulta a *"principal diferença entre a venda negocial e a executiva, visa não só favorecer a alienação de bens em sede executiva relativamente ao exequente e ao executado (...) como também garantir que o terceiro não seja confrontado com um ónus que diminua a utilidade económica da coisa adquirida em sede executiva"*[120].

Da primeira parte do n.º2 pode retirar-se que a venda executiva, além dos efeitos previstos no art. 879º do CC, produz um efeito extintivo quanto às

---

[118] FREITAS, Lebre, *"Em torno da revisão do Processo Civil"*, in ROA, Ano 55, I, 1995, p. 462.
[119] Ac. do TRL, processo n.º 0076718 de 11-01-2011, disponível em www.dgsi.pt; no mesmo sentido Ac. STA de 03-10-2001, em Acórdãos Doutrinais do Supremo Tribunal Administrativo.
[120] GONÇALVES, Marco Carvalho, *Ob. Cit.*, p. 104.

garantias reais que oneram os bens. Na verdade, estes conseguem ver o seu direito satisfeito em momento anterior na execução, na reclamação de créditos (de acordo com os artigos 864º e 865º CPC).

O tratamento é diferente quanto aos demais direitos reais, os quais são protegidos se forem registados ou constituídos em data anterior ao registo ou constituição do arresto, penhora ou garantia. Se assim for, o direito real não se extingue com a venda executiva. Se for registado posteriormente ao registo da penhora, arresto ou garantia, caducará.

O n.º2 do art. 824º ainda exceptua aqueles direitos reais constituídos em data anterior que produzam efeitos em relação a terceiros, independentemente do registo. Estes direitos não caducam com a venda executiva. Segmento pensado essencialmente para a aquisição fundada em usucapião, as servidões aparentes e os factos relativos a bens indeterminados, enquanto estes não forem devidamente especificados e determinados[121].

Com o n.º3 da disposição, o legislador protege ainda o titular dos direitos que caducarem por efeito dessa venda, através do seu produto.

Cientes do alcance do art. 824º do CC, podemos iniciar a análise do enquadramento legal, doutrinário e jurisprudencial dado à expressão *"direito incompatível"*.

3.1. Noção

O critério a ser seguido para a delimitação de direito incompatível não tem sido muito discutido pela doutrina, apesar de ser de grande relevância para puder aferir-se à luz do Código de Processo Civil, os direitos incompatíveis com "a realização ou âmbito da diligência de que seja titular quem não é parte na causa" (parte final do art. 351º do CPC).

Lopes do Rego[122] afirma que, *"(....) mesmo que se conclua que o terceiro embargante não é, de um ponto de vista jurídico, possuidor dos bens juridicamente apreendidos, nem por isso se poderia excluir liminarmente a sua legitimação para deduzir os embargos, dependendo da resposta a tal questão de saber se, na concreta colisão ou conflito de direitos em causa, o direito invocado pelo terceiro embargante é susceptível de*

---

[121] GONÇALVES, Marco Carvalho, *Ob. Cit.*, p. 106.
[122] LOPES DO REGO, Carlos, *Ob. Cit.*, pp. 324 e 325.

ser oposto e prevalecer sobre o direito acautelado através do acto de apreensão de bens, inviabilizando-o na sua totalidade ou circunscrevendo-o a certo âmbito ou extensão, que não poderá ser excedido (...)".

Teixeira de Sousa[123] considera que são direitos incompatíveis *"aqueles que impedem que os bens penhorados possam ser incluídos naqueles que, por pertencerem ao património do executado, devem responder pela divida exequenda. O problema reside em determinar os casos que justificam essa exclusão da responsabilidade dos bens penhorados. Para os delimitar propõe-se o seguinte critério: são incompatíveis com a realização ou o âmbito da penhora os direitos de terceiros sobre os bens penhorados que não se devam extinguir com a sua venda executiva"*. Exclui, deste âmbito, os direitos reais de garantia que entende não serem incompatíveis com a penhora, por poderem ser reclamados os créditos garantidos na execução pendente (art. 864.º, n.º1, alínea b) e o art. 865.º, n.º1 do CPC).

Seguindo o mesmo raciocínio, Remédio Marques[124], atento à formulação do art. 824.º do CC, entende que é incompatível quando seja oponível e prevalente sobre a coisa penhorada, ou seja, quando esse direito deva subsistir após a venda executiva.

Em sentido oposto, Lebre de Freitas numa primeira fase[125] considera que a incompatibilidade deve ser aferida em conformidade com a finalidade da diligência. Assim, para este autor, incompatíveis com a penhora são o direito de propriedade e os demais direitos reais menores de gozo que viriam a extinguir-se com a venda executiva (art. 824.º, n.º2 do CC). Mas não o são os direitos reais de gozo que a subsequente venda não extingue, nem são os direitos reais de aquisição e garantia que, encontram satisfação na acção executiva. Também entende que não são incompatíveis os direitos pessoais de gozo e

---

[123] TEIXEIRA DE SOUSA, Miguel, "A penhora de bens na posse de terceiro (...)", pp. 80-82, em *Estudos sobre o novo Processo (...)*, Ob. Cit., p. 233 e em *Acção Executiva (...)*, p. 303. No mesmo sentido, PARREIRA, Isabel Ribeiro, Ob. Cit., p. 861, MUNHOZ, José Lucio, "A exceptio dominii nos Embargos de Terceiro", Relatório de Mestrado, disponível na Faculdade de Direito da Universidade de Lisboa, Lisboa, 1999, SALLES, Angelina Aparecida Normanha, Ob. Cit., p. 23, e SALVADOR DA COSTA, Ob. Cit., p.181. Na Jurisprudência, vide Ac. do TRC, processo n.º 208-A/2002.C1 de 28-03-2007, disponível em www.dgsi.pt.
[124] MARQUES, J.P. Remédio, *Curso de Processo Executivo Comum à face do Código Revisto*, Porto, SPB Editores, 1998, p. 320.
[125] FREITAS, Lebre, "Excertos declarativos no processo executivo", in *Estudos sobre o Direito Civil e Processo Civil*, Coimbra Editora, Coimbra, 2002, p.606, e ainda *Acção Executiva, (...)*, Ob. Cit., p. 286-289.

de aquisição, os quais são inoponíveis ao exequente, e por exemplo no caso do arrendamento, perduram para além da venda executiva[126].

No entanto acrescenta que *"com a apreensão na acção executiva para entrega de coisa certa – e, consequentemente, também com o arrolamento, com a restituição provisória de posse ou com a providência cautelar comum que ordena a entrega de bens aos quais o requerente se arrogue um direito – são incompatíveis os direitos reais de gozo que impliquem a usufruição da coisa, os direitos reais de garantia que como penhor e o direito de retenção impliquem a sua posse, o direito ao arrendamento, ou a posse da coisa, nem outros direitos pessoais de gozo que não o arrendamento. No caso do despejo, a devolução da coisa arrendada, já só é incompatível com o direito real de gozo que implique a sua usufruição"*[127].

Por outro lado, Amâncio Ferreira[128] entende que o *"conceito de direito incompatível apura-se em referência à finalidade da diligência que o lesa. E esta é, no processo executivo, a entrega de dinheiro, a adjudicação ou a venda executiva, na execução para pagamento de quantia certa."* Este autor reconduz a problemática dos possuidores em nome alheio, e inclusive dos direitos pessoais de gozo (por partir do princípio de que o termo posse do art. 351º do CPC somente abarca a posse em nome próprio), bem como de outros direitos, nunca antes discutidos, ao conceito de direito incompatível.

Marco Gonçalves, atento à finalidade e o âmbito de protecção dos embargos de terceiro, considera que a incompatibilidade do direito terá de ser encontrada tendo em conta a função e a finalidade concreta que se pretende obter com a diligência ou o acto judicial, *"pelo que, quando esteja em causa a penhora de um bem, um direito será incompatível com essa diligência se esse direito prevalecer ou não dever caducar com a venda executiva"*[129]. Assentando a sua posição em decisões jurisprudenciais, considera que, em regra, não será admissível a dedução de embargos quando o terceiro seja titular de um direito de crédito e igualmente quando se trate de um direito real de aquisição, pois tal como nos

---

[126] Ângelo Abrunhosa discorda do critério apresentado por Lebre de Freitas. Embora sem fundamentar a sua posição, entende que cabe no direito incompatível qualquer direito real: ABRUNHOSA, Ângelo *Contencioso possessório: breves apontamentos*, Porto: Centro de Cópias António Silva Lemos, 1997, p. 84.

[127] FREITAS, José Lebre, *Código de Processo Civil Anotado*, Vol. I, Coimbra, Coimbra Editora, 1999, pp. 616-617.

[128] FERREIRA, Amâncio, *Ob. Cit.*, pp. 301 e seguintes.

[129] GONÇALVES, Marco Carvalho, *Ob. Cit.*, pp. 108 e 109.

direitos reais de garantia, encontra a sua satisfação na execução. Aparentemente, nada de novo adita às concepções avançadas. Porém, acaba por fazer apelo ao interesse em agir, considerando que o critério da incompatibilidade do direito *"deve ser conjugado com interesse processual do terceiro quanto ao reconhecimento do seu direito (...) só tem interesse processual em fazê-lo quando seja titular de um direito que, por ser incompatível com a realização ou âmbito da diligência, não se extinga com a venda e se afigure imprescindível impor o reconhecimento da existência do seu direito em sede executiva"*[130].

Em comum, consideram não serem direitos incompatíveis os direitos reais de garantia e aquisição, os primeiros essencialmente porque têm um meio próprio na acção executiva para serem reclamados, e os segundos porque extinguem-se com a venda executiva. Além disso, é imperativo *"(...) que o direito porventura invocado como incompatível com a realização ou âmbito da diligência seja naturalmente anterior à data da realização desta"*[131].

Teixeira de Sousa e Remédio Marques assentam na mesma premissa. Contudo, não parece defensável a restrição feita. Consideram incompatíveis com a penhora ou com outra diligência judicialmente ordenada, aqueles direitos que subsistem depois da venda. No entanto, existem direitos que apesar de não subsistirem após a venda, de acordo com a sua natureza e com o regime legal, devem servir de fundamento aos embargos de terceiro por esta via.

Não podemos deixar de concordar com a linha argumentativa delineada por Lebre de Freitas, na medida em que este, ao defender como direito incompatível aquele que não subsiste após a venda executiva, tem subjacente uma razão de ordem lógica, se subsiste após a venda é porque não será afectado pela diligência. Não deixa de exceptuar situações, que com a apreensão na acção da para entrega de coisa certa, sairiam impreterivelmente prejudicadas. No entanto, deixa de parte o caso do arrendamento. Embora estejamos cientes da razão subjacente, não parece de todo praticável, na medida em que tratar-se-ia de um meio ao dispor do arrendatário. Apesar de o direito do arrendatário subsistir após a venda executiva (por força do art. 1057º do CC), este

---

[130] GONÇALVES, Marco Carvalho, *Ob. Cit.*, p. 111.
[131] Ac. do STA de 31-10-2001, Acórdãos Doutrinais do Supremo Tribunal Administrativo, p. 1161.

poderá ter interesse em salvaguardar a relação que tem com o senhorio ou mesmo poderá sair prejudicado com o desfecho da venda executiva.

No concernente ao defendido por Marco Gonçalves, parece-nos forçoso transpor o "interesse em agir", tendo em conta todas as discussões que estão na base deste pressuposto da acção declarativa[132].

Além disso, parece-nos que o legislador quis consagrar nesta noção de direito incompatível todas aquelas situações, discutíveis no âmbito da posse, as quais dizem respeito aos possuidores em nome alheio. Aqui, não encontramos a restrição da posse, a qual traduz-se num exercício material sobre a coisa e na intenção com que o agente exerce esse acto material, nem tem aplicação a crítica avançada à concepção de Oliveira Ascensão, a propósito dos possuidores em nome alheio, o qual interpretava extensivamente o art. 1251º do CC, ao admitir a posse daqueles direitos e não a que incidia sobre coisa.

3.2. Posição adoptada

A verdade é que dada a alteração operada pela revisão de 95/96 foram proferidas decisões pelos tribunais fazendo uso da locução de direito incompatível e reconduzindo exactamente aos casos aqui analisados.

No concernente ao direito de retenção, tem sido admissível o uso, pelo retentor, dos embargos de terceiros, por ser incompatível com a diligência judicialmente ordenada de apreensão, pois tal levaria ao desaparecimento do direito de retenção[133]. Contudo, verifica-se que se trata de uma análise puramente casuística.

Quanto ao contrato-promessa, constatou-se que quanto ao contrato-promessa com eficácia obrigacional e sem hipótese de se recorrer à execução específica (art. 830º do CC), é entendimento unânime na Jurisprudência, a não admissibilidade da oposição mediante embargos de terceiro, pois o direito dos eventuais embargantes " *referem-se substancialmente a um direito de crédito (embora assegurado com uma garantia real) e, não um direito (maxime, de propriedade) à coisa penhorada (...). Portanto, a realização do direito dos embargantes não é incompatível com a penhora muito pelo contrário até. Na verdade, o que lhes está indicado é*

---

[132] Para quem entende que a "utilidade da acção" consubstancia um pressuposto formal.
[133] A título de exemplo, Ac. do TRP 0556921 de 06-03-2006, disponível em www.dgsi.pt.

a reclamação do crédito na execução"[134]. Outra interpretação do art. 351º do CPC, levaria a um claro juízo de inconstitucionalidade da norma, pois que, na prática, isso significaria negar ao exequente o direito à execução judicial contra o seu devedor e à defesa judicial dos seus interesses legítimos.

Porém, havendo lugar à execução específica do contrato-promessa, esta já levará à incompatibilidade com uma diligência judicialmente ordenada, como a adjudicação ou a venda da coisa retida, na sequência da penhora que sobre ela tenha incidido. Como se vê pelo decidido no Acórdão do Tribunal da Relação do Porto de 15-04-2008[135], *"(...) os embargos de terceiro que, deixaram de estar associados unicamente à posse, são o meio processual adequado à viabilização do direito de retenção do promitente-comprador que propôs a acção destinada à execução"*[136].

Quanto aos possuidores em nome alheio, titulares dos denominados direitos pessoais de gozo, nomeadamente quanto à locação (situação mais duvidosa, atendendo ao seu regime legal) a Jurisprudência manifestou-se positivamente[137] e negativamente[138].

Na doutrina e na Jurisprudência verifica-se uma tendência para alargar demasiado o âmbito de previsão da expressão direito incompatível. Pretendem aqui caber direitos que nunca antes haviam sido invocados.

Na nossa opinião, como já foi salientado, o legislador pretendeu aqui resolver o que antes era discutível, como o facto de serem concedidas as acções possessórias a meros detentores. Não foi claro, ao colocar uma expressão ambígua, talvez para não correr o risco de ser demasiado restritivo.

O direito processual é instrumental ao direito substantivo e têm que estar em consonância de modo a assegurar os direitos que são postos em causa, nomeadamente no âmbito da execução.

Além disso, um intérprete diligente tem de presumir que o legislador consagrou as soluções mais acertadas e soube exprimir o seu pensamento da forma mais adequada (n.º3 do art. 9º do CC).

---

[134] Cfr. Ac. do TRG, processo n.º 2196/04-2 de 09-03-2005, disponível em www.dgsi.pt. No mesmo sentido, Ac. do TRL, processo n.º 2396/2005-8 de 28-04-2005 e Ac. do TRE, processo n.º 120/07-0TBAUS-A.E1 de 18-11-2009, disponíveis em www.dgsi.pt.
[135] Cfr. Ac. do TRP, processo n.º 0820336, de 15-04-2008, disponível em www.dgsi.pt.
[136] No mesmo sentido, Ac. do TRP, processo n.º 733/09.7TBPNF-A.P1, de 16-03-2010, disponível em www.dgsi.pt.
[137] Veja-se o Ac. do TRG, processo n.º 593/07-1 de 19-04-2002, disponível em www.dgsi.pt.
[138] Vide o Ac. do TRL, processo n.º 10086/082, de 12-03-2009, disponível em www.dgsi.pt.

Nesta estrita medida, não se pode considerar que al. a) do art. 670º do CC, o art. 758º e do n.º3 do art. 759º do CC (os quais remetem para o art. 670º do CC e para a alínea f) do art. 775º do CC) e os arts. 1037º, n.º2, 1133º, n.º2, 1188º, n.º2 e 1125º, n.º2 do CC, remetem somente para as acções possessórias, com exclusão de uma acção possessória.

Salvo melhor opinião, consideramos que, não sendo susceptíveis de posse, os titulares dos direitos *supra* mencionados podem socorrer-se dos embargos de terceiro, tendo como pressuposto consubstanciarem-se num direito incompatível com a penhora ou com qualquer acto judicialmente ordenado. Todavia, terá de analisar-se cada situação concreta de modo a aferir se têm interesse suficiente. Assim, propomos transpor para a noção de direito incompatível a apresentada por Maria Palma Ramalho, quanto ao fundamento dos embargos de terceiro deduzidos pelos titulares de direitos pessoais de gozo, devidamente adaptada.

Assim, para embargar de terceiro, este terceiro tem que ser titular de um suposto direito incompatível e, tal direito terá de circunscrever-se a um interesse:

a) Bastante, ou seja, tem de se fundar na titularidade de um direito próprio – de natureza real ou obrigacional –,
b) Susceptível de ser afectado (extinguindo-se ou modificando-se) pela penhora ou qualquer outra diligência,
c) Directo ou imediato, ou seja, tem de representar uma possibilidade imediata de aproveitamento especifico das qualidades do bem,
d) Garantido convencionalmente ou legalmente.

Vejamos.

Tanto o credor pignoratício, como o credor do direito de retenção, o promitente-comprador e os titulares de direitos pessoais de gozo é garantido pelo legislador a possibilidade de fazerem uso das acções possessórias, onde se incluem os embargos de terceiro (por remissão dos arts. 670º, alínea a), 758º e n.º3 do art. 759º, art.755º, n.º1, alínea f) e 759º, n.º 3, art.1037º, n.º2, art. 1133º, n.º2, art. 1188º, n.º 2 e 1125º, n.º2, todos do CC, conjugados com os arts. 1285º do CC e 351º do CPC).

Além disso, este critério permite ultrapassar a barreira da qualificação dos direitos pessoais de gozo como de natureza obrigacional ou real (matéria que ainda hoje não é unânime na doutrina e Jurisprudência), sendo suficiente a titularidade de um direito próprio, que poderia extinguir-se ou modificar-se com a prossecução da acção.

Apesar de, em todos os casos invocados, não possuírem em nome próprio, é inegável que exercem um direito próprio sobre o bem (embora o bem possa pertencer a outrem), como tal têm interesse em que o âmbito de actuação do seu direito não seja afectado por um qualquer acto judicial.

É verdade que não podemos fazer "tábua rasa", apenas afirmando que todos podem vir a deduzir embargos, em qualquer ou em todas as circunstâncias, é necessário, antes de mais, atender à espécie de acção executiva e se a penhora ou qualquer outra diligência judicialmente ordenada lesaria em concreto o titular daquele direito, impedindo-o do aproveitamento específico das qualidades do bem.

Para tal consideração não ser feita sem qualquer tipo de critério, ou, eventualmente, em clara violação de alguma disposição legal, utilizar-se-ia o critério do interesse tutelável para essa análise casuística.

Julgamos que só desta forma, harmonizar-se-ia o regime substantivo com o processual, não se colocando entraves à análise por um intérprete diligente.

Conclusões

1ª – Propondo-nos estudar o âmbito objectivo dos embargos de terceiro, nomeadamente os requisitos "posse" e "incompatível", prontamente concluímos que os embargos de terceiro (consagrados nos artigos 351º e seguintes) são um meio de oposição à penhora, no entanto, e acessoriamente, podem assumir natureza cautelar (art. 356º do CPC).

2ª – Partindo da evolução histórica dos embargos, chegamos à conclusão que nem a designada Revisão de 95/96, ao incluir a expressão "direito incompatível", nem a Revisão de 2003, lograram resolver de forma clara as problemáticas suscitadas no âmbito do regime anterior, deixando em aberto a grande discussão doutrinal e jurisprudencial que até então se verificava, centrada na qualidade de posse alegada pelo embargante: era apenas causal, efectiva ou material e em nome próprio ou poderia ser também formal, civil ou jurídica e em nome alheio.

3ª – Por considerarmos determinante, procedemos a uma análise, ainda que sucinta, dos fundamentos dos embargos.

4ª – No concernente à penhora, como acto por excelência do processo executivo, concluímos que tem como objectivo a afectação de determinados bens integrantes do património do devedor à realização das finalidades da execução. No fundo, consiste numa oneração do direito do titular da coisa penhorada, da qual pode vir a resultar a extinção deste e constitui a favor do exequente o direito de ser pago com preferência em relação a qualquer outro credor que não tenha uma garantia real anterior (art. 822º do CC).

5ª – Nesta sequência, constatamos que do art. 821º do CPC resulta que os bens susceptíveis de penhora são tendencialmente todos os bens do devedor, sendo apenas admissível a penhora de bens de terceiro nos casos consagrados na lei.

6ª – Quanto à expressão *"qualquer acto judicialmente ordenado de apreensão ou entrega de bens"*, pressupõe actos judiciais que por si só constituam uma privação do exercício de um direito sobre determinada coisa (móvel ou imóvel).

7ª – Com o intuito de analisarmos a expressão "posse", utilizada pelo art. 351º do CPC, partimos do estudo, ainda que sucinto, do regime substantivo.

8ª – A noção de posse consagrada no art. 1251º do CC tem por base duas teorias: objectivista e subjectivista. Sem partir para a análise dos argumentos de cada uma das teorias, concluímos que é unânime a existência de dois elementos no conceito de posse: o *corpus* e o *animus*. O primeiro representa o acto material do agente sobre coisa ou direito possuído, enquanto o segundo é representado pela intenção com que esse agente exerce esse acto material.

9ª – Em contraponto, as situações de detenção estão consagradas no art. 1253º do CC, as quais distinguem-se da posse pelo elemento material, ou seja, pelo poder de facto sobre a coisa.

10ª – Para aferir da posse susceptível de legitimar os embargos de terceiro, era necessário conjugar o art. 351º do CPC com o regime substantivo do Código Civil, nomeadamente com os artigos 824º, 1251º, 1252º e 1253º.

11ª – São indubitavelmente susceptíveis de posse os direitos reais de gozo, ao contrário dos direitos reais de aquisição.

12ª – Partindo para a magna questão referente ao preenchimento fáctico-jurídico da expressão normativa "posse", começamos pela problemática da modalidade enunciada no n.º1 do art. 351º do CPC, visto não ser unânime entre a doutrina e, anteriormente, por grande parte da jurisprudência. Quanto a esta questão, chegamos à conclusão que a lei processual não impõe limitações às situações de posse efectiva, recorrendo a um argumento histórico, à presunção do art. 9º, n.º3 do CC, às disposições que habilitam a utilização das acções possessórias por possuidores em nome alheio (art. 1037º, n.º 2, art. 1125º, n.º2, art. 1133º, n.º2 e art. 1188º, n.º2, do CC, os quais remetem para o art. 1285º do CC) e ao facto de o conceito de posse partir sempre do *corpus* e do *animus*, mas em certos casos o *corpus* é pressuposto ou mesmo ficcionado.

13ª – Após estudarmos o regime do penhor e do direito de retenção, ainda que sucintamente, constatamos que, apesar de implicarem um controlo material sobre a coisa e por pensarmos que a faculdade atribuída àqueles titulares de usar das acções destinadas à defesa da posse não abarca os embargos de terceiro, atendendo à consagração da lei, sem qualquer tipo de restrições (veja-se o art. 670º, al. a) em conjugação com os artigos 758º, n.º 3 e 759º do CC), e à presunção do n.º3 do art. 9º do CC, tanto o credor pignoratício como o retentor podem embargar de terceiro em casos excepcionais. Particularmente, quando a coisa possuída for penhorada em execução movida contra pessoa diferente do proprietário e quando exista um interesse jurídico para embargar.

14ª – No concernente ao direito de retenção do promitente-comprador pareceu-nos que, atendendo ao disposto no art. 824º, n.º2, e al. f) do art. 775º, n.º1 do CC, e à posição adoptada quanto ao direito de retenção, ao facto de aqui o direito de retenção do promitente-comprador visar garantir o crédito e não a posse sobre a coisa, não deixa de ser uma garantia real por onerar o promitente-comprador e, como, tal extingue-se com a venda judicial. Contudo, e como já foi salientado em outras ocasiões, não poderíamos esquecer o n.º3 do art. 9º do CC, o qual está na base de qualquer interpretação que se possa fazer da lei, nomeadamente do art. 755º, n.º1, al. f) do CC. Assim concluímos pela possibilidade do promitente-comprador embargar de terceiro quando tenha sido celebrado um contrato-promessa de compra e venda de um bem imóvel ou móvel (desde que sujeito a registo) com eficácia real, pois só assim fará sentido deduzir oposição à penhora ou a qualquer diligência judicialmente ordenada, manifestando a sua boa fé através do registo e do seu direito legitimamente adquirido.

15ª – No que diz respeito à consignação de rendimentos (art. 656º e seguintes do CC) concluímos que não incide directamente sobre o bem, mas sobre os rendimentos deste. Como tal, nem a penhora nem outra qualquer diligência afectará o direito do credor se pagar pelos seus rendimentos, existindo na acção executiva um meio próprio para o credor fazer-se pagar, o qual é a reclamação de créditos (art. 865º do CPC).

16ª – Por fim, quanto aos direitos pessoais de gozo, após criticarmos as várias concepções, defendemos que a reforma de 95/96, ao acrescentar a locução "direito incompatível", teve o mesmo propósito presente na revogação da expressão "posse efectiva" pelo art. 3º da Carta de Lei que aprovou o Código de Processo Civil de 1876, ou seja, quis resolver as problemáticas que envolviam o conceito de posse utilizado no art. 351º do CPC. Por isso, considerámos que a problemática deve ser reconduzida ao conceito de direito incompatível. Só desta forma será salvaguardado o art. 9º, n.º3 do CPC, os normativos habilitantes do uso das acções possessórias, onde se incluem os embargos de terceiro, pelos titulares de direitos pessoais de gozo, bem como o regime de cada um dos direitos pessoais de gozo e a necessária harmonização do regime substantivo e processual.

17ª – De seguida, partimos para a análise da expressão "direito incompatível", avançada por alguma doutrina. Partimos da análise do art. 824º do CC, pois este consubstancia um limite à dedução de embargos de terceiro.

18ª – Constatamos que o critério a ser seguido para a delimitação de direito incompatível não tem sido muito discutido pela doutrina, apesar de ser de grande relevância para poder aferir-se, à luz do Código de Processo Civil e do Código Civil, os direitos incompatíveis com "a realização ou âmbito da diligência de que seja titular quem não é parte na causa" (parte final do art. 351º do CPC).

19ª – Após analisar e proceder a um estudo crítico dos conceitos avançados pela doutrina, de modo a delimitar a noção de "direito incompatível", concluímos que era necessário um critério que abarcasse todas as limitações legais, sem prejuízo de cada caso ser um caso, e de termos de proceder a uma análise casuística.

20ª – Como tal, consideramos que, para embargar, o terceiro tem que ser titular de um suposto direito incompatível e tal direito terá de circunscrever-se a um interesse: bastante (ou seja, tem de se fundar na titularidade de um direito próprio - de natureza real ou obrigacional), susceptível de ser afectado (extinguindo-se ou modificando-se) pela penhora ou qualquer outra diligência, directo ou imediato (ou seja, tem de representar uma possibilidade imediata de aproveitamento específico das qualidades do bem) e garantido convencionalmente ou legalmente.

BIBLIOGRAFIA

ABRUNHOSA, Ângelo, *Contencioso possessório: breves apontamentos*, Porto: Centro de Cópias António Silva Lemos, 1997.

ANTUNES VARELA, José António
Anotação ao Acórdão do Supremo Tribunal de Justiça de 21/12/1982, Revista de Legislação e Jurisprudência, ano 119, 1987/1987, n.º 3749.

Parecer ao Acórdão do Supremo Tribunal de Justiça de 20/10/1988, Revista da Ordem dos Advogados, ano 53, II, 1993.

ASCENSÃO, Oliveira, *Direito civil: reais*, 5ª Edição, reimpressão, Coimbra, Coimbra Editora, 1993.

CALVÃO DA SILVA, João, *Sinal e contrato-promessa*, 13ª Edição, Almedina, Coimbra, 2010.

CARVALHO, Orlando, *Introdução à posse*, Revista de Legislação e Jurisprudência, n.º 122 (1989), p. 65-69.

CASTRO, Artur Anselmo, *A acção executiva singular, comum e específica*, 3ª Edição, Coimbra, Coimbra Editora, 1977.

COSTA RIBEIRO, Ana Paula da, *A Legitimidade Processual nos Embargos de Terceiro*, Relatório de Mestrado, 1991/1992, Faculdade de Direito da Universidade de Lisboa, Lisboa, 1992.

COSTA, Salvador da, *Os incidentes de instância*, 3ª Edição, Almedina, Coimbra, 2002.

CORDEIRO, António Menezes
Da retenção do promitente na venda executiva, Revista da Ordem dos Advogados, ano 57, 1997, II, pp. 547-564.

Direitos Reais, Lex Editora, Lisboa, 1993 (reimpressão da edição de 1979).

A posse: perspectivas dogmáticas actuais, 3ª Edição, Coimbra, Almedina, 1999.

FERNANDES, Luís A. Carvalho, *Lições de Direitos Reais*, 4ª Edição, Lisboa, Quid Juris, 2003.

FREITAS, José Lebre,
Acção Executiva, depois da reforma da reforma, Coimbra, Coimbra Editora, 2009.

A Penhora de Bens na posse de terceiros, Revista da Ordem dos Advogados, ano 52, 1992.

"*Em torno da revisão do Processo Civil*", Revista da Ordem dos Advogados, ano 55, I, 1995.

Código de Processo Civil Anotado. Vol. I, Coimbra, Coimbra Editora, 1999.

"*Excertos declarativos no processo executivo*", in *Estudos sobre o Direito Civil e Processo Civil*, Coimbra, Coimbra Editora, 2002.

FERREIRA, Fernando Amâncio, *Curso de Processo de Execução*, 12ª Edição, Coimbra, Almedina, 2010.

FIGUEIREDO, Maria Júlia Correia de Magalhães, "*Os Embargos de Terceiro: estudo de direito processual civil*", Tese de Licenciatura em Ciências Jurídicas apresentada na Faculdade de Direito da Universidade de Lisboa, Lisboa, 1937.

GALVÃO TELLES, Inocêncio, *Direito das Obrigações*, 6ª Edição, Coimbra, Coimbra Editora, 1989.

GONÇALVES, Marco Carvalho, *Embargos de Terceiro na Acção Executiva*, Coimbra, Coimbra Editora, 2010.

LOPES CARDOSO, Eurico, *Manual da Acção Executiva*, 3ª Edição, Coimbra, Almedina, 1992.

LOPES REGO, *Comentário ao Código de Processo Civil*, Volume I, 2ª Edição, Coimbra, Almedina, 2004.

MAGALHÃES, António Leite Ribeiro de, *Manual das acções Possessórias e o seu Processo*, 2ª Edição, Almedina, Coimbra.

MARQUES, J.P. Remédio, *Curso de Processo Executivo Comum à face do Código Revisto*, Porto, SPB Editores, 1998.

MATOS, António Andrade, *"Embargos de Terceiro e Penhora de Direitos"*, Relatório de Mestrado, 1998-1999, Faculdade de Direito da Universidade de Lisboa, Lisboa, 1999.

MENDES, João Castro, *Direito Processual Civil: acção executiva*, Lisboa, AAFDL, 1971.

MESQUITA, Luís Miguel Andrade, *"Apreensão de bens em Processo Executivo e Oposição de terceiro"*, Almedina, Coimbra, 1998.

MESQUITA, Manuel Henrique, *Obrigações Reais e Ónus Reais*, Coimbra, Almedina, 1990.

Direitos Reais, Coimbra, 1967.

MOTA, Guerra da, *Manual da Acção Possessória*, Volume I, *Acção Possessória e Embargos de Terceiro*, Porto, Athena Editora, 1980.

MOTA PINTO, Carlos Alberto da, *Direitos Reais*, por Álvaro Moreira e Carlos Fraga, Reimpressão, Almedina, Coimbra, 1971.

MUNHOZ, José Luicio, *"A exceptio dominii nos Embargos de Terceiro"*, Relatório de Mestrado, disponível na Faculdade de Direito da Universidade de Lisboa, Lisboa, 1999.

NETO, Abílio, *Código de Processo Civil Anotado*, 22ª Edição, Lisboa, 2009.

PALMA, Augusta Ferreira, *Embargos de Terceiro*, Coimbra, Almedina, 2001.

PALMA, Carlos Adelino da, *Direito Processual Civil: Acção Executiva*, Lisboa, AAFDL, 1970.

PALMA RAMALHO, Maria do Rosário, *"Sobre o fundamento possessório dos embargos de terceiro deduzidos pelo locatário, parceiro pensador, comodatário e depositário"*, Relatório de Mestrado, disponível na Faculdade de Direito da Universidade de Lisboa, Lisboa, 1989.

PARREIRA, Isabel Ribeiro, *"Embargos de Terceiro Preventivos deduzidos a uma penhora de imóveis"*, in Revista da Ordem dos Advogados, ano 61, II, Abril 2001, p. 839.

PINHEIRO, Jorge Duarte, *Fase Introdutória dos Embargos de Terceiro*, Coimbra, Almedina, 1993.

PINTO DUARTE, Rui, *Curso de Direitos Reais*, Cascais, Principia, 2002.

PIRES DE LIMA, Fernando e ANTUNES VARELA, José António, *Código Civil Anotado*, Volumes: I e III, 4ª Edição, Coimbra, Coimbra Editora, 1987.

REIS, José Alberto dos,
Código de Processo Civil Anotado, Volumes I a IV, Coimbra, Coimbra Editora, 1980 a 1981.

Processos Especiais, Vol. I, Coimbra, Coimbra Editora, 1982.

Processo de Execução, Vol. II, Coimbra, Coimbra Editora, 1982.

RODRIGUES, Manuel, *A posse: estudo de Direito Civil Português*, 3ª Edição, Revista anotada e prefaciada por Fernando Luso Soares, Coimbra, Almedina, 1980.

ROMANO MARTINEZ, Pedro e Fuzeta da PONTE, *Garantias de Cumprimento*, 5ª Edição, Coimbra, Almedina, 2006.

ROSADO, João de Barros Couto, *Embargos de terceiros no Código de Processo Civil*, Lisboa : Dep. Livraria Portugalia, 1941.

SALLES, Angelina Aparecida Normanha, *"A Fase Introdutória dos Embargos de Terceiro"*, Relatório de Mestrado, disponível na Faculdade de Direito da Universidade de Lisboa, 1999.

SEVIVAS, João, *Posse e meios Processuais*, Viseu, 2009.

TEIXEIRA DE SOUSA, Miguel,
"A penhora de bens na posse de terceiro", in Revista da Ordem dos Advogados, 1991, Ano 51, Vol. I.

Estudos sobre o novo Processo Civil, 2ª Edição, Lex Editora, Lisboa, 1997.

Acção Executiva Singular, Lex Editora, Lisboa, 1998.

JURISPRUDÊNCIA

Supremo Tribunal Administrativo
Acórdão do Supremo Tribunal Administrativo, Tribunal Pleno, 31/10/2001, Acórdãos Doutrinais do Supremo Tribunal Administrativo, Rio de Mouro, p. 1159.

Supremo Tribunal de Justiça
Acórdão do Supremo Tribunal de Justiça de 21-11-1978, Boletim do Ministério da Justiça, n.º 291.

Acórdão do Supremo Tribunal de Justiça de 18-11-1982, Boletim do Ministério da Justiça, n.º 321.

Acórdão do Supremo Tribunal de Justiça de 28-01-1983, Boletim do Ministério da Justiça, n.º 323.

Acórdão do Supremo Tribunal de Justiça de 16-05-1984, Boletim do Ministério da Justiça, n.º 387.

Acórdão do Supremo Tribunal de Justiça de 04-12-1984, Boletim do Ministério da Justiça, n.º 354.

Acórdão do Supremo Tribunal de Justiça de 22-06-1989, Boletim do Ministério da Justiça, n.º 388.

Acórdão do Supremo Tribunal de Justiça de 21-02-1991, Boletim do Ministério da Justiça, n.º 404.

Acórdão do Supremo Tribunal de Justiça de 09-07-1992, Processo n.º 081958, disponível em www.dgsi.pt.

Acórdão do Supremo Tribunal de Justiça de 03-02-1994, Processo n.º084373, disponível em www.dgsi.pt.

Acórdão do Supremo Tribunal de Justiça de 23-01-1996, Colectânea de Jurisprudência, Vol. I, 1996, p. 70.

Acórdão do Supremo Tribunal de Justiça de 19-11-1996, Colectânea de Jurisprudência, Vol. III, 1996, p. 109 e 110.

Acórdão do Supremo Tribunal de Justiça de 11-03-1999, Colectânea de Jurisprudência, Vol. I, 1999, p. 137.

Acórdão do Supremo Tribunal de Justiça de 14-03-2000, Boletim do Ministério da Justiça, n.º 404, p.405.

Acórdão do Supremo Tribunal de Justiça de 04-07-2002, Processo n.º 02B1981, disponível em www.dgsi.pt.

Acórdão do Supremo Tribunal de Justiça de 13-11-2002, Processo n.º 02B2501, disponível em www.dgsi.pt.

Acórdão do Supremo Tribunal de Justiça de 12-02-2004, Colectânea de Jurisprudência, Vol. I, 2004, p. 1.

Acórdão do Supremo Tribunal de Justiça de 26-02-2004, Processo n.º 03B4296, disponível em www.dgsi.pt.

Acórdão do Supremo Tribunal de Justiça de 27-04-2004, Colectânea de Jurisprudência, Vol. I, 2004, p. 57.

Acórdão do Supremo Tribunal de Justiça de 31-03-2004, Processo n.º 04B362, disponível, em www.dgsi.pt.

Acórdão do Supremo Tribunal de Justiça de 23-05-2006, Processo n.º06A1128, disponível em www.dgsi.pt.

Acórdão do Supremo Tribunal de Justiça de 27-03-2007, Processo n.º 07A491, disponível em www.dgsi.pt.

Tribunal da Relação do Porto
Acórdão do Tribunal da Relação do Porto de 26-09-1996, Colectânea de Jurisprudência, 1996, p. 199.

Acórdão do Tribunal da Relação do Porto de 29-11-1994, Processo n.º 0088501, disponível em www.dgsi.pt.

Acórdão do Tribunal da Relação do Porto de 30-01-1996, Processo n.º 0555999, disponível em www.dgsi.pt.

Acórdão do Tribunal da Relação do Porto de 06-03-2006, Processo n.º 0556921, disponível em www.dgsi.pt.
Acórdão do Tribunal da Relação do Porto de 21-09-2006, Processo n.º 0634313, disponível em www.dgsi.pt.
Acórdão do Tribunal da Relação do Porto de 13-11-2007, Processo n.º 0724885, disponível em www.dgsi.pt.
Acórdão do Tribunal da Relação do Porto de 15-04-2008, Processo n.º 0820536, disponível em www.dgsi.pt.
Acórdão do Tribunal da Relação do Porto de 30-01-2009, Processo n.º 0555999, disponível em www.dgsi.pt.
Acórdão do Tribunal da Relação do Porto de 16-03-2010, Processo n.º 738/09.7TBPNF-AP1, disponível em www.dgsi.pt.
Acórdão do Tribunal da Relação do Porto de 18-11-2010, Processo n.º 2133/06.0 TBVNGP1, disponível em www.dgsi.pt.

Tribunal da Relação de Guimarães
Acórdão do Tribunal da Relação de Guimarães de 09-03-2005, Processo n.º 2196/04-2, disponível em www.dgsi.pt.
Acórdão do Tribunal da Relação de Guimarães de 22-03-2007, Processo n.º 250/07-2, disponível em www.dgsi.pt.
Acórdão do Tribunal da Relação de Guimarães de 19-04-2007, Processo n.º 593/07-1, disponível em www.dgsi.pt.
Acórdão do Tribunal da Relação de Guimarães de 12-07-2007, Processo n.º 1381/07-1, disponível em www.dgsi.pt.

Tribunal da Relação de Coimbra
Acórdão do Tribunal da Relação de Coimbra de 02-05-2000, Processo n.º 495/2000, disponível em www.dgsi.pt.
Acórdão do Tribunal da Relação de Coimbra de 28-03-2007, Processo n.º 208-A/2002.C1, disponível em www.dgsi.pt.
Acórdão do Tribunal da Relação de Coimbra de 24-11-2009, Processo n.º 150-D/1996.C1, disponível em www.dgsi.pt.

Tribunal da Relação de Lisboa
Tribunal da Relação de Lisboa, Boletim do Ministério da Justiça, n.º 411, p. 639.
Tribunal da Relação de Lisboa de 2-06-1980, Colectânea de Jurisprudência, 1980, p. 243.
Tribunal da Relação de Lisboa de 31-05-1990, Processo n.º 0013232, disponível em www.dgsi.pt.
Tribunal da Relação de Lisboa de 07-06-1990, Processo n.º 0017176, disponível em www.dgsi.pt.
Tribunal da Relação de Lisboa de 15/11/1990, Processo n.º 0034302, disponível em www.dgsi.pt.
Tribunal da Relação de Lisboa de 23-04-1991, Processo n.º 0043661, disponível em www.dgsi.pt.
Tribunal da Relação de Lisboa de 09-05-1991, Processo n.º 0226686, disponível em www.dgsi.pt.
Tribunal da Relação de Lisboa de 14-05-1991, Processo n.º 0018201, disponível em www.dgsi.pt.
Tribunal da Relação de Lisboa de 15-11-1994, Processo n.º 0075456, disponível em www.dgsi.pt.
Tribunal da Relação de Lisboa de 19-01-1995, Colectânea de Jurisprudência, Vol. I, 1995, p. 43.
Tribunal da Relação de Lisboa de 06-06-1995, Processo n.º 0080085, disponível em www.dgsi.pt.
Tribunal da Relação de Lisboa de 06-07-1995, Processo n.º 0098412, disponível em www.dgsi.pt.

Tribunal da Relação de Lisboa de 09-11-
-1995, Processo n.º 0101792, disponível
em www.dgsi.pt.

Tribunal da Relação de Lisboa de 06-06-
-2000, Processo n.º 000721, disponível
em www.dgsi.pt.

Tribunal da Relação de Lisboa de 16-12-
-2003, Processo n.º 9862/2003-6, disponível em www.dgsi.pt.

Tribunal da Relação de Lisboa de 03-11-
-2004, Processo n.º 075466, disponível
em www.dgsi.pt.

Tribunal da Relação de Lisboa de 28-04-
-2005, Processo n.º 2396/2005-8, disponível em www.dgsi.pt.

Tribunal da Relação de Lisboa de 24-10-
-2006, Processo n.º 4638/2006-1, disponível em www.dgsi.pt.

Tribunal da Relação de Lisboa de 02-12-
-2008, Processo n.º 8759/2008-7, disponível em www.dgsi.pt.

Tribunal da Relação de Lisboa de 13-03-
-2009, Processo n.º 10086/08-2, disponível em www.dgsi.pt.

Tribunal da Relação de Lisboa de 19-03-
-2009, Processo n.º 767/09.0YRLSB-2,
disponível em www.dgsi.pt.

Tribunal da Relação de Lisboa de 23-06-
-2009, Processo n.º 881/06.4TBPDL.
L1-1, disponível em www.dgsi.pt.

Tribunal da Relação de Lisboa de 11-02-
-2010, Processo n.º 18.780/06.8YYLSB-
-A.L1-8, disponível em www.dgsi.pt.

Tribunal da Relação de Lisboa de 17-06-
-2010, Processo n.º 4890/06.5TCLRS-
-C.L1-6, disponível em www.dgsi.pt.

Tribunal da Relação de Lisboa de 17-06-
-2010, Processo n.º 2211/06.CTBSXL-B.
.L1-6, disponível em www.dgsi.pt.

Tribunal da Relação de Lisboa de 11-01-
-2011, Processo n.º 0076718, disponível
em www.dgsi.pt.

Tribunal da Relação de Lisboa de 10-01-
-2011, Processo n.º 144-13/2001.11-2, disponível em www.dgsi.pt.

Tribunal da Relação de Lisboa de 20-01-
-2011, Processo n.º 44-B/2001.l1-2, disponível em www.dgsi.pt.

Tribunal da Relação de Lisboa de 03-03-
-2011, Processo n.º 430/07.7TVLSBL1-2,
disponível em www.dgsi.pt.

Tribunal da Relação de Évora

Tribunal da Relação de Évora de 26-01-
-1986, Boletim do Ministério da Justiça,
n.º 325, p.618.

Tribunal da Relação de Évora de 12-12-
-1996, Colectânea de Jurisprudência,
Vol. I, 1996, p. 283.

Tribunal da Relação de Évora de 24-02-
-2005, Processo n.º 2594/04-3, disponível em www.dgsi.pt

Tribunal da Relação de Évora de 10-02-
-2009, Processo n.º 2303/08-2, disponível em www.dgsi.pt

Tribunal da Relação de Évora de 14-05-
-2009, Processo n.º 591/06.2TBPTG-B.
E1, disponível em www.dgsi.pt

Tribunal da Relação de Évora de 18-11-
-2009, Processo n.º 120/07.0TBAVS-A.
E1, disponível em www.dgsi.pt

SIGLAS E ABREVIATURAS

Ac.	Acórdão
Art.	Artigo
BMJ	Boletim do Ministério da Justiça
CC	Código Civil
Cfr.	Conforme
CJ	Colectânea de Jurisprudência
CPC	Código de Processo Civil
DL	Decreto-Lei
RLJ	Revista de Legislação e Jurisprudência
ROA	Revista da Ordem dos Advogados
STA	Supremo Tribunal Administrativo
STJ	Supremo Tribunal de Justiça
TRC	Tribunal da Relação de Coimbra
TRE	Tribunal da Relação de Évora
TRG	Tribunal da Relação de Guimarães
TRL	Tribunal da Relação de Lisboa
TRP	Tribunal da Relação do Porto
Ob. Cit.	Obra Citada

O Financiamento Bancário para Aquisição de Empresas*

BERNARDO TEIXEIRA DE ABREU
Mestre em Direito, Escola de Direito de Lisboa da Universidade Católica Portuguesa
Advogado Estagiário AB

1. Introdução

A aquisição de empresas constitui um tema complexo e multidisciplinar que tem merecido aturado estudo, tanto em Portugal como no estrangeiro. A forma do seu financiamento, invariavelmente com recurso ao crédito bancário, tem, no entanto, sido posta de parte pela doutrina. Perante a atual crise e consequente diminuição deste tipo de operações, com o presente trabalho pretendemos reconhecer e aprofundar as figuras jurídicas que se encontram por detrás deste tipo de financiamento como forma, ainda que ambiciosa, de não só estimular o interesse por estas matérias, mas também de propor à discussão novas formas de aquisição de empresas, com o objetivo último de reavivar o tecido empresarial português. Ainda que o escopo do presente trabalho não nos permita enunciar todos os problemas levantados pelo financia-

---

* O presente texto corresponde à dissertação de Mestrado em Direito, apresentada no âmbito do Curso de Mestrado Profissionalizante Forense, ministrado na Faculdade de Direito – Escola de Lisboa da Universidade Católica Portuguesa. As respectivas provas públicas tiveram lugar no dia 20 de Março de 2013, perante um júri composto pelo Dr. Henrique Salinas Monteiro (Presidente), Dr. Paulo Câmara (orientador) e Dr. Francisco Barona (arguente).

mento bancário[1], em especial as garantias utilizadas neste tipo de contratos e da sua adequação, debruçamo-nos sobre algumas figuras típicas utilizadas neste tipo de operações.

A inovação financeira permite neste âmbito atingir objetivos que de outra forma não seriam possíveis, e dinamizar o tecido empresarial português com graus mínimos de risco se efetuada corretamente. O presente trabalho propõe-se a prestar um enquadramento dogmático ao contrato de financiamento apontando a técnicas utilizadas, tanto em Portugal como no estrangeiro, e que podem ser úteis à sua compreensão e utilização. No ordenamento português, a aquisição de empresas assume duas faces. Por um lado temos as aquisições de grandes empresas onde há já avançadas técnicas de financiamento, fruto da consultoria de bancos de investimento especialmente criados para este efeito, por outro é comum observar técnicas mais rústicas e tradicionais, tomando garantias que por vezes se revelam inadequadas – atendendo tanto às características do mercado como às características dos sujeitos envolvidos, como é o caso da hipoteca.

2. As Fontes no contrato de financiamento de aquisição de empresas

As operações de aquisição de empresas são reguladas por múltiplas fontes, tanto de Direito Público como de Direito Privado. Uma vez que se trata, antes de tudo, de um contrato entre sujeitos privados (ou entre um sujeito privado e um sujeito público atuando sem poderes de autoridade – e portanto também como privado) serão aplicáveis as regras gerais dos contratos constantes do Código Civil, e especialmente as relativas à compra e venda[2]. Por se tratar de negócios relativos a empresas, aos negócios de aquisição de empresas será ainda de aplicar as regras comerciais do Código Comercial e do Código das Sociedades Comerciais[3]. Por outro lado, o financiamento também estará

---

[1] O tema em si já se encontra limitado a empresas societárias não cotadas por a dinâmica dos Mercados dos Valores Mobiliários levantar por si só inúmeras questões dotadas de autonomia.

[2] Ponto 3, *infra*.

[3] A colonização do comércio por sociedades de responsabilidade limitada em substituição do antigo comerciante torna as regras relativas às sociedades comerciais uma realidade incontornável. Sobre a comercialidade objetiva dos negócios atinentes a empresas veja-se SANTOS, F. C., "*Transmissão e cessação de contratos comerciais: direito comercial e direito civil nas relações comerciais*", in Nos 20 anos do Código das Sociedades Comerciais, Homenagem aos

sujeito a regras específicas. Desta forma, o tipo de financiamento prestado seguirá, para além do estipulado pelas partes, o regime dos contratos de concessão de crédito que lhe dê origem[4], bem como das garantias que os acompanhem, e deverá atender ainda a normas específicas quando seja prestado por instituições de crédito[5], como é a regra. Avultam ainda as regras laborais relativas à transmissão de empresas[6] e, por fim, outras regras poderão ser aplicáveis de acordo com as características das empresas envolvidas[7]. Por outro lado, os interesses envolvidos são também múltiplos e muitas vezes difíceis de compatibilizar[8].

3. A aquisição de empresas – algumas modalidades

Existem várias formas de adquirir uma empresa, podendo variar de acordo com o tipo de financiamento (aquisição com capitais próprios, com capitais

---

Profs. Doutores A. Ferrer Correia, Orlando de Carvalho e Vasco Lobo Xavier, vol. I, Coimbra Editora, 2007, p. 283 e ss.

[4] Falamos, a título de exemplo, das regras do mútuo, constantes dos arts. 1142.º e ss do CC, e do Artigo Único do DL n.º 32765, de 29 de Abril de 1943.

[5] Assim, serão de especial importância as normas constantes do RGIC ou mesmo os acordos internacionais (assumindo destacada relevância os Acordos Basileia I, II e III) em que serão de especial relevância as regras prudenciais e a manutenção dos fundos de capitais próprios das instituições bancárias.

[6] Veja-se, nomeadamente, REIS, JOSÉ, "O regime da transmissão da empresa no Código do Trabalho", in Nos 20 anos do Código das Sociedades Comerciais, Homenagem aos Profs. Doutores A. Ferrer Correia, Orlando de Carvalho e Vasco Lobo Xavier, vol. I, Coimbra Editora, 2007, p. 305 e ss e MARTINS, P. F., "Efeitos da aquisição de empresas nas relações de trabalho", in Aquisição de Empresas, coord. Paulo Câmara, Coimbra Editora, 2011.

[7] Reportamo-nos, aqui, ao Direito da Concorrência, ao Direito aplicável ao sector onde a empresa se insere e mesmo ao Direito do Consumo.

[8] Estes sentir-se-ão particularmente neste tipo de operações quando a empresa a adquirir tenha uma certa dimensão. A dimensão da operação e os termos e circunstancialismos que a rodeiam poderão afectar os comportamentos dos sócios e dos credores e de outros investidores que equacionem a entrada no corpo accionista do próprio banco. As regras de transparência impostas pelo ordenamento jurídico ao sector financeiro a que os bancos estão sujeitos permitem a todos os intervenientes no mercado o acesso a enormes doses de informação – o que é susceptível de afectar a performance futura do banco. Apenas cabe referir que a dimensão da operação e a sua exposição na opinião pública é susceptível de afectar as decisões da administração.

alheios e compra alavancada como os LBOs e os MBOs), a modalidade de compra (OPA ou venda direta).

A aquisição alavancada (*leverage buy-outs*) consiste no financiamento da aquisição com os rendimentos (*cash flows*) futuros da empresa adquirida, servindo estes para garantir o crédito de uma entidade financiadora que disponibiliza o crédito no momento da compra. Em regra, a empresa adquirida terá de aumentar significativamente o seu rendimento após a aquisição, de forma a pagar a sua própria aquisição. Por envolverem previsões de rendimentos que estão sempre sujeitos a contingências e nem sempre se vêm a revelar correctas[9] e um elevado grau de alavancagem estas operações nem sempre dão resultado sendo apontadas muitas vezes como oportunidades para perder dinheiro (*large bankruptcy oportunities*)[10].

A operação será substancialmente diferente consoante os adquirentes sejam os administradores da empresa adquirida (*Management Buy-Outs* ou MBOs) ou uma entidade estranha à sociedade[11] (*Leverage Buy-Outs* ou LBOs). Essa diferença advém sobretudo por uma questão de informação. Ninguém terá, em princípio, mais informação sobre uma empresa do que os administradores dessa mesma. Se os administradores de uma empresa a querem adquirir, passando a ser os seus acionistas, tal deverá significar que estes acreditam que conseguirão obter um rendimento superior após a aquisição. Este fator pode ser olhado com alguma desconfiança pelo atual corpo acionista e poderá elevar o preço de aquisição para além do que seria sustentável pagar[12]. Por outro lado, os custos da operação em si serão em princípio mais baratos num MBO, nomeadamente relativamente a auditorias, aos juros praticados pela entidade financiadora e custos de integração e avaliação da empresa.

---

[9] Os administradores podem sobrestimar as suas capacidades de gerar rendimentos ou de cortar despesas, acabando por resultar na frustração da operação.
[10] Veja-se, sobre as operações alavancadas, Osório, H., *Da Tomada de Controlo de Sociedades (takehovers) por leveraged Buy-Out e a sua harmonização com o Direito Português*, Almedina, 2001.
[11] Por entidades estranhas à sociedade entendam-se quaisquer entidades que não tenham uma relação relevante com a sociedade adquirida.
[12] O que nem sempre é verdade. A própria estrutura accionista pode ser um efectivo obstáculo à gestão da administração.

3.1. O contrato de aquisição de empresas como contrato de compra e venda

A aquisição de uma empresa pode ser efectuada com recurso a múltiplas formas jurídicas. No entanto, atendendo aos seus elementos essenciais e desde que se trate de um contrato oneroso, estaremos sempre perante um contrato de compra e venda – a transferência da propriedade de uma coisa, a empresa, ou de uma situação jurídica, por exemplo a participação social – mediante o pagamento de um preço[13].

Neste âmbito, a doutrina tem vindo a reconhecer duas formas distintas de aquisição de empresas, consoante se trate de uma aquisição directa de um conjunto de meios produtivos ou de uma aquisição de uma entidade titular de um tal conjunto de meios produtivos – refere-se, aqui, aos "*asset deals*" e "*share deals*"[14]. A transferência da titularidade, seja dos bens, seja das participações sociais, será normalmente efectuada através da compra e venda – a transferência da propriedade de uma coisa ou da titularidade de um direito mediante o pagamento de um preço[15] – mas esse é apenas uma componente da operação em análise. Devido à sua preponderância nos tempos modernos dedicar-nos-emos sobretudo à aquisição de empresas através de *share deals*, especificamente à aquisição de participações sociais.

Repare-se que não é necessária a obtenção da titularidade das participações sociais mas apenas o controlo da empresa[16], independentemente da forma

---

[13] A configuração da aquisição de empresas como compra e venda já não levanta grandes problemas – basta ver os vários trabalhos à que resultaram do processo arbitral sobre a Sociedade Financeira Portuguesa em 1993. Sobre a compra e venda mercantil veja-se, nomeadamente, ANTUNES, E., *Direito dos Contratos Comerciais*, Almedina, 2009, p. 345 e ss e CORDEIRO, M., *Manual de Direito Comercial*, 2ª Ed., Almedina, 2009, p. 833 e ss.
[14] Nomeadamente, ANTUNES, E., "*A empresa como objecto de negócios – Asset Deals vs Share Deals*", in ROA, vol. II/III, n.º 68, 2008, p. 715-793. As vantagens práticas e jurídicas dos *share deals* determinam a preferência dos adquirentes – numa tentativa de reduzir custos numa operação que se revela invariavelmente dispendiosa.
[15] Cfr. artigo 874.º do CC.
[16] Esta será a diferença que permite a distinção entre o contrato de compra e venda de uma empresa e o contrato de compra e venda de participações sociais (mais comummente chamado de "*share-purchase agreement*").

que reveste[17]. O regime do contrato de compra e venda comercial será então aplicável a este tipo de contratos[18]. Será de realçar, para efeitos de regime, a possibilidade de convencionar formas que releguem a determinação do preço para um momento posterior ao da celebração do contrato (artigo 466.º do CCom)[19].

Apesar de ser o elemento central na aquisição de uma empresa, o contrato de compra e venda está longe de ser o único elemento a ter em conta no fenómeno de aquisição de empresas. A prática permite apontar várias fases, sendo a celebração daquele contrato apenas uma das fases que integram uma realidade dinâmica – o processo de aquisição de empresas[20].

4. O processo de aquisição de empresas

O fenómeno da aquisição de empresas não se esgota no contrato que transfere o controlo da empresa mas é sobretudo um processo, caracterizado por elevados custos de transacção[21]. Trata-se de um conjunto de atos funcionalmente ordenados à aquisição de uma empresa deixado ao adquirente – cabendo assim a sua estruturação e ritmo às opções por ele tomadas[22]. Porque a empresa societária é uma realidade complexa e dinâmica e porque se trata de um centro de imputação de regras jurídicas susceptível de gerar responsabilidades para os adquirentes a vários títulos o comprador avisado rodeia-se de cautelas.

---

[17] Veja-se Jr., ADOLF BERLE, "*The price of power: sale of corporate control*", Cornell LQ, 1965, p. 628-640, in CÂMARA, P. e BASTOS, B., "*O Direito de Aquisição de Empresas: uma introdução*", in Aquisição de Empresas, coord. Paulo Câmara, Coimbra Editora, 2011, p. 17 e ss.

[18] Diríamos mesmo, objectivamente comercial, por força do artigo 230.º do CCom, no seguimento do entendimento seguido no artigo de SANTOS, F. C., *Op. cit.*, p. 283 e ss. Esta questão apenas se coloca relativamente aos *Asset Deals* uma vez que a compra e venda de participações sociais já é objectivamente comercial por força dos artigos 2.º e 463.º, n.º 5 do CCom.

[19] *Infra* Ponto 6.2.5.

[20] O chamado *signing and closing*. Trata-se de onde as partes assinam o contrato (*signing*), entregam a coisa e todos os documentos necessários à transferência do controlo da empresa (de *closing*) Trata-se de uma fase delicada que carece de algum cuidado na preparação. As partes deverão ter já revistos a versão final do contrato a ser celebrado, quaisquer autorizações que se revelem necessárias (nomeadamente da Autoridade da Concorrência) e ter todos os documentos necessários para a conclusão e execução do contrato.

[21] Resultantes nomeadamente devido à existência de elevadas assimetrias informativas, e a uma maior exposição ao risco.

[22] O financiador e as características do financiamento terão neste âmbito especial intervenção.

Com efeito, o comprador adquire, com a sociedade um conjunto de situações jurídicas, passadas e futuras, ativas e passivas – nem sempre de fácil avaliação. O objecto do negócio não é facilmente apreensível na sua totalidade e as vicissitudes do negócio[23] podem revelar-se intransponíveis no caso de não terem sido adoptadas as medidas adequadas – e, por vezes, mesmo apesar destas.

Assim, a prática tem vindo a apurar técnicas de limitação de risco das partes envolvidas[24]. Já é normal antecipar uma determinada estrutura comum as operações de aquisição de empresas – e que estará, de todo o modo, na disponibilidade das partes. O processo seguirá assim as seguintes fases:

- Uma aproximação do interessado à sua contraparte – em regra é um avanço por parte comprador no sentido de sondar a empresa visada – o que ditará, caso haja disponibilidade e interesse da parte a quem é apresentada a proposta[25]. Muitas vezes é o próprio titular da empresa que faz uma oferta a uma lista de vários possíveis interessados na aquisição da empresa. No desenvolver da negociação é habitual essa lista ser reduzida a poucos ou mesmo um único interessado (*short-list*).
- A fase preliminar de negociação[26]. Alguns aspectos relevantes da operação deverão ser acordados já nesta fase. Em especial, as represen-

---

[23] Regra geral, o incumprimento resultará na indemnização e não na resolução do contrato, na reparação ou na substituição da coisa, por estas medidas, configuradas para a aquisição de propriedade de um concreto bem, se revelarem inadequadas à realidade em apreço. Não é que seja necessariamente impossível, mas a aplicação preferencial daquelas resultaria em custos superiores para ambas as partes quando comparadas com a opção de indemnização por danos. Veja-se MONTEIRO, P. e PINTO, M., "*Compra e venda de empresa*", in RLJ, 1998, p. 77 e ss.

[24] São disso exemplos a celebração de acordos preliminares, nomeadamente com obrigações juridicamente vinculantes e a previsão de condições que, quando verificadas, põem termo à negociação, a realização de *due diligences*.

[25] Trata-se, aqui, de uma declaração de intenção de negociar e não de uma proposta contratual no sentido jurídico do termo – até porque lhe falta o preenchimento de um pressuposto essencial ao contrato de compra e venda, o preço. A apresentação daquela declaração não origina, como no tráfico jurídico corrente, uma sujeição da proponente perante a aceitação da contraparte. De facto, o modelo clássico de proposta e aceitação deve ser adaptado a um modelo dinâmico no que a estas matérias diz respeito.

[26] A negociação é feita através de uma série de propostas e contrapropostas, de avanços e recuos, normalmente cristalizados através de acordos preliminares e posteriores alterações quando as partes chegam a um entendimento. O escopo e a magnitude de um tal acordo justificam que a contratação seja gradual e que a formação do contrato seja diferida no tempo.

tações que cada parte tem da realidade deverão ser conhecidas da outra e será conveniente estipular factos ou situações susceptíveis de pôr termo às negociações[27]. Esta fase é entendida como preliminar porque a empresa, o objeto do contrato, ainda que de forma mediata, não é suficientemente apreendida pelo adquirente, de forma às partes tomarem conhecimento do respectivo valor.

– A fase de angariação e processamento de informação, que correrá paralelamente à fase preliminar de negociação[28]. Nesta sede serão apurados todos os aspectos relevantes de forma a ser possível a obtenção de uma visão real da situação da empresa[29]. Há aqui um ténue equilíbrio entre a profundidade da operação e a informação que se pretende obter[30].

– A fase final de negociação, em que as partes já terão, idealmente, uma representação mais ou menos aproximada da realidade da empresa. Importa, nesta fase, acertar o montante do preço bem como a sua forma e prazo de pagamento.

É possível desde já antecipar duas preocupações comuns a toda a operação de aquisição – a limitação do risco da operação e a diminuição da exposição das partes a esse mesmo risco. A entidade financiadora, como "parte" na operação, deverá procurar limitar ao máximo os riscos do negócio, quanto

---

A estruturação da operação e a repartição dos custos da mesma deverão ser aqui repartidos. Normalmente, os custos serão suportados pela proponente.

[27] *Infra* Ponto 6.2.4, *d*).

[28] Todas as negociações são caracterizadas pela existência de assimetrias informativas, que determinam a desigualdade entre as partes. Esta fase destina-se ainda a mitigar essa desigualdade.

[29] Veja-se o Ponto 5.2.

[30] Perante uma realidade empresarial é necessário ter em conta que um conhecimento exaustivo de todos os elementos que compõem a empresa pode revelar-se excessivo até porque a valoração de alguns activos, como bens de propriedade industrial ou intelectual se pode revelar extremamente difícil. O que se pretende é apurar um valor aproximado do valor real da empresa e não um valor exacto. Podemos recorrer à expressão utilizada no art. 135.º, n.º 1, do CVM. Difícil será perceber qual será a profundidade necessária a ser empregue nesta fase para se ter uma percepção considerada aproximada do valor real. Por outro lado, o seu valor potencial também será tido em conta na determinação do preço. Esta impossibilidade em englobar todos os aspectos da empresa acaba por se tornar num risco, que deverá ser devidamente ponderada tanto no acordo preliminar como no contrato definitivo, através da celebração de cláusulas de limitação e de "considerandos".

mais não seja para garantir a liquidez e solvabilidade do comprador, sempre posta em causa em operações de larga monta.

4.1. A determinação do preço

A aquisição de empresas tem o preço como um dos seus elementos essenciais, como qualquer contrato de compra e venda. O preço, ainda que não esteja determinado, no momento da celebração do contrato, deverá contudo ser determinável, sob pena de nulidade nos termos do artigo 280.º do CC. Pode a sua determinação ser adiada para momento posterior, até ao momento do cumprimento. A determinação do preço nas operações de aquisição de empresas é uma questão delicada e está sujeita à influência de vários factores. É possível apontar alguns desses factores logo à partida:

- A estrutura da operação de aquisição e a forma de financiamento (como é o caso dos LBOs);
- O momento e forma do cumprimento (nomeadamente através da entrega de acções ou de outros títulos da empresa adquirente, do pagamento em numerário pelas acções adquiridas ou, antes, através de um misto dos dois);
- A forma de aquisição (OPA ou venda directa);
- Os sujeitos adquirentes (se são administradores ou terceiras entidades);
- Cláusulas específicas de determinação de preço (de que é exemplo a cláusula de *Earn-Out*).
- Convém referir que o preço da aquisição e o custo da operação são elementos diversos e que não se confundem. Por preço de aquisição entende-se o valor que os actuais detentores da empresa irão receber em troca da alienação dessa mesma empresa. Os custos constituem um elemento totalmente diferente. Constituem custos da operação aqueles que advenham do seu financiamento e que a possibilitam ou facilitam. Serão assim considerados custos da operação:
- Os custos advenientes da auditoria ou da *due diligence*,
- O juro praticado pela(s) entidade(s) financiadoras,

- As contrapartidas prestadas às entidades financiadoras, ao agente e/ou ao gerente do sindicato bancário, aos consultores, aos advogados pela preparação e gestão da operação.

4.1.1. As Cláusulas de *Earn-Out*

Todas as operações de aquisição envolvem um grau elevado de incerteza que não pode ser totalmente dissipado. Se é certo que, através de *due-diligences* e auditorias se fica a conhecer uma determinada empresa também é certo que nem sempre estas aquisições resultam como esperado. Isto deve-se precisamente ao facto de as empresas englobarem inúmeros aspectos que se inserem numa realidade dinâmica que poderá ser alterada em virtude da própria operação de aquisição[31]. No fundo, o preço alterar-se-á mediante a verificação de "objetivos"[32].

As cláusulas de *Earn-Out* são utilizadas para fixar a parte variável do preço de uma empresa, normalmente atendendo ao rendimento ou à performance da empresa, durante um determinado período de tempo[33].

Os critérios para essa determinação deverão variar de acordo com as expectativas dos intervenientes envolvidos, com a adquirente a pretender uma cláusula com critérios mais estritos e exigentes e com os sócios da adquirida a pretenderem uma cláusula mais ampla e menos exigente na tentativa de obter o melhor preço possível. Na verdade, a previsão de condições objectivamente verificáveis deverá ser incentivada, na medida em que pode originar interpretações diversas das partes interessadas, podendo inclusivamente levar a litígios e custos desnecessários.

---

[31] Assim, haverá alguns elementos que serão sempre imprevisíveis e insusceptíveis de quantificação. É o caso das expectativas dos trabalhadores e da gerência, as relações humanas internas dentro da empresa adquirida e a competência da gerência e a forma como todos os sujeitos envolvidos reagirão à operação de aquisição. Outros elementos podem ser deficientemente avaliados como é o caso da compatibilidade da cultura de cada uma das empresas e a eficiência do processo de integração de estruturas em conjunto com a continuação da actividade da empresa.

[32] Que podem ser cumulativos (só havendo uma alteração do contrato quando se verifiquem efectivamente um conjunto de objectivos, um conjunto de factos previstos), ou singular (em que a verificação de um único facto origina uma alteração do preço).

[33] Veja-se SÁ, F. O., "*A determinação contingente do preço de aquisição de uma empresa através de cláusulas de earn-out*", in Aquisição de Empresas, Coimbra Editora, 2011.

O objetivo é não só adiar para um momento posterior a determinação do preço para um momento em que já possível apurar se a empresa adquirida satisfaz as necessidades dos adquirentes mas tornar os sócios da empresa adquirida interessados na aquisição da empresa de a que estes estejam interessados no sucesso da operação.

Pode suceder que, num MBO, a administração tente colocar num contrato uma cláusula deste tipo, de forma a aproximar o preço com a sua possibilidade de pagamento, que advém dos rendimentos obtidos. Por outro lado, uma vez que ninguém terá, em princípio, mais informação do que a administração, esta terá uma vantagem sobre as restantes partes no contrato. Há, nestes, a possibilidade de a administração adquirente negociar cláusulas que sabe serem ambiciosas e difíceis de atingir permitindo assim simultaneamente a negociação de um preço mínimo mais baixo e com menores possibilidades de ser aumentado por cumprimento dos objectivos acordados na cláusula de *Earn-Out* do que as outras partes poderiam esperar[34].

Tecnicamente, a cláusula de *Earn-Out* mais não é mais do que um conjunto, normalmente extenso, de condições suspensivas. Sujeitam o preço do contrato a factos futuros e incertos, de forma a determinar o preço de acordo com uma realidade que se vai desvendando, durante a sua vigência. Inclusivamente, é possível determinar que a sua vigência perdure para além do próprio contrato, fazendo surgir obrigações na esfera do sujeito passivo, obrigado ao pagamento do preço, enquanto os objectivos não forem atingidos[35]. Importante é balizar temporalmente a vigência dos seus efeitos – sob pena de nulidade por indeterminabilidade.

As condições a determinar podem abranger as mais variadas situações. Uma condição deste tipo pode prever o pagamento de uma quantia fixa quando a empresa adquirida atinja determinados objectivos ou, ao invés, pode determinar que o preço de aquisição varie consoante a percentagem de lucro

---

[34] Haverá, neste caso, um conflito de interesses, entre a administração, que é simultaneamente adquirente e que se encontra ao serviço do interesse social e dos sócios. Se, por um lado aqueles administradores estão obrigados a agir no interesse dos sócios e da sociedade, e, desta forma, obter o preço mais alto possível pelas participações sociais, por outro terão um interesse pessoal de obter o preço mais reduzido.

[35] Trata-se de uma condição suspensiva – uma vez que coloca a produção de determinados efeitos do contrato na dependência da produção de um ou mais factos futuros e incertos.

obtida ao final de cada exercício[36]. O preço ficará assim na dependência dos "objetivos" ou factos que as partes decidiram prever.

O contrato que contenha uma cláusula de *Earn-Out* ficará sujeito às regras constantes dos artigos 270.º e seguintes do CC. Desta forma, a parte que contrair a obrigação sob condição suspensiva, no presente caso os adquirentes, deverá agir de forma a não comprometer a verificação da condição sob pena de a condição se ter por verificada (ver artigo 272.º e 275.º do CC).

O regime do Código Civil tem, contudo, uma regra cuja aplicação pode dar origem a soluções problemáticas no âmbito do contrato de aquisição de empresas. Normalmente, neste tipo de contratos as partes encontram-se em desvantagem, devido à assimetria informativa entre elas[37]. A informação de que uma das partes dispõe sobre o objeto do contrato irá certamente influir na determinação final do preço. Neste caso, uma das partes melhor informada pode propor factos pouco[38] ou demasiado ambiciosos (dependendo se se trata de uma aquisição por entidades exteriores à empresa ou se se trata de um MBO) para a previsão da condição de forma a obter o preço que melhor a favorece[39]. No caso de estarmos perante uma condição impossível, proposta pela adquirente, a condição seria nula[40] (por força do artigo 271.º, n.º 1 e 292.º do CC) ou, ainda que não sendo impossível, mas apenas de difícil verificação, a condição ter-se-ia por não verificada (275.º, n.º 1 do CC). Ora quando resulte deste tipo de assimetria informativa, uma tal solução é manifestamente injusta e desequilibrada, uma vez que acabaria por premiar a parte que a propôs. Numa tal situação será de aplicar, analogicamente o artigo 275.º, n.º 2

---

[36] Outro tipo de condição que poderá ser utilizada é a previsão de uma revenda da empresa – em que a obtenção de uma mais-valia por parte dos actuais adquirentes poderá reverter a favor dos alienantes.

[37] Em regra, será a parte alienante que disporá de uma maior quantidade de informação. Quando se trate de um MBO, a parte adquirente, por ser a administração, que deverá dispor de mais informação.

[38] Um desenvolvimento tecnológico e o registo de uma patente poderão levar a resultados inesperados, que resultarão num consequente aumento do preço, aumento esse que poderá ser desproporcional aos resultados obtidos.

[39] Haveria, neste caso uma clara violação dos deveres de boa-fé na formação do contrato (nos termos do artigo 227.º do CC), particularmente dos deveres de informação.

[40] Ficando a adquirente com ónus de provar que não teria celebrado o contrato sem a parte viciada.

do CC. Entendo assim, que a parte que propõe uma condição, sabendo que a mesma é desrazoável, deve ser tratada nos mesmos termos que a parte que impediu ou provocou a sua verificação.

4.2. Acordos preliminares[41]

Para manter o íter central respeitante à aquisição de empresas devemos distinguir duas fases na formação de contratos: uma desde o início das negociações e outra que comporta a fase entre a proposta e a aceitação[42]. O próprio artigo 227.º, n.º 1 do CC estabelece um dever de proceder de boa-fé em momento anterior à celebração do contrato[43] que deriva de um princípio da confiança composto por dois elementos: um ético-jurídico[44] e um princípio de segurança no tráfego jurídico[45]. É comum, na prática comercial, que a celebração de contratos de maior vulto[46] seja precedida por um período mais longo entre aquele momento e o início das negociações do que nos restantes[47]. Estes acordos têm, naturalmente, natureza comercial[48].

As operações de aquisição de empresas são caracterizadas pela existência de um tal período de tempo alargado entre a negociação e a celebração do contrato definitivo com vista a prevenir comportamentos que prejudiquem

---

[41] Existem várias categorias deste tipo de acordos, dado o seu carácter versátil e fluido. As suas características serão, obviamente, determinadas pela vontade das partes, não sendo, para já, vantajoso limitar as suas opções. Sobre esta matéria, ver o ANTUNES, E., *Direito dos Contratos Comerciais*, *Op. cit.*, pág. 99 e ss.
[42] Ver DIAMVIATU, L., *"A tutela da confiança nas negociações pré-contratuais"*, in ROA, vol. II, Ano 71, Lisboa, 2011.
[43] *Ibidem*.
[44] Segundo este, as pessoas devem agir de acordo com as legítimas expectativas a que dão origem.
[45] A convicção de que a sua posição é legítima e merecedora de tutela jurídica estimula a confiança das partes, que, caso contrário, poderiam não querer encetar negociações ou suportar custos antes da celebração de um contrato. Sobre este tema ver também (nomeadamente) VASCONCELOS, P. P., *Teoria Geral do Direito Civil*, Almedina, 2005, p. 19 e ss.
[46] Ver JÚNIOR, E. S., *"Acordos Intermédios: entre o início e o termo das negociações para a celebração de um contrato"*, in ROA, vol. II, Ano 57, 1997, p. 566.
[47] ALMEIDA COSTA, M. J. DE, *Direito das Obrigações*, 3ª Ed., Almedina, 2009, p. 565.
[48] Perfilhando o entendimento seguido por SANTOS, F. C., *Op. cit.*, p. 283 e ss, já referido no Ponto 2, *supra*.

qualquer uma das partes⁴⁹. Não sendo celebrado um acordo preliminar as partes ficarão sujeitas ao regime legal, largamente indeterminado, e a conceitos que caberá ao tribunal concretizar, com o inerente grau de risco. A celebração de um contrato preliminar pode clarificar os termos utilizados pelas partes, recortar a sua situação jurídica, em especial os seus direitos e deveres, e, simultaneamente definir consequências para a violação das obrigações contidas no mesmo.

A operação de aquisição de empresas carece de negociações simultâneas relativamente a vários contratos. Por outro lado, o financiador pode exigir informações atualizadas relativamente ao processo negocial, acompanhar as negociações ou mesmo a requerer a existência de um acordo preliminar ou a inserção de determinadas cláusulas no acordo preliminar ou no contrato definitivo como condição da celebração ou continuidade do contrato de financiamento⁵⁰.

Podemos antecipar algumas previsões úteis típicas neste tipo de acordos preliminares:

a) Pressupostos de ambas as partes: em princípio, havendo uma base negocial que permita às partes celebrar um acordo preliminar, existem já alguns pressupostos de determinados factos que fundam a vontade das partes. Hoje é comum as partes estabelecerem no próprio contrato uma série de "Considerandos" que servem de base às negociações em contratos de maior vulto e permitem às partes conhecer os pontos a que a contraparte valoriza e considera essenciais. A inclusão exaustiva de "Considerandos" permite às partes conhecer a base do negócio⁵¹ e os motivos limitando as possibilidades de anulação dos contratos (o contrato preliminar e o contrato principal de aquisição) com base em

---

⁴⁹ Na pendência da celebração do contrato principal haverá custos a suportar, por uma ou ambas as partes, poderão surgir deveres de indemnizar por violação de deveres, contratuais ou legais, e mesmo por divulgação de informações consideradas confidenciais.

⁵⁰ Será da maior conveniência para a entidade financiadora conhecer de antemão a repartição dos custos da operação e antecipar os montantes máximos de indemnização a que a entidade adquirente poderá ficar sujeita, nomeadamente através de cláusulas penais ou de cláusulas que fixem um montante máximo para as indemnizações.

⁵¹ Nomeadamente para efeitos dos artigos 252.º, n.º 1 e 437.º do CC.

erro da vontade negocial das partes e serve de referência no caso de alteração das circunstâncias[52].
b) Um dever de negociar de boa-fé e de revelar todas as informações úteis e pertinentes para a celebração do contrato de aquisição.
c) A estruturação da operação e a repartição dos custos envolvidos.
d) Uma antecipação do pagamento, tanto pelo comprador, como pelo vendedor: o comprador poderá efectuar um pagamento inicial como sinal da sua vontade de celebrar o contrato[53] e o vendedor poderá prestar garantias, pessoais ou patrimoniais, responsabilizando-se pela desconformidade da informação prestada ou da inexistência de responsabilidades futuras, consideradas ou não, pelas partes.
e) Cláusulas de protecção da propriedade intelectual da entidade auditada: alguns dos activos mais valiosos das empresas são os bens de propriedade intelectual[54]. Por isso mesmo, a sua avaliação, a ser realizada em sede de auditoria poderá resultar num seu aproveitamento por parte da entidade adquirente, em prejuízo da empresa auditada. A propriedade industrial da empresa visada poderá ficar parcialmente acautelada com a estipulação de obrigações de não-concorrência e de confidencialidade[55].

---

[52] Trata-se de uma prática herdada do ordenamento norte-americano. A vinculatividade das partes à veracidade destes dependerá da apreciação da formulação do "Considerando" e da situação em que os mesmos se inserem. Sobre as *representations* and *warranties* ver CÂMARA, P. e BASTOS, M. B., *Op. cit*, p. 38 e ss., e GALVÃO, C., "*Declarações e Garantias em Compra e Venda de Empresas - Algumas Questões*", *in* Actualidad Jurídica, Uría Menéndez, Madrid, ano 2005, n.º 12, p. 103 e ss.

[53] Um *Depósito Escrow* permitiria ao vendedor garantir o empenhamento do comprador na operação de forma a compensar os dados que venham a ser obtidos durante a auditoria e perturbação da empresa durante o processo. Pode ainda ser uma forma de antecipação de pagamento do preço – uma espécie de "sinal". Trata-se de uma forma muito eficaz de assegurar à contraparte do interesse em celebrar o contrato – conferindo estabilidade ao mesmo. Estas indemnizações podem ser estipuladas para ambas as partes e são normalmente chamadas de *break-up fees* e são determinadas de acordo com uma percentagem do valor do contrato, podendo ascender a, normalmente, 1% a 3% daquele.

[54] Algumas aquisições podem mesmo ter como objectivo principal a aquisição de bens ou direitos de propriedade intelectual (como direitos sobre patentes, direitos de reprodução, pesquisas, ainda que estejam em curso, entre outras).

[55] Outra forma de proteger este tipo de activos é assegurar a realização da auditoria por uma equipa de técnicos independentes, escolhida por ambas as partes, em relação aos activos ou informações que a empresa visada queira manter confidenciais.

f) A obrigação de celebração do contrato, desde que se encontrem preenchidas determinadas condições previamente estabelecidas. As condições deverão ter algumas previsões genéricas[56], nomeadamente relativas à sustentabilidade financeira da empresa visada, da veracidade da informação prestada à entidade adquirente, entre outras; poderão ainda ser previstas outras condições, de carácter mais específico, que tenham por base os pressupostos em que a entidade adquirente baseia a sua vontade de adquirir a empresa visada[57]. A não-obrigação de celebração do contrato também é, por vezes, estabelecida[58].

g) Obrigação de confidencialidade[59]: durante o processo negocial os adquirentes poderão tomar conhecimento de informações confidenciais ou sensíveis, os chamados "segredos comerciais" ou "segredos do negócio", que foram disponibilizados de boa-fé e que poderão prejudicar a empresa visada caso venham a ser utilizadas por terceiros[60].

---

[56] Relativamente às condições financeiras da empresa adquirida, apuradas em auditoria, à manutenção de determinadas condições ou tendências de mercado, à veracidade dos dados apresentados pela empresa visada.

[57] É possível a estipulação de condições das quais dependa a continuidade da relação negocial que podem ir desde a permanência de uma determinada equipa de técnicos que a entidade adquirente considere essencial, ou o afastamento de algum titular de um órgão de fiscalização ou de administração, que a entidade adquirente entende não se enquadrar com o perfil de negócio antevisto por aquela para a empresa visada. Outras condições podem passar pela alienação de determinados departamentos ou partes da empresa, a prestação de garantias pessoais pelos alienantes, a continuidade de obtenção de determinados resultados, entre outras.

[58] Alguns acordos estipulam a ausência de uma obrigação de celebração de um contrato. Uma tal estipulação poderá ter importantes repercussões jurídicas nomeadamente no caso em, após a frustração das negociações entre as partes, evita que uma delas venha pedir o pagamento de uma indemnização, por expectativas criadas, dos lucros cessantes. O que, apesar de não ser comum na jurisprudência (é disso exemplo o Ac. do Supremo Tribunal de Justiça de 31.03.2011, relativamente ao Proc. n.º 3682/05.3TVSLB.L1.S1), não é inaudito no tráfego comercial (cfr., expressamente, DALHUISEN, "On International Commercial, Financial and Trade Law, Hart publishing, 2000, p. 106 e 107, e JÚNIOR, E. S., Op. cit., p. 581 e ss.).

[59] Especialmente aconselháveis quando se preveja a realização de auditorias, CÂMARA, P. e BASTOS, M. B., Op. cit., p. 28.

[60] Esta seria uma situação tutelada por deveres pré-contratuais de lealdade. No entanto, o carácter genérico do dever seria de difícil concretização (tanto a nível determinação da informação que pode ser considerada confidencial, como a nível das consequências da violação dos respectivos deveres), podendo dar origem a complexos e demorados litígios, com os inerentes custos. Seria assim, aconselhável a previsão de vários tipos de informação que as partes queiram qualificar como confidencial e as consequências da sua violação.

A entidade adquirente ficará assim obrigada a não revelar a terceiros quaisquer informações qualificadas como confidenciais.
h) Obrigação de não-concorrência para a parte adquirente na eventualidade de frustração do contrato: esta obrigação vem complementar a obrigação de confidencialidade, mas agora relativamente à própria entidade adquirente. A informação obtida, nomeadamente através da *due diligence*, poderia ser utilizada em detrimento da empresa visada tanto por terceiros como pela própria entidade adquirente[61],[62].
i) Obrigação de não-concorrência para os antigos detentores da empresa adquirida, caso o negócio se venha a concretizar: esta obrigação de não-concorrência vem acautelar os interesses da entidade adquirente, que se pode ver perante uma empresa concorrente, semelhante à empresa que acabou de adquirir.
j) Publicidade da aquisição: as partes podem estipular os termos relativos a confidencialidade ou publicidade da operação de aquisição de acordo com a estratégia que pretendem para a operação[63].
k) Exclusividade: estipular a obrigação de não estabelecer relações negociais com terceiras entidades que possam prejudicar as negociações a decorrer. Uma tal estipulação pode funcionar para ambas as partes. Os representantes a empresa visada podem ficar obrigados a não negociar a sua venda a outras entidades e a entidades adquirente pode ficar obrigada a não adquirir ou negociar a aquisição de outra empresa, ou de uma empresa semelhante a esta, durante a pendência das negociações.

---

[61] O comprador poderá, após a frustração das negociações, tentar entrar no mercado, através de uma unidade por si constituída ou através da aquisição de uma empresa concorrente, desta vez já munida com a informação obtida da empresa visada, obtendo assim uma vantagem competitiva em relação aquela.

[62] Sobre esta matéria, veja-se o trabalho de ROLDÃO, M. e TEIXEIRA, G., *O Processo de Auditoria Legal*, Op. cit.

[63] A publicidade da operação de aquisição tem repercussões no mercado, enviando uma mensagem para os vários *stakeholders* da empresa visada. A revelação de informação junto do público, se cuidadosamente preparada, pode ser um forte instrumento económico (nomeadamente a nível de publicidade e *marketing*).

l) Consequências da violação dos deveres previstos no acordo preliminar: a estipulação prévia de cláusulas penais para a violação de determinados deveres confere segurança jurídica ao contrato e evita complexas discussões em litígios e pode inclusivamente evitar a resolução do contrato por incumprimento[64]. As cláusulas penais poderão ainda prever montantes variáveis ou proporcionais para diferentes graus de incumprimento.

m) Cláusulas de alteração de circunstâncias: a continuidade dos negócios e a fluidez do mercado não permite cristalizar a vontade num determinado momento, tanto a vontade das partes como o objecto do negócio vão sofrendo alterações importantes durante o decorrer das negociações; por isso mesmo, a inclusão de cláusulas de alteração das circunstâncias revela-se essencial nas lides comerciais e é quase obrigatória nos contratos de financiamento[65].

n) Estipulação de cláusulas que determinem a possibilidade de resolução do contrato ou a frustração de negociações: por exemplo, cláusulas que prevejam situações que, pela sua gravidade ou essencialidade para a vontade das partes, e não atribuíveis a estas, determinem a não continuidade das negociações ou do financiamento.

o) Cláusula arbitral e resoluções alternativas de litígios: a submissão a arbitragem pode obviar a morosos processos judiciais, inadequados para actividades comerciais contínuas, e susceptíveis de causar mais danos pela sua morosidade e falta de flexibilidade do que o benefício que se pretende obter com o processo; outras formas de resolução de litígios são a mediação e a negociação. Ainda que sejam muitas vezes relegadas para segundo plano, estes meios podem revelar-se muitas vezes os mais adequados na resolução de conflitos[66].

---

[64] Desta forma é equacionável que o contrato possa subsistir apesar de o repetido incumprimento de uma das partes, desde que a parte incumpridora compense adequadamente, nos termos do contrato celebrado, a contraparte lesada.

[65] *Infra*, Ponto 6.2.4.

[66] Onde antes se falava de "*Alternative Dispute Resolution*" (ADR) para se referir aos "*Meios Alternativos de Resolução de Conflitos*", hoje devemos falar em "*Appropriate Dispute Resolution*". A adequação da arbitragem deverá depender dos contornos da questão submetida e não dispensa uma análise casuística.

A doutrina debate se os acordos preliminares têm ou não efeitos jurídicos[67]. Na modesta opinião do autor, tais acordos terão sempre de ter efeitos jurídicos, na medida em que é precisamente esse o propósito deste acordos[68]. Ainda que as partes estabeleçam por acordo que não haja, durante determinada fase de negociação, qualquer obrigação de celebrar o contrato principal, essa declaração produz efeitos jurídicos, ainda que negativos ou extintivos. O propósito destes contratos é precisamente modelar a situação jurídica anterior à celebração, através da criação de obrigações vinculativas, ou impedido a sua génese, decorrente da aplicação de princípios gerais de direito na ausência de regulação pelas partes[69].

A maioria das cláusulas supra mencionadas tem carácter vinculativo e as obrigações delas resultantes são sobretudo obrigações de conteúdo negativo, que visam vedar às partes determinados comportamentos considerados lesivos dos seus interesses[70]. Tratam-se sobretudo de deveres de *non-facere* e de deveres de boa-fé. A previsão da celebração do contrato principal não será, em princípio, vinculativa, mas pode ser necessária a sua justificação, pela parte que pretende por termo às negociações, sob pena de violação de uma situação de confiança que tenha surgido no âmbito das negociações entre as partes.

---

[67] Veja-se CÂMARA, P. e BASTOS, M. B., *Op. cit.*, p. 20, nota 24.
[68] No mesmo sentido veja-se CORDEIRO, M., *Manual de Direito Comercial*, 2ª Ed., Almedina, 2009, p. 497.
[69] O contrário determinaria a irresponsabilidade das partes pelos seus actos. De facto os comportamentos das partes vinculam-nas, por vezes mesmo perante terceiros – trata-se de uma decorrência do princípio de que as pessoas são responsáveis pelos seus actos, agem inseridas num sistema, do qual não se podem legitimamente separar. Outra questão será a estipulação de uma cláusula que determine que do acordo em questão não haverá qualquer obrigação de celebração de um contrato de compra e venda (ou de qualquer outro) o que determinará a renúncia de expectativas naquele âmbito, havendo assim um efeito extintivo ou impeditivo de situações jurídicas. Desta forma, tal como o iniciar negociações determina a produção de efeitos jurídicos (deveres pré-contratuais) também a celebração de acordos preliminares terá como necessária consequência a produção de novos efeitos. Mais, é especificamente destinado a esse fim. Ainda que o acordo se destine a interpretar determinados conceitos, essa determinação é orientada à obtenção de um determinado regime, para um determinado aspecto da negociação, ou à vinculação das partes a uma determinada realidade, jurídica ou não. Veja-se, por exemplo, os "Considerandos" acima mencionados.
[70] Falamos de actos que possam resultar, directa ou indirectamente, na dissipação de património. Ou na assunção de obrigações cujo relevo seja susceptível de alterar a vontade das partes na continuidade das negociações.

A previsão da terminação injustificada das negociações pode ser estipulada no contrato, bem como a consequência da sua violação, de forma a cobrir os danos causados ou mesmo ainda os lucros cessantes.

A função destes acordos preliminares é sobretudo conferir estabilidade às negociações entre as partes, através da definição jurídica dos seus direitos e deveres no âmbito da operação, da previsibilidade das consequências para as várias vicissitudes que possam vir a ocorrer e o estabelecimento de um quadro negocial comum entre ambas que permita um incremento de confiança e um incentivo à cooperação entre elas.

Pelo exposto, é patente a importância que um acordo preliminar, ou a falta dele, pode assumir neste tipo de operações. É possível estabelecer um enquadramento jurídico para as posições das partes, antes da celebração do negócio. Apesar de o acordo poder ser celebrado por ambas as partes, a entidade financiadora tem ainda um importante papel a cumprir. Normalmente as entidades financiadoras, apenas exigem determinados requisitos, contabilísticos ou financeiros, para aferir a viabilidade do negócio e a conveniência do financiamento[71]. No entanto, são, em regra, os aspectos económicos que acabam por determinar a frustração da operação ou a sua deficiente execução. Por outro lado, as entidades financiadoras poderão prevenir riscos para ambas as partes ao conferirem a sua experiência nestas operações[72]. De facto,

---

[71] Vítimas da sua própria "contratação massificada", os bancos acabam por apenas por exigir determinados requisitos, pré-concebidos para outros contratos, genericamente aplicáveis a todas as situações, apenas criando novas cláusulas quando a dimensão do negócio o torne absolutamente necessário. O resultado é a celebração de contratos despersonalizados e gravemente inadequados para a regulação destas operações, ricas em situações de conflito quando não sejam previamente reguladas. Desta forma o que era anteriormente considerada uma área de negócio preferencial dos bancos (nomeadamente bancos de investimento) começou a ser praticada por empresas especializadas neste tipo de operações. Sobre as cláusulas contratuais gerais veja-se as considerações de CORDEIRO, M., *Manual de Direito Comercial, Op. cit.*, p. 498 e ss, e ainda *Manual de Direito Bancário*, 4.ª ed., Almedina, 2012, p. 453 e ss.

[72] Devido à reduzida dimensão do mercado português, é pouco frequente que as tenham uma tal dimensão que justifique que as empresas tenham equipas especializadas em operações de aquisição de empresas pelo que a preparação e execução *in-house* são relativamente raras no território nacional. Normalmente, as empresas recorrem a consultores externos para estes efeitos. As entidades financeiras acabam assim por ter uma maior experiência e qualificação neste tipo de operações que se podem revelar determinantes. A própria lei vem entender a consultoria na compra e venda de empresas como uma actividade própria das instituições financeiras (ver artigo 4.º, n.º 1, al. *j*) do RGIC, e artigo 289.º, n.º 3, al. *j*) do CVM).

as entidades financeiras já não se podem dar ao luxo de realizarem apenas uma análise contabilística, desinteressando-se dos aspectos económicos das operações, tantas vezes mais importantes[73] – operações viáveis tornam-se de indesejáveis e aquisições promissoras não obtêm financiamento, apenas com base nas demonstrações financeiras das entidades adquirentes. A análise da operação como um todo, integrando a situação de ambas as empresas na análise da sustentabilidade da operação será a melhor forma de determinar a sua continuidade, evitando prejuízos para todas as partes. Será então aconselhável que a entidade bancária intervenha no contrato, ainda que dele não seja parte, solicitando a inclusão de cláusulas que confiram segurança jurídica e estabilidade ao contrato, que determinem aprioristicamente as responsabilidades que possam resultar da operação e definam as relações entre as partes. O carácter acessório do financiamento justificará um acompanhamento mais rigoroso pelas entidades bancárias, ainda que não haja intervenção activa, quanto maiores forem os riscos envolvidos na operação.

Por fim, uma evolução das negociações e a continuidade dos esforços das partes envolvidas poderá concitar aditamentos ou alterações ao acordo preliminar, cristalizando a cada momento a situação tal como ela é representada pelas partes.

Pelo exposto será largamente vantajoso para as partes, pelas razões enunciadas, jurídicas e práticas, que o acordo preliminar seja uma antecipação do contrato principal.

Por fim, nada impede a celebração de um acordo preliminar entre o banco e o comprador, nos termos acima dispostos, ou mesmo que o banco seja uma parte do acordo preliminar, como garante do comprador face ao vendedor.

---

[73] A própria crise tem vindo a mostrar que os relatórios contabilísticos, facilmente manipuláveis de forma a conferir uma imagem saudável das empresas, não espelhando a sua realidade, têm determinado a atribuição de financiamento a muitas operações que se acabariam por revelar ruinosas a longo prazo, tanto para as entidades adquirentes como para as entidades financiadoras. Este aspecto é comum a toda actividade bancária recente, nomeadamente com a já muito debatida facilidade na concessão de crédito. Para esta matéria veja-se, a título de exemplo, CARLOS, B., "*Da desconsideração da contabilidade pelo Direito Fiscal no Ordenamento Jurídico Português, breve apontamento*", in ROA, Ano 71, Lisboa, 2011, p. 499 e ss.

4.3. O papel da *Due Diligence*

Como em qualquer contrato, a informação é um elemento essencial e pode determinar a decisão de aquisição e, caso a aquisição se venha a realizar, a eficiência e até mesmo o sucesso da mesma.

Assim, um dos aspectos fundamentais nestas operações são as chamadas *due diligences*. Trata-se de um conjunto de diligências e procedimentos que pretendem dar a conhecer às entidades interessadas a situação em que uma determinada entidade ou um departamento dessa entidade se encontra. Uma *due diligence* pode ser exigida pelas entidades financiadoras como forma de garantir a sustentabilidade do negócio e reduzir o risco de incumprimento das entidades financiadas. Este aspecto acentua-se nas operações em que são os rendimentos da empresa adquirida a financiar a sua própria aquisição[74]. No caso dos *Management Buy-Outs*, a auditoria servirá sobretudo o propósito de permitir às entidades financiadoras conhecer a situação, nomeadamente financeira, da empresa a adquirir[75], decidir pelo financiamento, ou recusa do mesmo, de forma a melhor estruturar a operação de aquisição e reduzir o risco envolvido na mesma[76].

Este tipo de procedimento não é exclusivo das operações de aquisição de empresas. As próprias empresas realizam auditorias a si próprias uma vez que nem sempre se conhece a situação da própria empresa. De facto, a enorme quantidade de informação com que uma determinada empresa tem de lidar diariamente pode resultar numa falta de perspectiva e de posicionamento no mercado, sendo que uma auditoria pode corrigir erros e fornecer um quadro mais ou menos rigoroso da situação da empresa auditada. Nestas operações contudo, a percepção da condição real da empresa é um elemento essencial para o adquirente que se pode encontrar perante situações totalmente inesperadas e encargos que não consegue ou não pretende suportar.

---

[74] Como são os casos dos LBOs ou dos MBOs.
[75] De facto, nestes casos específicos, o/s adquirente/s já deverão ter um conhecimento da situação da empresa mais aprofundado do que qualquer outra entidade.
[76] Remetemos para o artigo de Roldão, M. e Teixeira. G, "*O processo de auditoria legal*", in Aquisição de Empresas, Coimbra Editora, 2011. Neste os autores apontam para a importância da auditoria legal por o adquirente "fazer suas as responsabilidades da sociedade adquiridas".

O termo *due diligence*[77] é mais abrangente do que a *"auditoria"* portuguesa destinada aos procedimentos relativos à obtenção de informação relativamente a uma dada empresa[78]. Ambas requerem capacidade técnica especializada e podem levar à responsabilização dos técnicos para tal incumbidos, caso a sua atuação não previna quaisquer danos[79].

Trata-se de um processo dispendioso e cujo custo pode variar consoante a profundidade da auditoria que se pretende realizar. Não raro envolverá várias equipas multidisciplinares para cobrir apenas uma parte da empresa que se pretende adquirir. Apesar de tudo, a sua não realização pode resultar em custos ainda maiores, nomeadamente devido a responsabilidades supervenientes[80]. Os custos da *due diligence* serão tanto maiores quanto o rigor e a profundidade que se pretenda.

---

[77] Na *due diligence* há dois níveis de actividade: (i) a recolha ou levantamento de informação e (ii) a análise da informação recolhida. A expressão tem a sua origem nos EUA, no *Securities Act* de 1933. Tratava-se de um meio de defesa dos intermediários e emitentes de valores mobiliários perante a acusação de violação de deveres de informação a investidores. Os agentes financeiros encontrar-se-iam protegidos, ao abrigo destas normas, se conseguissem demonstrar que não havia violação de quaisquer deveres. Desde então o termo tem vindo a adquirir uma conotação de actividade de prevenção de risco através da angariação de informação. A própria tradução literal, *"procedimentos devidos"*, permite descobrir um sentido mais abrangente da expressão, que abrange todos os procedimentos necessários à obtenção de informação, ao levantamento de dados relativamente a uma dada situação e traduz um conjunto de procedimentos necessários ao apuramento da condição ou situação real de um determinado objecto.

[78] Veja-se o trabalho de TAYLOR, MARK B., *et. al.*, *"Due Diligence for Human Rights: A Risk-based approach"*, no âmbito da *Corporate Social Responsibility Initiative* da Harvard Kennedy School of Government. A *Human Rights Due Diligence* proposta pela OCDE terá, nesta sede, uma função de apreciação do impacto do negócio nos direitos humanos, estendendo-se para lá da própria entidade visada, abrangendo os seus parceiros, nomeadamente fornecedores, distribuidores ou qualquer entidade com que se relacionem na prossecução do seu negócio e algumas actuações (ver *Guidelines for Multinational Enterprises*, da OCDE).

[79] Uma vez que os técnicos são especificamente contratados para o efeito de antecipação e prevenção de danos ou de situações que possam resultar em dano para a entidade ou para as entidades contratantes, a sua negligência pode dar origem a responsabilidade contratual, nos termos previstos no art. 798.º do CC.

[80] As possibilidades são, neste âmbito, infinitas. A responsabilidade pode resultar da colocação de um tipo de produto defeituoso no mercado, que exige a sua substituição em massa, ou de processos em que a empresa a adquirir é parte. Outros riscos poderão resultar do incumprimento de obrigações pelos devedores.

A *due diligence* pode abranger múltiplas áreas, departamentos e aspectos de uma empresa[81]. Por outro lado, poderiam surgir lacunas em áreas específicas que se poderiam revelar extremamente perniciosas para o adquirente. Aconselhável é a formação de uma equipa multidisciplinar que confira garantias de isenção de forma a diagnosticar possíveis problemas e avaliá-los da forma mais correcta possível.

O tipo de *due diligence* a realizar variará em princípio com o conhecimento que se pretende obter de uma determinada empresa e com a estrutura da empresa que se pretende conhecer. Poderá ser necessário avaliar todos os activos e passivos da empresa auditada, devendo procurar-se obter a perspectiva mais detalhada possível da empresa auditada nos seus aspectos mais relevantes.

A realização de *due diligences* preliminares podem também revelar-se de grande utilidade, permitindo ao adquirente perceber, a um nível relativamente superficial, se a empresa auditada está numa situação sustentável, propícia à aquisição e permitindo antecipar, numa fase preliminar, empresas com características diversas das pretendidas.

As *due diligence* incidem sobre múltiplos aspectos de uma empresa, de forma a apurar a situação real em que a empresa se encontra. Podemos distinguir alguns tipos de auditoria:

- *Auditoria financeira* – é o primeiro aspecto em que uma auditoria se deverá focar. Os ativos e passivos deverão ser cuidadosamente analisados, antes de a empresa ser adquirida – com especial atenção para a sua sobrevalorização ou subvalorização. As contas devem ser cuidadosamente examinadas de forma a antecipar responsabilidades futuras,

---

[81] Assim, seria aconselhável que uma auditoria versasse sobre os seguintes aspectos de uma empresa: departamento de contabilidade (activos e passivos da empresa, imóveis, parque automóvel, equipamentos, industriais ou outros, com especial atenção para a sua subvalorização ou sobrevalorização), aspectos jurídicos (processos judiciais em curso, responsabilidades contingentes, nomeadamente por acidentes de trabalho, infracções legais ou outros, contratos de trabalho, outros contratos como contratos de distribuição, estatutos, livro de actas, regulamentos e outras normas aplicáveis à empresa e ás várias facetas da sua actividade, como Convenções Colectivas de Trabalho, processos disciplinares, responsabilidades fiscais, entre outros), mercado em que a empresa se insere (com especial atenção para as tendências do mercado e comparação com "futuros" concorrentes, sendo estes um elemento de comparação importante).

nomeadamente fiscais. Poderão ainda ser analisados os créditos sobre os devedores e a probabilidade de incumprimento por parte destes. É necessário ainda não esquecer as garantias prestadas[82].
- *Auditoria legal* – a seguir aos aspectos financeiros, cumpre realizar uma análise jurídica dos aspectos jurídicos mais relevantes da empresa que irá ser adquirida. De facto os aspectos jurídicos podem determinar a não conclusão da operação ou podem acarretar pesadas responsabilidades para os adquirentes. É necessário, no âmbito desta, ter em conta todos os processos em curso, sejam judiciais ou de outra natureza. Certos aspectos de propriedade intelectual podem ser auditados (os registos de marcas, patentes e outros direitos de propriedade intelectual). A análise dos contratos em que a empresa é parte é também de extrema importância. Neste âmbito merecerão especial enfoque os contratos de trabalho, os contratos de distribuição e os contratos de fornecimento. Por último, é ainda importante diagnosticar possíveis situações que possam resultar em responsabilidades para os adquirentes. Este tipo de auditoria resultará num documento final normalmente chamado de *legal opinion*.
- *Auditoria aos recursos humanos*[83]. Será útil identificar as competências técnicas dos quadros da empresa, podendo ser especificamente este ponto que justifica a aquisição da empresa.

A nível prático são de realçar os problemas de ruptura da atividade da empresa auditada, os custos envolvidos, a actualidade[84] e a disponibilidade da informação[85].

---

[82] Não só o valor garantido mas também as suas características. De facto, e a título de exemplo, uma hipoteca pode ter consequências muito diversas de uma garantia bancária autónoma à primeira solicitação.

[83] Nesta sede seria de equacionar a realização de entrevistas, a análise de currículos e da evolução dos trabalhadores.

[84] Por definição, a actividade de uma empresa é contínua e a sua realidade no momento da aquisição pode ser substancialmente diversa da situação apurada no momento da auditoria. Por essa mesma razão é aconselhável que o hiato temporal entre o momento da realização da auditoria e o momento da aquisição seja o mais reduzido possível. O diagnóstico atempado de situações problemáticas revela-se essencial neste âmbito.

[85] A disponibilidade da informação a levantar poderá ser muito dificultada pela forma como a empresa tem a sua documentação organizada. Nem todas as empresas têm a sua documen-

São problemas a ter em conta, logo ao início, a questão da confidencialidade[86] e a obrigação de não concorrência. Ainda que estes mereçam alguma tutela jurídica ao abrigo dos deveres pré-contratuais, em especial de lealdade, a mesma não pode ser considerada suficiente. A tutela pré-contratual não confere a segurança ou certeza jurídicas que se pretende em contratos deste tipo. Qualquer questão relativamente a estes poderia levar a complexos litígios e aproveitamentos injustificados por uma das partes. Não é difícil configurar várias situações de abuso por ambas as partes em que uma parte pode beneficiar de informações confidenciais, e a outra pode beneficiar de um procedimento que se revela útil, para a própria empresa ou para terceiros (nomeadamente, potenciais adquirentes).

Será, assim, da maior importância para todas as partes envolvidas na operação a elaboração de um acordo ou contrato preliminar, que determine numa fase inicial os contornos jurídicos da relação e as obrigações das partes envolvidas.

É, normalmente, um processo dispendioso, podendo envolver equipas multidisciplinares, facto que pode levar algumas empresas a dispensá-lo. Por outro lado, o facto de não se fazer uma auditoria pode levar a surpresas muito inconvenientes, colocando em risco tanto a operação de aquisição como a empresa adquirente. Por isso, mesmo as instituições de crédito que financiam o projecto exigem, muitas vezes, a realização destas auditorias.

Para este efeito, podem ser realizadas auditorias de carácter preliminar, mais rápidas e menos dispendiosas que permitam à adquirente perceber se pretende ou não seguir em frente com a operação.

Este tipo de processo levanta múltiplas questões, jurídicas e práticas, e envolve quase sempre uma tensão entre a empresa auditada e as empresas que encomendam a auditoria[87]. Dever-se-ão adotar especiais cuidados para

---

tação em suporte informático, especialmente documentos relativos a exercícios mais antigos. É comum dedicar largas parcelas de tempo apenas à organização de informação.

[86] Sobre a determinação de que informação pode ou deve ser prestada ou, se, pelo contrário, deverá ser mantida em sigilo ver CÂMARA, P., e BASTOS, M. B., *Op. cit*, p. 29 e ss.

[87] Em princípio será vantajoso para a empresa auditada que certos elementos relativos ao exercício daquela não sejam conhecidos da empresa que encomenda a auditoria, de forma a obter um preço mais alto. Do lado contrário a empresa adquirente pretenderá obter um preço mais baixo possível, podendo mesmo subvalorizar os activos da primeira. É preciso também ter em conta que estão muitas vezes envolvidos segredos comerciais, projectos ou patentes

que a atividade da empresa auditada não seja prejudicada pela realização da auditoria.

Um aspecto importante a ter em conta é a *compliance*. As empresas têm de responder pelos seus atos e dos seus membros, não só perante os seus parceiros sociais e clientes como perante a lei. É pedido às empresas que apenas lidem com outras entidades que tenham um determinado perfil, ou que cumpram determinadas regras. Muitas vezes essas imposições são mesmo feitas internamente, para evitar desnecessários processos legais. Neste contexto, uma auditoria pode ser nomeadamente um elemento necessário para apurar se a empresa a ser adquirida é passível de integrar a estrutura societária da adquirente.

Com um conhecimento mais aprofundado do objeto de aquisição será possível apreciar melhor os custos e os riscos envolvidos na operação. Permite-se, assim, um menor grau de riscos e evitam-se surpresas o que poderá permitir à entidade financiada obter um juro mais reduzido das instituições de crédito financiadoras da operação em causa. É também um meio relevante para perceber a melhor forma de estruturar a própria operação de aquisição.

5. O processo de financiamento

Em paralelo ao processo tendente à aquisição haverá que determinar o seu financiamento. Estas operações envolvem, normalmente, pesados encargos para o comprador. Este poderá, assim, suportar os inerentes custos através de capitais próprios, como dinheiro em caixa, ou recorrendo a financiamento alheio, através da emissão obrigações ou recorrendo a instituições de crédito. É a esta última situação que se dirige o presente trabalho. O financiamento em questão envolverá a concessão de crédito para múltiplos fins, e não só o pagamento do preço, com características e prazos de pagamento diversos – o que dará origem à correspondente celebração de múltiplos contratos, também eles com características diversas, em função do custo a que se destinam financiar. Por haver aqui uma operação organizada a um fim comum, a relação só beneficiará de um tratamento integrado, sujeito a um regime comum,

---

que a empresa auditada pode não querer tornar conhecidos da outra parte, principalmente se aquela parte for uma empresa concorrente.

especialmente no que toca a deveres genéricos e vicissitudes[88], sob pena de arbitrariedade[89]. Não raro é efectuada uma *due diligence* pela próprio banco a fim de se elaborar uma *ficha técnica*, que será depois utilizada para estabelecer as condições de financiamento.

O financiamento não precisa de ser proveniente unicamente das instituições de crédito. É comum as instituições bancárias exigirem uma "demonstração de empenho" no financiamento deste tipo de projectos[90]. Regra geral, no entanto, a maior parcela de financiamento nestas operações provém sobretudo de instituições de crédito, e especialmente de instituições bancárias.

A dimensão e sensibilidade característica das operações de aquisição de empresas justificam um tratamento personalizado por parte do financiador. Os benefícios da contratação em massa não serão aqui aplicáveis, carecendo estas situações de um tratamento personalizado e adequado às características da operação e às necessidades dos intervenientes.

O formalismo, a extensão e a vinculatividade das suas cláusulas dependerão, decerto, das características da operação e, em especial da empresa adqui-

---

[88] Assim, as vicissitudes do contrato, nomeadamente a nível de alteração das circunstâncias, erro, ou incumprimento, deverão ter o seu regime estipulado e estar centralizadas num único documento, que regulará extensivamente a relação entre as partes no âmbito da operação em causa. Por lado haverá ainda deveres extensíveis a toda a operação, em especial os de informação, ainda que não se encontrem estipulados pelas partes, por decorrência do princípio da boa fé. Outras previsões serão ainda de prever no âmbito da presente celebração, nomeadamente, a estipulação de um tecto máximo do crédito a ser concedido, a constituição e coordenação de um sindicato bancário, um regime comum de condições necessárias para a concessão do crédito ou que obstam à concessão do mesmo.

[89] Com efeito uma causa poderia determinar a cessação de um contrato, comprometendo toda a operação. Tal cessação deve ser equacionada face a todos os contratos celebrados no âmbito de toda a operação, numa perspectiva global, e não ser tomada como um contrato individualizado. A resolução do contrato torna-se assim proporcionalmente mais exigente, atendendo à extensão do seu âmbito.

[90] Nos MBOs é comum a exigência de os compradores garantirem o montante do capital necessário até 30% (veja-se STERLING, MARK, E. WRIGHT, MIKE *"Management Buy-Outs and the Law"*, Blackwell Law, 1991).

rida[91]. Não raro o comprador recorre a diversos métodos de financiamento para a mesma operação[92].

5.1. A relação bancária especial – a relação de financiamento

A doutrina já vem a debater há algum tempo a existência de uma relação bancária geral, uma relação que englobasse todos os aspectos da relação entre um banco e o seu cliente, funcionando como génese simultânea de direitos e deveres recíprocos e contratos, e como fenómeno não decorrente exclusivamente do contrato de abertura de crédito[93]. É inegável que a relação entre um banco e o seu cliente é, em geral, permanente. A crescente importância na vida das pessoas e a sua preponderância como entidades transversais a todo o sector financeiro tornou este tipo de entidades uma figura incontornável do tráfego jurídico[94],[95]. A quantidade e variedade de contratos celebrados e a situação de confiança criada entre as partes que não se esgota numa única figura, mas transcende, e simultaneamente engloba, todos os atos e contratos celebrados que justifica um tratamento uniforme, integrado, que não seja reconduzível a uma única figura contratual mas a uma relação que integre todos os aspectos juridicamente relevantes entre o banco e o cliente. Esta perspetiva integradora de todos os elementos de uma relação entre o cliente e o seu banco já foi, em parte, adotada pela jurisprudência[96], no contrato de abertura de conta. A relação bancária geral não se esgota, no entanto, naquele

---

[91] Sobre esta matéria ver CÂMARA, P. e BASTOS, M. B., *"O Direito de Aquisição de Empresas, uma Introdução"*, Op. cit., p. 21.

[92] Apontando para as opções entre o aumento de capital e o recorrer à alavancagem e aos custos da manutenção do controlo da empresa, MATOS, V. e RODRIGUES, V., *Fusões e Aquisições, Motivações e Políticas*, Principia, 2000.

[93] Por todos, CORDEIRO, M., *Manual de Direito Bancário*, Op. cit., p. 227 e ss.

[94] Discute-se hoje a existência de um direito das pessoas singulares de uma conta bancária. Se a existência deste direito é muito discutível, por ter de haver uma correspondente obrigação por parte dos bancos de abrir a correspondente conta, é já inegável o esforço do legislador no sentido de que todas as pessoas que o requeiram tenham acesso aos serviços bancários. Veja-se, por exemplo, o Relatório do Parlamento Europeu 2012/2055 (INI), de 8 de Junho de 2012.

[95] Como prestador de serviços, intermediário de pagamento, concedente de crédito, garante ou consultor – os bancos têm hoje um potencial de aplicação à maioria dos contratos com contornos económicos.

[96] Veja-se, nomeadamente, os Acs do STJ, de 07.10.2010, relativo ao Proc. n.º 283/05.0TBCHV.S1 e de 17.04.2012, relativo ao Proc. n.º 343/09.8T2ALD.C1.

contrato. Os seus efeitos transcendem-no e superam-no[97]. Assim, na relação bancária geral será de ter em conta todos os contratos bancários e ainda todos os reconduzíveis ao sector do mercado de capitais ou segurador.

O Prof. Menezes Cordeiro reconduz a relação bancária geral a uma obrigação duradoura no âmbito da contratação mitigada. As obrigações duradouras são aquelas que não se esgotam com o cumprimento (a causa "comum" de extinção de obrigações), antes se renovando sucessivamente com o tempo e destinam-se normalmente à satisfação de necessidades permanentes ou recorrentes de uma das partes[98]. Na sequência do referido Prof., as características da relação bancária geral, apontadas pela teoria clássica, seriam (i) um acordo-quadro regido por cláusulas contratuais gerais, (ii) a relação de negócios assente na confiança, (iii) deveres gerais de conduta e de protecção, (iv) deveres de concluir "negócios neutros", (v) dever de igual tratamento relativamente a negócios "não neutros" e, por fim, (vi) deveres gerais de conduta a cargo do cliente[99].

A razão de ser de uma autonomização de uma tal relação bancária especial reconduz-se à necessidade de reconhecimento de uma determinada componente, mais restrita que a relação bancária geral, e por isso mesmo muito mais intensa – em resultado de um tipo específico de financiamento. A relação não surgiria apenas com a celebração de um contrato de concessão de crédito – essa é uma situação típica que cabe no contrato de abertura de conta. A relação bancária geral viria antes conformar uma relação específica em que ambas as partes se encontram na dependência recíproca e justificam a assunção de pesadas obrigações[100].

No âmbito da relação bancária geral deparamo-nos com uma prestação de serviços, já na relação de financiamento a situação será totalmente distinta.

---

[97] É possível a mesma pessoa realizar vários contratos de abertura de conta com o mesmo banco e nem por isso se deverá deixar de ter em conta uma perspectiva integrada de todos os contratos celebrados.

[98] No caso da relação bancária, é possível apontar prestações permanentes, como no caso do Home Banking, e prestações sucessivas, como é o caso das transferências bancárias, depósitos, ou outros CORDEIRO, M., *Manual de Direito Bancário, Op. cit.*, p. 253 e ss.

[99] *Idem*, p. 232 e ss.

[100] São assim cláusulas típicas deste tipo de financiamento (para aquisição de empresa) as cláusulas de *step-in-right*, as cláusulas de obrigação de celebração de contratos de crédito (como é o caso de determinados tipos de sindicatos bancários), entre outras.

Um financiamento deste tipo não é compatível com o estipulado na abertura de conta – regulado por cláusulas contratuais gerais. Podemos enunciar alguns elementos que a caracterizam e autonomizam: obrigação da celebração de contratos, deveres especiais de informação, intervenção do banco na estruturação da operação (e, no limite, a possibilidade de assunção da direcção da mesma), a obrigação de a entidade financiada não assumir obrigações que possam prejudicar ou comprometer a operação de qualquer forma.

Paralelamente à relação bancária geral e o contrato de abertura de conta, a relação de financiamento tem origem com a celebração do contrato de financiamento. É possível recorrer à estipulação de acordos preliminares, mas apenas a celebração do contrato de financiamento permitirá conferir à relação de financiamento a estabilidade e a vinculatividade que a caracteriza[101].

As características e as obrigações desta relação serão tanto mais intensas quanto maior for a sua onerosidade para as partes envolvidas. São elas:

- *Especialidade*: o financiamento é aqui destinado a um fim específico, no caso, a aquisição de uma empresa, por oposição ao carácter tendencialmente universal do contrato de abertura de conta, ou da relação bancária geral. Enquanto esta visa abranger todos os contratos entre o banco e o seu cliente, o financiamento para aquisição de empresas apenas regula todos os que se encontrem funcionalmente adstritos à operação que lhe dá origem. O seu âmbito é tendencialmente mais restrito que a relação bancária geral e é ordenado a uma realidade finita, por oposição ao carácter tendencialmente duradouro daquela.
- *Negociação personalizada*: por oposição à contratação massificada, típica da prática bancária e normalmente sujeita a cláusulas contratuais gerais, o financiamento para a aquisição de empresas deve ser pensado e estruturado caso a caso, de acordo com as necessidades do comprador e dos riscos que possam decorrer para as partes envolvidas.

---

[101] A existir um acordo preliminar ao contrato de financiamento – por não se terem confirmado determinados factos que uma das partes reputa essenciais para a celebração ou ficar na dependência de determinados resultados, a nível financeiro ou outro, aquando da *due diligence* da empresa visada.

- *Funcionalidade em relação à operação de aquisição*: o financiamento bancário em causa destina-se a cobrir um conjunto de custos que ainda não se encontram determinados, mais ou menos previsíveis. Por outro lado, o banco não se poderá alhear das negociações entre comprador e o vendedor. Assim, o financiamento terá obrigatoriamente de tomar em consideração os termos do contrato celebrado[102], podendo o banco intervir na sua negociação ou mesmo figurar nele como parte[103]. Esta funcionalidade, quando configurada com a característica de especialidade acima referida determina que o crédito tem um escopo, ou seja destina-se, em exclusivo, a um determinado tipo de custos – os custos decorrentes da operação.
- *Escopo*: o escopo consiste na imposição de uma limitação da aplicação do crédito prestado pelo banco a um determinado ato, ou conjunto de atos. Sendo o contrato celebrado para uma determinada aquisição, e sendo esse factor importante para a decisão de o banco conceder ou não determinado financiamento, é natural que o banco limite contratualmente a aplicação do crédito concedido aos actos acordados com o comprador. Assume desta forma a natureza de uma obrigação jurídica contratual de *non facere* sobre o sujeito financiado e o seu incumprimento pode resultar na responsabilidade contratual do sujeito financiado ou na resolução do contrato, nos termos do 798.º do CC[104]. A estipulação do escopo do crédito concedido pode e deve ser acompanhada de formas de fiscalização apropriadas, sob pena de se

---

[102] Desta forma não seria congruente estabelecer a prestação de informações ao banco relativamente a matérias abrangida por um dever de segredo na sequência de estipulação entre as partes.

[103] Nomeadamente o banco pode figurar no contrato na posição de garante. Haverá, contudo, sempre um limite à sua garantia, uma vez que as instituições bancárias, em virtude de regras prudenciais (arts. 94.º e ss. do RGIC), não deverão assumir obrigações de responsabilidade ilimitada.

[104] Neste âmbito, Menezes Cordeiro, no seu *Manual de Direito Bancário, Op. cit.*, p. 636-637, refere que o escopo só pode ser fundamento de resolução do contrato, quando essa consequência se encontre referida no mesmo. Não posso concordar. O escopo consiste na obrigação de destinar determinado crédito concedido a um fim previamente determinado. A sua violação, quando se revele gravosa pode ter como consequência a resolução do contrato, nos termos gerais, ainda que esta consequência não se encontre prevista naquele, nos mesmos termos que qualquer outra obrigação contratual. A antecipação das concretas consequências

comprometer a eficácia do mecanismo[105]. A possibilidade de existência do escopo se as partes não o previram no contrato de financiamento terá a sua resposta nas características do caso concreto e dependerá sobretudo do grau de onerosidade das partes envolvidas. A estipulação de mecanismos de controlo na aplicação do crédito e a limitação à liberdade contratual do comprador serão importantes elementos a ter em conta que nos levarão a afirmar a existência de um escopo. O seu âmbito será, nesta sede, toda a operação de aquisição. Neste sentido, podemos ainda apontar a possibilidade de existência de um duplo escopo a limitar a aplicação do crédito concedido. O primeiro, de âmbito geral, seria característico de toda a relação de financiamento. O segundo, de âmbito específico serviria para, no interior da operação de aquisição, cobrir custos determinados, acordados entre o comprador e o banco.

– *Amplitude variável*: a autonomia de que as partes dispõem neste tipo de operações permite conferir um maior ou menor grau de amplitude ao financiamento. Tomando o contrato de compra e venda como elemento central, o financiamento pode estender-se a montante – no caso de financiamento de custos de procedimentos conducentes à celebração daquele – ou a jusante – perspectivando a cobertura de custos "pós-aquisição", decorrentes da eventual integração e adaptação da empresa adquirida ao destino que o comprador tenciona dar à empresa adquirida.

– *Acessoriedade face aos custos financiados*: o financiamento não é um fim em si mesmo, antes se propõe a atingir um determinado objectivo, no caso a aquisição de uma empresa. A maioria dos contratos de crédito de escopo são acessórios aos contratos que se propõem financiar. Desta forma, quando um contrato de locação ou de compra e venda

do incumprimento deve resultar de uma análise do caso concreto, ponderando o contrato, as circunstâncias em que foi celebrado e a medida do incumprimento.

[105] Assim, associada à obrigação de não aplicar o crédito concedido deverá ainda haver o correspondente dever acessório de prestação de contas ou de permitir a fiscalização da aplicação do crédito concedido pelo banco. De qualquer forma, os arts. 574.º e ss. do CC estabelecem já uma obrigação de informação e de apresentação de documentos cuja aplicação ao presente caso não merece dúvidas.

é resolvido, por qualquer forma, o contrato que concede crédito também se resolve, por aquele ser a causa deste[106]. O mesmo raciocínio não é neste aplicável pela simples razão de que o financiamento, não obstante poder ter um escopo e ser norteado para a celebração do contrato de compra e venda, é normalmente orientado para cobrir custos que vão para além do pagamento do preço. Por isso mesmo o financiamento encontra-se ligado não a um único contrato mas à parte da operação de aquisição que visa financiar e é em relação a esta que este deve ser pensado. Apesar da sua importância, o contrato de compra e venda é apenas um dos vários elementos que integram a operação e que devem ser tidos em conta[107,108]. O financiamento será então acessório do custo que se propõe a financiar.

– *Dever de celebração de contratos*: por último refira-se o aspecto mais importante desta relação. O facto de o comprador acordar com o banco a sua posição como financiador suscita no primeiro uma confiança de que aquele estará disposto a conceder o financiamento que o comprador necessita para a aquisição e cria no segundo o correspondente dever de celebração de contratos – em especial contratos de concessão de crédito, com os limites que deverão ser acordados pelas partes. Este dever é incompatível com um eventual corte de crédito, quando justificado por factores externos, e a sua violação pode revelar-se extremamente danosa para o comprador e dar origem a responsabilidade nos termos do art. 798.º do CC.

---

[106] Sendo o objeto do contrato permitir a uma das partes o cumprimento de uma obrigação – nomeadamente a obrigação de pagar um determinado preço – a extinção dessa obrigação, operada pela resolução do contrato, e deixando este de produzir efeitos, importa a sua resolução por impossibilidade superveniente (cfr. art. 790.º do CC).

[107] Só assim será compreensível a prestação de garantias, por parte do banco, previamente à celebração do contrato de compra e venda.

[108] Ver SILVA, C., *"Compra e Venda de Empresas"*, in CJ, Ano XVIII, Tomo 2, pág. 9, e CORREIA, F. e SÁ, A., *"Oferta Pública de Venda de Acções e Compra e Venda de Empresa"*, in CJ, Ano XVIII, Tomo 4, pág. 15.

5.2. O Contrato de Financiamento

O contrato-quadro de financiamento é o aspecto central do presente trabalho. É nele que se centra e regula toda a relação entre o comprador. Neste capítulo analisaremos, com o detalhe possível, alguns dos seus principais aspectos[109].

5.2.1. O contrato de financiamento como contrato-quadro e a união de contratos

A este contrato compete regular o financiamento prestado ao comprador pelo banco e os sucessivos contratos que se vão celebrando entre eles no âmbito da operação de aquisição. O papel definidor do contrato de financiamento visa fornecer um quadro jurídico dentro do qual se irão pautar os sucessivos contratos, de crédito ou de prestação de serviços, que venham a ser posteriormente celebrados. Trata-se assim de um contrato-quadro, que prevê simultaneamente a celebração e regulação de futuros contratos – a que poderemos chamar de contratos satélite – integrados no âmbito daquela relação de financiamento. Entre aquele e estes é possível observar uma certa dependência, reconduzível à figura da união de contratos. Os contratos satélite encontram-se na dependência da vigência e validade do contrato-quadro de financiamento resultante de uma ligação funcional daqueles a este – o contrato-quadro visa regular uma relação mais ou menos duradoura, cobrindo todos os aspectos comuns à relação de financiamento, os sucessivos contratos celebrados no âmbito daquele visarão antes cobrir necessidades específicas, de carácter pontual, à medida que essas necessidades vão surgindo ou renovando. Existe uma unidade económica comum subjacente a ambos os contratos – a necessidade de financiamento – que constitui um critério de conexão entre o contrato-quadro e os contratos satélite celebrados ao abrigo deste. Neste sentido é interessante ver o art. 3.º, n.º 2, do Decreto-Lei nº 222/2009,

---

[109] A existir um sindicato bancário, o contrato de financiamento será desenvolvido de forma substancialmente diversa. Por se tratar de uma matéria já suficientemente debatida na doutrina para lá remetemos: TELLES, I.G. *"Empréstimos Cristal: uma nova realidade bancária"*, in O Direito, ano 125, 1993; CORDEIRO, M., *"Empréstimos Cristal, Natureza e Regime"*, Sep. de O Direito, n.º 127, n.ºˢ 3 e 4, 1995; ABREU, L. V., *"Os Sindicatos Bancários no Direito Português"*, in Estudos em Homenagem ao Prof. Inocêncio Galvão Teles, vol. II, Lisboa, 2002.

de 11 de Setembro: *"[C]onsidera-se que existe união de contratos se ambos os contratos constituírem objectivamente uma unidade económica [...]"*. Encontramo-nos, assim, perante uma dependência unilateral[110], na medida em que se essa dependência se verifica apenas dos tais contratos satélite em relação ao contrato-quadro mas já não no sentido inverso.

5.2.2. Elementos típicos do contrato-quadro

O contrato de financiamento deverá ser o mais exaustivo possível, dados os riscos e montante normalmente associados a este tipo de operação. São comuns neste tipo de contratos:

- A obrigação de realização de uma ou mais auditorias, e as consequências resultantes tendo em conta os resultados dessas auditorias;
- O *spread* ou a forma da sua determinação;
- A possibilidade do banco ceder parte ou a totalidade da sua posição contratual e a possibilidade de se constituir um sindicato bancário durante a operação de aquisição;
- Alguns comportamentos que a empresa financiada não deverá adoptar e correspondentes consequências;
- Cláusulas de *hardship*, *market-flex* e outras cláusulas que prevejam alteração de circunstâncias;
- Obrigações de confidencialidade;
- Garantias a serem prestadas pelas sociedades envolvidas (que podem ir desde o penhor de acções, cauções, cartas de conforto, hipotecas);
- A limitação do cumprimento coercivo às garantias prestadas (*limited recourse*) obrigações de comunicação de determinadas informações, como um prazo de comunicação prévia de corte de crédito, ou de alteração da taxa de juro por força de alguma das cláusulas de alteração das circunstâncias;
- O prazo de amortização do crédito e a possibilidade da sua amortização antecipada;

---

[110] Veja-se Costa, A., *Op. cit.*, p. 377, e, no seguimento do entendimento perfilhado por Antunes Varela, Vasconcelos, P. P., *Contratos Atípicos*, Almedina, 1995, p. 216.

– As comissões devidas à instituição de crédito pelos serviços a serem prestados;

Apesar de tudo, o contrato de financiamento é acessório na medida em que o fim deste é a prestação dos meios necessários para o sucesso da operação de aquisição. Como tal, a sua estrutura estará sujeita ao desenho daquela.

5.2.3. O *limited recourse* e a limitação da garantia patrimonial geral

Técnica muito utilizada no Project Finance, o *"limited recourse"* aponta-se como uma limitação dos direitos do banco. De acordo com o Código Civil, pelas obrigações do devedor responde a totalidade do seu património – trata-se de uma garantia geral das obrigações[111]. Os *limited recourse loans* consistem em contratos de crédito com uma limitação àquela garantia geral[112]. Nestes, pela dívida contraída para realizar um determinado projecto, ou uma determinada operação, como é o nosso caso, responderá apenas o próprio objecto para o qual o financiamento se destina[113]. Para este efeito surgem as mais variadas técnicas. Uma forma de estabelecer este mecanismo é a constituição de uma sociedade de responsabilidade limitada, especificamente com o objectivo de realizar a operação financiada[114]. Trata-se de uma forma de compartimentalizar o risco para que este não se propague para a sociedade adquirente ou para as sociedades envolvidas no projecto. Como contrapartida do *limited recourse* é natural o banco exigir do comprador uma participação acrescida[115], como forma de garantir o seu compromisso com o sucesso da operação.

---

[111] Cfr art. 601.º do CC.
[112] Expressamente admitida nos termos do 602.º do CC.
[113] É possível conjugar vários mecanismos disponíveis para chegar a uma estrutura de financiamento adequada às necessidades dos intervenientes. As partes poderiam entender utilizar uma cláusula *limited recourse* juntamente como uma carta de conforto até determinado montante ou percentagem dos montantes totais envolvidos limitando assim a exposição do risco da sociedade-mãe que presta a carta de conforto.
[114] É o chamado *Special Purpose Vehicle* ou *SPV*: ver Osório, H., *Op. cit.*.
[115] Esta exigência será aplicável não apenas nos casos em que haja *limited recourse* mas em todos os casos em que a garantia patrimonial é relativamente reduzida face à operação financiada. É o caso dos MBOs, em que o património dos gestores que se propõem a adquirir a empresa pode não ser considerado suficiente garante da aquisição financiada. Veja-se, sobre os MBOs,

5.2.4. Alteração das circunstâncias e a fluidez do contrato de financiamento

Regra geral, os contratos, uma vez celebrados, são para ser cumpridos (art. 406.º, n.º 1, do CC) – é o princípio *pacta sunt servanda*. Trata-se de uma necessidade de segurança no tráfego que as obrigações assumidas pelas partes sejam dotadas de estabilidade. Mas não é uma regra absoluta. Uma das excepções é a que consta do regime do art. 437.º, n.º 1, do CC.

1) O regime geral do Código Civil

O contrato de financiamento é, como já referido anteriormente[116], um contrato assente numa relação caracterizada pela sua durabilidade, na medida em que se destina à satisfação de necessidades permanentes de uma das partes. Como tal, as partes assentam as suas suposições em pressupostos prévios relativamente a determinados factos que assumem estáveis e que acabam por configurar um determinado equilíbrio das partes nas prestações[117]. Se esse equilíbrio se desvanecer de tal forma que seja demasiado oneroso para uma das partes é um imperativo de justiça a adaptação das obrigações às novas circunstâncias em causa. Neste sentido, vem o art. 437.º, n.º 1, do CC atribuir à parte lesada por essa alteração, quando susceptíveis de alterar o equilíbrio das prestações, um direito de modificação ou de resolução do contrato. Para que haja lugar à aplicação do mecanismo do art. 437.º do CC é necessário que (i) haja uma alteração das circunstâncias, (ii) essas circunstâncias são, ou deveriam ser, conhecidas de ambas as partes, (iii) que essa alteração não decorra dos riscos próprios do contrato e, por fim, (iv) que a exigência das obrigações assumidas seja gravemente atentatória dos princípios da boa fé. Este tema tem sido proficuamente tratado na doutrina tanto portuguesa como estrangeira – para lá se remete[118].

---

e nomeadamente sobre a estruturação do seu financiamento, KRIEGER, I., *Management Buy--Outs*, Arthur Andersen – Butterworths, 1990.

[116] Ver Ponto 6.1 *supra*.

[117] Atente-se para o facto de o equilíbrio ser, aqui, considerado de uma perspectiva subjectiva. Se as partes celebram um contrato, em que exista um desequilíbrio das prestações, ainda assim se entende que se trata de uma obrigação que o devedor assumiu cumprir.

[118] Veja-se, a título meramente exemplificativo, MONTEIRO, P. e GOMES, J., "A «Hardship Clause» e as alterações das circunstâncias", *in Juris et de Jure*, Nos 20 Anos da Faculdade de Direito da

A incerteza que rodeia a alteração das circunstâncias tem determinado uma utilização parcimoniosa do regime constante do art. 437.º, n.º 1, do CC pelos tribunais portugueses e estrangeiros[119]. Como resultado direto começaram a aparecer cláusulas, mais ou menos exigentes para a sua aplicação, que conferiam às partes o direito de renegociar o contrato na eventualidade de ocorrência de determinados factos. Outra forma de minimizar o impacto do tempo no contrato foi a estipulação de cláusulas que permitissem a sua flexibilidade[120] mantendo-os permanentemente actualizados.

2) As Cláusulas de Hardship

São cláusulas de hardship as cláusulas que obrigam à renegociação do contrato quando se verifique algum facto ou situação que determine um desequilíbrio das prestações. As cláusulas de *hardship* são comuns sobretudo no tráfego internacional, por a problemática da alteração das circunstâncias não ter tido acolhimento legal em todos os ordenamentos jurídicos.

3) As Cláusulas Market Flex *ou de adaptação da taxa de juro*

De todos os elementos dos contratos de concessão de crédito, são as taxas de juro que costumam sofrer mais alterações. Neste caso, o contrato assenta numa realidade que se revela extremamente fluída.

Os interesses envolvidos nestas operações não se resumem às partes envolvidas e são preponderantes na elaboração do contrato e sua posterior interpretação e integração, sendo determinadas cláusulas inseridas no contrato especificamente para acautelar aqueles interesses.

As entidades bancárias, após concederem o crédito, titularizam esses créditos e procedem à sua alienação nos mercados financeiros, guardando para

---

UCP, 1996 e Ascensão, J. O., "*Onerosidade excessiva por «alteração das circunstâncias»*", in ROA, Ano 65, vol. III, 2005.

[119] Também a doutrina aconselha uma utilização moderada do regime – limitando a intervenção dos tribunais ao mínimo, especialmente no que toque à modificação do contrato. Ver Dalhuisen, *Op. cit.*, p. 184 e 188.

[120] É o caso das cláusulas de indexação que remetem para determinados índices, reputados por ambas as partes como justos. Em vez de estipularem uma obrigação fixa no tempo as partes estipulam antes critérios objectivos para a sua concretização a cada momento do contrato. Contudo, o problema coloca-se novamente quando sejam os próprios índices a sofrerem alterações não configuradas pelas partes.

si apenas uma margem do juro e as comissões pela prestação de serviços[121]. Desta forma as entidades bancárias conseguem simultaneamente exteriorizar o risco de incumprimento da entidade financiada e continuar a dispor de fundos de forma a proceder a outras operações. Os investidores, por seu lado, apenas aceitarão produtos financeiros que tenham um retorno proporcional ao risco que lhe subjaz. Desta forma, o banco irá determinar uma taxa de juro correspondente ao risco subjacente ao capital financiado. É necessário ter em conta que determinados investidores, nomeadamente outras entidades bancárias, não investirão num determinado produto financeiro se a classificação deste for muito baixa[122]. As cláusulas de adaptação da taxa de juro (*market flex*) destinam-se sobretudo a acautelar estes interesses.

4) A estipulação de condições e as cláusulas sobre alterações depreciativas (ou cláusulas de material adverse change [MAC] ou material adverse effect [MAE])

As cláusulas MAC ou MAE são cláusulas comuns nas operações de fusões e aquisições, ou em casos de financiamento através de capital de risco, que permitem ao comprador recusar-se, legitimamente, a concluir a aquisição, ou ao financiador a continuar a suportá-la quando se verifiquem ou não determinados eventos reputados como essenciais para as partes[123]-[124]. Estas cláu-

---

[121] Sobre uma apreciação jurídica deste fenómeno veja-se Silva, C., *"Titularização de Créditos"*, in CJ, Ano XVIII, Tomo 2, 1993.

[122] Existem muitas entidades que não poderão investir, independentemente do retorno, se um determinado produto financeiro tiver uma classificação muito baixa devido a obrigações legais ou estatutárias que cada vez são mais comuns, devido a requisitos de sustentabilidade e de solvabilidade cada vez mais exigentes. Por outro lado os investidores particulares, por não terem menos capital disponível e o investimento ser para eles uma forma de poupança, são normalmente avessos ao risco. Por fim os intermediários financeiros, sejam eles entidades bancárias ou outros agentes dos mercados financeiros, quando contratem com os particulares, estão legalmente obrigados a classificá-lo, a informá-lo, respeitar o perfil de risco daquele (nos termos do CVM). Trata-se de regras de *"Know Your Client"*, introduzidas pela Directiva dos Mercados e dos Intermediários Financeiros (DMIF) que servem para proteger os interesses dos investidores (tanto dos intermediários financeiros como de si próprios).

[123] Atribuindo-lhe a designação de cláusulas sobre alterações depreciativas, veja-se também Câmara, P. e Bastos, B., *"O Direito de Aquisição de Empresas: uma Introdução"*, Op. cit., p. 42 e ss. As cláusulas MAC/MAE, ainda que sejam dotadas de alguma uniformidade quanto às consequências, são de conteúdo e amplitude extremamente variável.

[124] A sua estipulação a favor do vendedor também pode ser estipulada, nomeadamente quando este venha a receber, como forma de pagamento, participações sociais do comprador.

sulas costumam reportar-se ao hiato temporal que medeia entre a celebração do contrato de compra e venda (*signing*) e a sua conclusão (*closing*), não sendo raras as situações em que as aquisições caiem por terra nesta fase[125],[126]. Na sua base, trata-se de mais uma forma contratual de distribuição de risco – se um evento, considerado como prejudicial por uma, ou ambas as partes, se verificar entre a celebração e a conclusão do contrato, o contrato não se celebra e o risco corre pela parte contra quem se invoca[127].

As cláusulas MAC/MAE, ainda que sejam dotadas de alguma uniformidade quanto às consequências, são de conteúdo e amplitude extremamente variável. É costume ainda limitar a indeterminação das suas cláusulas através de exceções (os chamados *carve-outs*) às previsões MAC/MAE[128].

Os factos a que estas cláusulas se costumam reportar serão todos aqueles cuja verificação ou não verificação é considerada essencial para as partes celebrarem o contrato – integrando assim a base do negócio. Se a aplicação

---

[125] Nestas cláusulas é costume o comprador querer atribuir um largo grau de indeterminação às cláusulas para que este possa retirar-se da operação quando entenda conveniente. Do lado oposto encontra-se o vendedor, que já pode encontrar-se fortemente investido na venda da empresa e quer ver a sua posição assegurada, limitando ao máximo as possibilidades de o comprador se retirar da aquisição. Ainda assim, a indeterminação das MAC pode ser-lhe útil na medida em que qualquer situação invocada pelo comprador é susceptível de interpretações diversas. O resultado é as partes entrarem em litígio relativamente à interpretação dada a este tipo de cláusulas quando o comprador finalmente se retira da aquisição. Por outro lado, perante a possibilidade da diminuição da garantia patrimonial, o banco poderá tentar retirar-se da operação, recorrendo a estas cláusulas. Sobre a redacção deste tipo de cláusulas veja-se ainda BOONE, M., et. al. *The Ins and Outs in Drafting MAE/MAC Clauses, Termination Rights and other Heavily Litigated Provisions in Acquisition Agreements*, Haynes and Boone LLP, apresentada na *31st Annual Conference on Securities Regulation and Business Law Problems*, de 12 de Fevereiro de 2009.

[126] As cláusulas MAC/MAE adquiriram especial relevância nos Estados Unidos durante a crise de 2008.

[127] Por vezes são também utilizadas como mais um elemento de negociação. Perante um mercado em crise o comprador poderá utilizar ameaça da utilização da cláusula MAC/MAE para levar o vendedor a reduzir o preço acordado. Também o banco poderá, perante a verificação de um evento previsto, perder o interesse na continuação do financiamento, a menos que haja uma revisão em alta da taxa de juro.

[128] Alguma imprensa norte-americana aponta o facto de as partes alocarem o risco de alterações depreciativas internas da empresa visada para o vendedor (atribuindo o direito de resolução do contrato ao comprador) e o risco de alterações de mercado e o risco sistémico para o comprador (excluindo do âmbito da cláusula essas situações). Veja-se o artigo do New York Times, "*The Big MAC*", realizado por Dealbook, de 10 de Março de 2008.

directa do regime das condições[129] ou da alteração das circunstâncias não nos parece possível[130] a aplicação analógica daqueles preceitos já não se afigurará difícil[131], desde que feita com as devidas adaptações.

É comum a previsão de factos relativos aos resultados decorrentes da auditoria[132], de obtenção de determinadas autorizações[133], da obtenção de uma decisão judicial ou arbitral favorável (ou não desfavorável) ou outros factos que constituam fatores decisivos para as partes concluírem a aquisição.

5.2.5. Algumas formas típicas de concessão de crédito

A concessão de crédito neste tipo de operações é extremamente inovadora pelo que é interessante observar algumas formas socialmente típicas.

1) O empréstimo-ponte ou bridge loan

O *bridge financing* é uma forma suprir as necessidades de financiamento de uma sociedade a muito curto prazo. Deve a sua designação ao facto de se destinar a cobrir a necessidade de liquidez de uma determinada entidade num curto espaço de tempo, podendo servir para cobrir o período entre a necessidade da entidade financiada e obtenção de crédito através de outra forma. Por isso mesmo está sujeita a uma taxa de juro mais elevada e a um prazo de maturação mais curto.

É usual o recurso a este crédito na pendência da negociação de um empréstimo mais avultado. Onde o *bridge loan* será depois refinanciado. Poderá ainda ser útil para situações contingentes que possam surgir. Dado o escopo das

---

[129] Arts. 270.º e ss. do CC.
[130] Na medida em que não se tratam necessariamente de factos futuros, mas podem ser antes concomitantes à celebração do contrato. Sobre o regime aplicável, veja-se, mais uma vez, CÂMARA, P. e BASTOS, M. B., "*O Direito de Aquisição de Empresas: uma Introdução*", *Op. cit.*, p. 42 e ss.
[131] A autonomia contratual e liberdade da celebração contratual não sofrerão, nesta sede, quaisquer limitações.
[132] Desta forma, é costume prever que o contrato só seja concluído caso haja uma avaliação positiva, ou uma avaliação que preencha determinados requisitos, ou por outro lado a sua não celebração caso haja uma avaliação negativa, ou que não preencha determinados requisitos.
[133] Sejam de entidades públicas (a nível de concessões, de carácter ambiental, entre outras) sejam da sua própria estrutura accionista ou dos financiadores da aquisição (instituições de crédito).

operações de aquisição de empresas e da complexidade tipicamente envolvida neste tipo de operações é natural que surjam fontes de despesa que não estivessem previstas no início do contrato de financiamento. Será no interesse, tanto da adquirente como da instituição de crédito, prever este tipo de eventualidade. Este tipo de crédito será tanto mais útil quando esteja previamente negociado pelas partes e previsto no contrato para que a adquirente saiba com o que pode contar e evitar ter de negociar um tal crédito sob a pressão das necessidades curto prazo que este mecanismo pretende cobrir.

Tem a natureza jurídica de um contrato de mútuo. A instituição de crédito entrega um determinado montante, fungível, ficando o adquirente obrigado a restituir-lhe outro tanto, num determinado período de tempo, mediante pagamento de um juro.

2) A abertura de crédito

A abertura de crédito é um contrato de crédito através do qual a instituição de crédito coloca à disposição do beneficiário um determinado montante de crédito (normalmente chamado de "linha de crédito"), ficando este obrigado ao pagamento de juros. Só renderá juros, no entanto, o crédito efectivamente utilizado pelo beneficiário.

A sua qualificação jurídica não é pacífica. Discute-se se se trata de um mútuo, de um contrato-promessa ou um contrato *"sui generis"*. Inclino-me para esta última hipótese.

O contrato em si é um contrato *quod efectum*, eficaz após a celebração do contrato ainda que as obrigações se cumpram num prazo futuro. Assim, logo após a celebração do contrato, o banco fica obrigado a, no momento acordado, disponibilizar determinado montante, podendo a entidade financiada utilizá-lo a partir desse momento e pagando os respetivos juros mas apenas pelos montantes efectivamente utilizados. Uma abertura de crédito poderia ser um mútuo, produzindo efeitos desde a celebração do contrato, em que o vencimento de juros estaria sujeito a uma condição, no caso, a utilização, pelo mutuário, de uma parcela ou da totalidade do montante disponibilizado. Não obstante o banco ter uma desvantagem na consignação de capital, sem remuneração de juros, a um determinado cliente esse factor é facilmente contornável através da contratação em massa, obtendo ganhos marginais em cada contrato.

As vantagens em relação ao mútuo consistem na sua maior flexibilidade e o facto de a entidade financiada apenas pagar juro pelo montante que efectivamente utilizar, a partir do momento em que o utiliza[134]. Tem ainda a vantagem de poder ser pago a qualquer momento podendo o beneficiário do crédito voltar a utilizar o *plafond* sem ter de celebrar novo contrato[135]. Trata-se de uma solução mais flexível mas potencialmente mais onerosa.

3) *A abertura de crédito com conta-corrente ou* revolving loan

Este tipo de abertura de crédito consiste numa forma específica de abertura de crédito, um contrato já bem conhecido no plano nacional. Em períodos de tempo pré-determinados pelas partes, o banco vai colocando à disposição da entidade financiada mediante o pagamento prévio de uma comissão, determinado montante de capital. Na sua essência, trata-se de uma sucessão de aberturas de crédito ao longo de um determinado período de tempo[136].

Este mecanismo é usualmente utilizado nos cartões de crédito. O titular do cartão de crédito tem um determinado limite de crédito, previamente aprovado, ou *plafond*, atribuído ao cartão podendo o titular do cartão livremente contrair crédito e amortizá-lo até aquele limite para além do valor que tenha em débito, ficando depois obrigado ao pagamento de juro sobre aquele valor. O crédito poderá ser pago e novamente contraído qualquer momento, num sistema de conta corrente. No caso dos cartões de crédito, a abertura de crédito tem a duração da validade do cartão.

A utilidade do *revolving credit* não se esgota nos cartões de crédito. A disponibilidade de capital, reutilizável, sem prazo de pagamento, e sujeita apenas ao pagamento de uma taxa de juro sobre os montantes efectivamente utilizados é um instrumento flexível que permite a uma empresa satisfazer as suas necessidades de tesouraria à medida que estas vão surgindo e ao mesmo tempo que permite à empresa um pagamento a todo o tempo.

---

[134] Ver ANTUNES, E., *Direito dos Contratos Comerciais*, Op. cit., p. 501 e ss.
[135] Neste âmbito, as partes podem acordar a forma de pagamento das quantias efectivamente utilizadas pela abertura de crédito, convolando-a num contrato de mútuo – é o chamado *term-out*.
[136] A sucessão de aberturas de crédito é uma expressão que se revela imprecisa. Há apenas um contrato de abertura de crédito que se vai renovando, através de renovações de financiamento – neste sentido, Ac. do TCA Sul de 10/03/2009.

O recurso do mecanismo da conta-corrente[137] permite a sua reutilização durante a duração estipulada no contrato, até um limite previamente acordado com a entidade bancária.

6. Conclusão

Pelo exposto no presente trabalho concluímos que o financiamento bancário para aquisição de empresas envolve múltiplos mecanismos, caracterizados por uma enorme variedade, e a maior parte deles recentes, se não no estrangeiro, pelo menos no ordenamento português. Se a sua compreensão individual é necessária, não menos importante se revelará uma apreciação da operação como um todo, conferindo uma visão de conjunto que integra e acrescenta a todos os mecanismos utilizados e todos os contratos celebrados. A tendência para analisar individualmente cada cláusula não pode obstar assim a uma visão de conjunto que a conforme e uma relação negocial na qual se fundam todos aqueles elementos – por isso mesmo se propõe a autonomização de uma relação bancária especial. Essa visão de conjunto não estaria completa se não fosse ancorada na realidade que lhe subjaz e que se propõe a alterar.

É possível, de uma análise global do contrato de financiamento, destacar uma preocupação central de diminuição e distribuição do risco, tanto nos mecanismos inovadores utilizados – é o caso do *limited recourse* –, como nos institutos tradicionais especificamente adaptados e flexibilizados – como são as cláusulas de renegociação do contrato por alterações na realidade subjacente (*hardship* e *market flex*) –, e ainda nos procedimentos adoptados durante a operação – veja-se a *due diligence*, por exemplo. A distribuição do risco é precisamente o ponto onde assenta o equilíbrio das prestações no contrato em apreço e é feita entre o comprador e o vendedor.

É de assinalar especialmente a relação tripartida entre a operação de aquisição, o financiamento bancário e a realidade subjacente – todas situações dinâmicas e complexas que se influenciam entre elas – justificando que as duas primeiras venham a ser sucessiva e permanentemente actualizadas por forma a satisfazer as necessidades das partes envolvidas. Esta é uma realidade em

---

[137] A conta-corrente encontra-se prevista no artigo 344.º e ss. do CCom. A conta corrente permite a disponibilização de crédito e a sucessiva compensação de créditos, através de um ou vários pagamentos, de forma a que apenas o saldo final é devido.

permanente mudança e cujas alterações o financiamento não pode deixar de ter em conta sob pena de o equilíbrio de prestações que as partes configuraram no início do contrato deixar de ser válido. Neste sentido, e ao contrário da maioria dos contratos, finais desde o momento da sua celebração, o contrato em apreço adapta-se durante a operação que visa financiar – precisamente com o objectivo de manter o equilíbrio das prestações que as partes consideram justo no momento da celebração do contrato – através de cláusulas que permanentemente o actualizam – cláusulas de indexação, cláusulas MAC/MAE, *market flex, hardship, earn-out.* Esta fluidez é justificada pelo caráter abrangente e multidisciplinar da operação de aquisição, inserida num mercado incerto e normalmente rodeada de assimetrias informativas e deve-se, sobretudo, a uma obrigação de financiar a operação de aquisição, dentro dos limites acordados.

Deparamo-nos, assim, perante um contrato *sui generis* feito à medida das necessidades das partes e em permanente actualização para melhor as satisfazer.

Um largo caminho há ainda a percorrer para atingir um enquadramento jurídico bem definido das várias figuras que vêm regularmente surgindo no sector financeiro. A sua incompreensão e a sua utilização indiscriminada levaram à crise financeira com que hoje nos deparamos. Por outro lado, a sua ignorância resultará na estagnação. A sua compreensão e análise resultam assim de enorme importância.

BIBLIOGRAFIA

ABRANTES, José João
– *Algumas notas sobre o contrato de mútuo*, in Nos 20 anos do Código das Sociedades Comerciais: Homenagem aos Professores Doutores A. Ferrer Correia, Orlando de Carvalho e Vasco Lobo Xavier, 2º vol., Coimbra Editora, Coimbra, 2008.

ABREU, Jorge Coutinho de / MARTINS, Alexandre de Soveral
– *Grupos de Sociedades, Aquisições tendentes ao Domínio Total*, Almedina, Coimbra, 2003.

ABREU, Jorge Coutinho de
– *Da empresarialidade (as empresas no direito)*, Livraria Almedina, Coimbra, 1996.

ABREU, Luis Vasconcelos
– *Os Sindicatos Bancários no Direito Português*, in Estudos em Homenagem ao Prof. Inocêncio Galvão Teles, vol. II, Lisboa, 2002.

ANTUNES, J. Engrácia
– *Contratos Comerciais, Noções Fundamentais*, Almedina, Coimbra, 2011.
– *A Aquisição Tendente ao Domínio Total*, Coimbra Editora, Coimbra, 2001.
– *A empresa como objecto de negócios – Asset Deals vs Share Deals"*, ROA, vol. II/III, n.º 68, 2008, pp. 715-793.

ASCENSÃO, José Oliveira
– *Onerosidade excessiva por «alteração das circunstâncias»*, ROA, Ano 65, vol. III, 2005.

BARATA, Filipe Manuel Farréu Rama dos Santos
– *Financiamento sindicado de projectos*, Relatório de Mestrado para a cadeira de Direito Bancário, apresentado na Faculdade de Direito da Universidade de Lisboa, orientado pelo Prof. Januário da Costa Gomes., 2006.

BOONE, Michael M./CHU, Wilson/ /KIRKPATRICK, Paul K.
– *The Ins and Outs in Drafting MAE/MAC Clauses, Termination Rights and other Heavily Litigated Provisions in Acquisition Agreements*, Haynes and Boone LLP, apresentada na 31st Annual Conference on Securities Regulation and Business Law Problems de 12 de Fevereiro de 2009, disponível em: *http://www.haynesboone.com/files/Publication/c7d67359-33b4-4b42-9638-01312b3dac4f/ Presentation/PublicationAttachment/ a8fc116b-ba75-494f-8292-01a19c6e2e7c/ Drafting_MAE_MAC_Clauses.pdf*.

CÂMARA, Paulo
– *Manual de Direito de Valores Mobiliários*, Almedina, Coimbra, 2011.

CÂMARA, Paulo / BASTOS, Miguel Brito
– *O Direito de Aquisição de Empresas, uma Introdução*, in Aquisição de Empresas, Coimbra Editora/Wolters Kluwer, 2011.

CARLOS, Maria Amélia Barradas
- *Da desconsideração da contabilidade pelo Direito Fiscal no Ordenamento Jurídico Português, breve apontamento*, ROA, Ano 71, Lisboa, 2011.

CARVALHO DAS NEVES & ASSOCIADOS
– *ABC das Fusões e Aquisições*, Instituto de Apoio às Pequenas e Médias Empresas e ao Investimento, 1999.

CASQUINHA, Pedro Miguel Vieira
– *Cláusulas de Hardship*, in Relatório de Mestrado para a cadeira de Direito Comercial V, apresentado na Faculdade de Direito da Universidade de Lisboa, 2003.

CORDEIRO, António Menezes
– *Manual de Direito Bancário, 4º ed.*, Almedina, Coimbra, 2010.
– *Empréstimos Cristal, Natureza e Regime*, Sep. de O Direito, ano 127, nºs 3 e 4, 1995.
– *Da Tomada de Sociedades (take-over): efectivação, valoração e técnicas de defesa*, in ROA, 1994.

CORREIA, Ferrer e SÁ, Almeno de
- *Oferta Pública de Venda de Acções e Compra e Venda de Empresa*, CJ, Ano XVIII, Tomo 4, 1993.

CORTEZ, Jorge Simões
- *As formalidades da Transmissão de Quotas e Acções no Direito Português*, Almedina, 2012, disponível em: *http://www.mlgts. pt/xms/files/Publicacoes/Artigos/2012/formalidades_transmissao_quotas_accoes_Direito_Portugues_principios_pratica.pdf.*

COSTA, Mário Júlio de Almeida,
- *Direito das Obrigações*, Almedina, Coimbra, 2009.

DALHUISEN
- *On International Commercial, Financial and Trade Law*, Hart Publishing, Oxford, 2000.

DIAMVIATU, Lino
- *A tutela da confiança nas negociações pré-contratuais*", in ROA, vol. II, Ano 71, Lisboa, 2011.

DIAS, Gabriela Figueiredo
- *Project Finance, primeiras notas*, in 3º vol. da série Miscelâneas, Almedina, Coimbra, 2004.

ELLINGER, E.P./LOMNICKA, Eva/HOOLEY, Richard
- *Modern Banking Law*, 3rd Ed., Oxford University Press, Oxford, 2002.

GALVÃO, Clemente
- *Declarações e Garantias em Compra e Venda de Empresas – Algumas Questões*", in Actualidad Jurídica Uría Menéndez, Madrid, Año 2005, n.º 12, p. 103 e ss.
- "*Conteúdo e Incumprimento do Contrato de Compra e Venda de Participações Sociais*", in Revista da Ordem dos Advogados, Ano 70, I/IV, Lisboa, Jan.-Dez. 2010.

GLAZER, Alan S.
- *Acquisition bridge financing by investment banks*, 1989, disponível em:
http://findarticles.com/p/articles/mi_m1038/is_n5_v32/ai_8120675/.

JILLSON, Robert et al.
- *Due Diligence and Warranties in the Corporate Aquisitions Practice*, Graham & Trotman *and* International Bar Association, 1998.

JÚNIOR, Eduardo dos Santos
- *Acordos intermédios: entre o início e termo das negociações para a celebração de um contrato*, in Revista da Ordem dos Advogados, II, 1997.

KRIEGER, Ian
- *Management Buy-Outs*, Arthur Andersen, Butterworths, London and Edimburgh, 1990.

LOAN MARKET ASSOCIATION
- *Guide to Syndicated Loans*, The Loan Market Association, [s.l], [s.d], disponível em:*http://www.lma.eu.com/uploads/files/Introductory_Guides/Guide_to_Par_Syndicated_Loans.pdf.*
- *Guide to Syndicated Leveraged Finance*, The Loan Market Association, [s.l], [s.d], disponível em:*http://www.lma.eu.com/uploads/files/Guide_to_Leveraged_Finance.pdf.*

MARTINS, Alexandre de Soveral
- *Transmissão de empresa societária: algumas notas*, in Nos 20 anos do Código das Sociedades Comerciais, Homenagem aos Profs. Doutores A. Ferrer Correia, Orlando de Carvalho e Vasco Lobo Xavier, vol. I, Coimbra Editora, 2007, pp. 415 e ss.

MATOS, Pedro Verga / RODRIGUES, Vasco
- *Fusões e Aquisições, Motivações e Políticas*, Principia, Cascais, 2000.

MONTEIRO, António Pinto / GOMES, Júlio
- *A hardship clause e o problema da alteração das circunstâncias, breve apontamento*, Sep. de *Juris et de Jure*, Nos 20 anos da Faculdade de Direito da UCP – Porto, 1998.

MONTEIRO, António Pinto / PINTO, Paulo Mota
- *Compra e venda de empresa*, RLJ, Ano 137, 1993, p. 77 e ss.

OSÓRIO, José Diogo Horta
- *Da Tomada de Controlo de Sociedades (Takeovers) por Leveraged Buy-Out e sua Harmonização com o Direito Português*, Almedina, Coimbra, 2001.

REIS, José
- *O regime da transmissão da empresa no Código do Trabalho*, in Nos 20 anos do Código das Sociedades Comerciais, Homenagem aos Profs. Doutores A. Ferrer Correia, Orlando de Carvalho e Vasco Lobo Xavier, vol. I, Coimbra Editora, 2007, pp. 305 e ss.

RHODES, Tony
- *Syndicated Lending*, 4th Edition, Euromoney Books, 2004.

ROLDÃO, Nuno Moura/TEIXEIRA, Ana Guedes
- *O processo de auditoria legal*, in Aquisição de Empresas, Coimbra Editora/Wolters Kluwer, Coimbra, 2011.

SÁ, Fernando Oliveira e
- *A determinação contingente do preço de aquisição de uma empresa através de cláusulas de earn-out*, in Aquisição de Empresas, Coimbra Editora, Coimbra, 2011.

SANTOS, Filipe Cassiano dos
- *Transmissão e cessação de contratos comerciais: direito comercial e direito civil nas relações comerciais*, in Nos 20 anos do Código das Sociedades Comerciais, Homenagem aos Profs. Doutores A. Ferrer Correia, Orlando de Carvalho e Vasco Lobo Xavier, vol. I, Coimbra Editora, Coimbra, 2007, pp. 283 e ss.

SCHMITZ, Winifred F.
- *Due Diligence for Corporate Acquisitions*, Kluwers International Aija, 1996.

SILVA, Calvão da
- "*Compra e Venda de Empresas*", CJ, Ano XVIII, Tomo 2, 1993.
- *Titularização de Créditos – Securitization*, 2.ª Ed., Almedina, Coimbra, 2005.

STANDARD AND POOR'S
- *A Guide to the Loan Market*, Standard and Poor's, Setembro de 2011, disponível em: https://www.lcdcomps.com/d/pdf//LoanMarketguide.pdf.

STERLING, Mark, e WRIGHT, Mike
- *Management Buy-Outs and the Law*, Blackwell Law, Oxford, 1991.

TAYLOR, Mark B., ZANDYLIET, Luc e FOROUHAR, Mitra
- *Due Diligence for Human Rights: A Risk-based approach* no âmbito da *Corporate Social Responsibility Initiative* da Harvard Kennedy School of Government, disponível em: http://www.hks.harvard.edu/mrcbg/CSRI/publications/workingpaper_53_taylor_etal.pdf.

TELLES, Inocêncio Galvão
- *Empréstimos Cristal: uma nova realidade bancária*, in O Direito, 1993, pp. 177 e ss.

TENNEKOON, Ravi C.
- *The Law and Regulation of International Finance* – Student Edition, Butterworths, 1991.

THE DEALBOOK
- *The Big MAC*, publicado no New York Times a 10 de Março de 2008, disponível em: http://dealbook.nytimes.com/2008/03/10/the-big-mac/.

VASCONCELOS, Pedro Pais de
- *Teoria Geral do Direito Civil*, Almedina, Coimbra, 2005, p. 19 e ss.
- *Contratos Atípicos*, Almedina, Coimbra, 1995.

WADSLEY, J. e PENN, G.A.
- *The Law relating to Domestic Banking*, Sweet and Maxwell, London 2000.

WALKER, Gary
- *Mastering finance-linked swaps, a definitive guide to principles, practice and precedents*, Pearson Education, 2003.

SIGLAS E ABREVIATURAS

Ac.	Acórdão
Art.	Artigo
CC	Código Civil
CCom	Código Comercial
CJ	Colectânea de Jurisprudência
CSC	Código das Sociedades Comerciais
CVM	Código dos Valores Mobiliários
LBO	*Leverage Buy-Out*
MBO	*Management Buy-Out*
OCDE	Organização para a Cooperação e Desenvolvimento Económico
Proc.	Processo
RGIC	Regime Geral das Instituições de Crédito e Sociedades Financeiras
RLJ	Revista de Legislação e Jurisprudência
ROA	Revista da Ordem dos Advogados
STJ	Supremo Tribunal de Justiça
TRL	Tribunal da Relação de Lisboa
TRC	Tribunal da Relação do Porto